# 中国著名校长办学思想录

朱永新 主编
朱寅年 副主编
新教育研究院 编著

大夏书系·教育思想录

华东师范大学出版社
全国百佳图书出版单位

图书在版编目（CIP）数据

中国著名校长办学思想录 / 朱永新主编 . —上海：华东师范大学出版社，2016.3
（大夏书系・教育思想录）
ISBN 978 - 7 - 5675 - 4881 - 7

Ⅰ.①中... Ⅱ.①朱... Ⅲ.①校长—学校管理—文集　Ⅳ.① G471.2-53

中国版本图书馆 CIP 数据核字（2016）第 049784 号

大夏书系・教育思想录

# 中国著名校长办学思想录

| 主　　编 | 朱永新 |
|---|---|
| 副 主 编 | 朱寅年 |
| 编　　著 | 新教育研究院 |
| 策划编辑 | 李永梅 |
| 审读编辑 | 齐凤楠 |
| 装帧设计 | 奇文云海・设计顾问 |
| 出版发行 | 华东师范大学出版社 |
| 社　　址 | 上海市中山北路 3663 号　邮编　200062 |
| 网　　址 | www.ecnupress.com.cn |
| 电　　话 | 021 - 60821666　行政传真　021 - 62572105 |
| 客服电话 | 021 - 62865537 |
| 邮购电话 | 021 - 62869887　地址　上海市中山北路 3663 号华东师范大学校内先锋路口 |
| 网　　店 | http：//hdsdcbs.tmall.com |
| 印 刷 者 | 北京密兴印刷有限公司 |
| 开　　本 | 700×1000　16 开 |
| 插　　页 | 1 |
| 印　　张 | 16.5 |
| 字　　数 | 229 千字 |
| 版　　次 | 2016 年 7 月第一版 |
| 印　　次 | 2021 年 11 月第八次 |
| 印　　数 | 23 101-25 100 |
| 书　　号 | ISBN 978 - 7 - 5675 - 4881 - 7 / G・9214 |
| 定　　价 | 39.80 元 |
| 出版人 | 王 焰 |

（如发现本版图书有印订质量问题，请寄回本社市场部调换或电话 021-62865537 联系）

# 目录

序　让思想的光芒照亮教育的路程　　朱永新 /1

做适合学生发展的教育　　崔其升 /5
柳芽所映照的绿色里……　　姜怀顺 /15
教育，就是沿着生命慢慢地走　　蓝继红 /33
促进教师主动发展　　李　烈 /45
学校转型：从管理走向领导　　李希贵 /53
办学是一种生长的力量　　李泽武 /69
我是这样引领我校班主任队伍的　　李镇西 /83
我的成功教育探索实践　　刘京海 /97
追求教育理想，成就卓越人生　　刘彭芝 /107

办一所诗意的学校　　柳袁照 /119

我的高中半天授课制实践　　宁致义 /131

勇做教育思想的探索者与践行者　　唐盛昌 /151

坚持·感激·成长　　杨瑞清 /163

简单管理下的理想教育　　张建平 /177

过一种饶有兴致的专业生活　　张菊荣 /193

让每一颗星星在"银河"中闪光　　章建平 /207

适才教育，为每个学生提供适合的教育　　赵桂霞 /227

我当校长时的那些事　　郑　杰 /247

# 序　让思想的光芒照亮教育的路程

我一直认为，教育是一个技术活，但更是一个思想活。成功的教育，优秀的教育人，无论他是一位教师、班主任、校长，还是局长，支撑他站立在教育大地上的力量，一定是思想。没有思想的教育，一定是站不住、走不远的。

多年前，我曾写过这样一段小诗：

> 教育需要思想的光芒
>
> 走出经验的泥沼，迎接理性的朝阳
>
> 再不能用一张教育的旧船票不断重复昨天的故事
>
> 也不能把一张教育的旧兰谱不停地老调重唱

技术和思想，是"毛"与"皮"的关系。思想皮之不存，技术毛将焉附？基于这样的认识，2000年，我在主编《新世纪教育文库》时，特地亲自主编了《中国著名特级教师教学思想录》《中国著名班主任德育思想录》和《中国著名校长办学思想录》三本小书，并为每本书撰写序言，向读者推介这些从教育一线中生长出来的教育思想。其中，除了《中国著名特级教师教学思想录》是根据柳斌先生主编、江苏教育出版社的同名系列图书选编的外，其他两本是我自己开出名单、亲自邀请作者撰写的。

十多年来，这三本书一直深受欢迎，多次重印。这些特级教师、优秀班主任和校长的教育思想，影响着许多年轻教师、班主任和校长的成长，甚至被很多教育工作者称为自己的案头必备。

江山代有才人出。十多年过去了，又一批年轻的特级教师、班主任和校长成长起来了；又有许多新的故事、新的思想。于是，我想到了修订这套书，并且邀请了时任新教育研究院新阅读研究所副所长的朱寅年兄协助我完成这个项目。

我一直认为，如果说特级教师影响的是一个课堂，班主任影响的是一间教室，校长影响的是一所学校的话，那么局长影响的是一个区域。教育局长的思想与境界，同时也会直接影响到校长、班主任和教师。因此，我决定增加一本《中国著名教育局长管理思想录》。

感谢寅年兄和《中小学管理》杂志的主编曾国华先生，他们两位拿着我的邀请信一个个联系，一次次催促，前后一年多的时间，终告完成。特别是寅年兄，在新阅读研究所工作任务繁重的情况下，克服许多困难完成了这项任务。

需要说明的是，不唯资历，不唯名气，重视思想，重视实力，是我们选择、邀请作者的标准；但是，有许多人符合条件，却或因没有时间，或因无法联系，或因自己放弃而没有来稿，故这套书仍然存在不少遗憾。我希望这套书是一个开放的系统，条件成熟时可以不断增补，让它成为记录这个时代教育风云人物思想的史册，成为照亮教育路程的一盏明灯。

同样需要说明的是，收录于这套书中的每位教师、班主任、校长和局长都有自己的过人之处，都有自己的"功夫"秘籍，我们在编排时没有厚此薄彼，完全是根据作者的姓氏音序而安排的。

一本真正的好书，是作者、编者、出版社和读者共同完成的。所以，我要特别感谢江苏教育出版社和华东师范大学出版社。感谢江苏教育出版社为这套书最初的出版付出了辛勤的劳动，感谢华东师范大学出版社在新版编辑出版过程中卓有成效的工作。感谢朱寅年先生和曾国华先生在新版组稿联系过程中具体而微的努力。感谢亲爱的读者朋友们，无论你是老师、校长、局长，还是教育行业以外的朋友，但愿这套书能够给你启迪，让这些扎根于中国大地的教育思想能够照亮我们教育的路程。

朱永新

2015 年 12 月 20 日写于北京滴石斋

### 崔其升

杜郎口中学校长,先后被评为聊城市水城名校长、山东省科研创新校长、山东省年度教育创新人物、齐鲁名校长、全国学校规范化管理杰出校长、全国优秀教育工作者、全国课堂教学改革优秀校长、全国十佳中学校长、全国首届教育改革创新杰出校长、全国两基工作先进个人等。现任聊城大学硕士研究生导师、中国教育学会初中教育专业委员会常务理事、山东省教育学会常务理事、全国学习科学学会尝试学习研究会副理事长。

# 做适合学生发展的教育

"课堂模式的革命性变革,创新教育的原创性典范,素质教育的希望之路。"这是中国教育学会常务副会长郭振先生给杜郎口中学的题词。

"杜郎口中学的教育,符合国家中长期教育改革和发展规划纲要精神,是素质教育的成功体现。"这是国务委员刘延东对杜郎口中学的评价。

杜郎口中学受到全国近百家媒体的报道,获得各级荣誉50多项。

到目前为止,杜郎口中学已接待来自国内外的专家学者100多万人次。

我认为,杜郎口中学成功的根本原因就是做的是适合学生发展的教育。

## 一、激发调动学生学习动力,做适合学生发展的教育

2012年,我在沈阳的一所学校考察,六年级期中考试的试卷上有一则故事,让我牢记于心,并且引发了我对这所学校未来发展的思考。故事是这样的:

一天,齐总正在会议室召开董事会,突然间,儿子小玉打来电话:"爸爸,爸爸,快来救我!""儿子,你出什么事了?""爸爸,我在高速路上出车祸

了。""出人命了没有?""没有。""报警了没有?""没有。""与人家沟通了没有?""也没有。""儿子,那你在那里都干什么了?""我在这里等着爸爸来。"齐总立马通知下属:"如果小玉再打电话来,告诉他我已经离开了公司。"齐总也把自己的手机关机了。晚上7点齐总回到家,看到了坐在沙发上满脸愤怒的儿子小玉,齐总温和地问孩子:"上午的事情解决了没有?"小玉站起来用手指着爸爸恶狠狠地说:"你还是我的爸爸吗?你的董事会比你的儿子重要!你的工厂比儿子重要!你赚的利润比儿子重要!"齐总依然温和地对儿子说:"儿子,今天老爸也遇到了一件天大的难事,百思不得其解,我也在等着一个人来——等着你的爷爷来。"但是,小玉的爷爷已经去世十多年了。

这几年我一直在想,现在大多数人一直在提所谓的教学改革、高效的改革,其实我并不赞成。我们的课堂到底是为了什么而教,是为了要做对一道道题目,使这一节课的达标率达到100%吗?升学——我不否认也不回避。最近这几年对这个问题,我也不断地进行深入思考和探究。

记得十年前,有一位记者曾问我:"你认为这样的课堂和历史上的杜郎口中学以及周边学校的教学有什么不一样?"我说,我认为课堂应该是针对每一个人,尤其是弱势群体,是基于人的一种生命活动,而不是本节课所谓的教学目标、学习内容和需要完成的学习任务以及达标率,当然完成这些并没有错。

如果学生大脑想,眼睛看,手头做,课堂中时间空间的对接都是为了巩固知识的教学活动,我觉得这是一种错位。或者说,课堂如果不是为了完成对人的一种生命尊重、心理研究和科学切入的教学活动都是不合格的。比如:养鸡,获得高利润没有错;养猪,发家致富也不能受到质疑。但是,如果养鸡、喂猪使用激素,这些鸡肉和猪肉上了餐桌,人们吃了伤害身体,这就失去了美好的初衷。

我曾经预言:如果课堂仅仅是为知识、为做题、为考试、为升学,这样的教学是没有未来的。从大的方面来讲,这影响整个国家、整个民族的命运;从小的方面来讲，影响一个个学生、一个个生命存在的质量。

有一年，我到陕西的某县考察，到达宾馆后局长告诉我："要不是我们这里出了大事，我就去银川机场接你了。"我问局长："出什么事情？"他说："前几天因为一个高二的学生学习成绩不好、完不成老师交给的任务，每次任课老师重则将其推出教室，轻则让其在讲台旁边罚站，这一行为使得这名学生无地自容，自尊心受到了极大的伤害，打算告别人世。他白天找了一根绳子，半夜趁学生睡着、值班老师离开后，偷偷摸摸地跑出去将绳子拴在门梁上上吊自杀了。"

我听了之后，非常震惊，原来那些新闻中出现的报道真的就发生在我们的周围。某年春节前，我们这里来了一位江西分管教育的副局长，他说：崔校长，我们那里是以高考成绩知名的，在全省甚至全国都有名气，现在我为什么来杜郎口中学，因为我们已经深刻地感受到升学的教育不是长久的教育。他还给我举了一个他们区一名外地生自杀的惨剧例子。

最近这几年，我一直在思考：我们教育教学的最高理念是什么？我在杜郎口中学提出了"同情、善良"，出发点是让这些孩子在45分钟的课堂上能听到自己心灵的呐喊，他们在课堂中激情澎湃、热血沸腾、斗志昂扬、信心十足，而这全部得益于自己的发现发明、自己的超越。当自己为众人所聚焦、所期待、所评价，他的内心是一种什么样的感觉？这节课上有什么样的震撼？有什么样的触动？是成功的愉悦，是发现问题的喜悦，还是默默无闻一周都没有自己展示的失落？如果只是一个旁观者，是被遗忘在角落的人，还是作业没有完成、回答问题没有答对，经常受到老师指责、同学污蔑的人？他在学校里的生活还有什么乐趣？他的生命价值还怎么体现？

毕业绝不是仅仅走出校门走向社会，它只是生命过程中的一个小小的节点而已。每个人的生命都经历了从出生到完结的过程，那么，我们的学生在学校里十几年的生命又是如何度过的呢？为什么杜郎口中学十年前实行"10+35"——一节课45分钟，老师充其量只有10分钟，学生的时间要大于35

分钟，后来又实行了"0+45"——老师也要做一名学习者，做学生学习的同伴，做一个个孩子队列中数一数二的首席。

我对教师角色的解读是：示范者和样板者。老师站到台前要挥洒自如、落落大方，从上到下顺理成章，交出自己的答卷，给同学们欣赏、示范，给学生做一个样本。老师在自己的板块内要流利地把对教材的把握和认识书写出来，让同学们观看，让同学们领会到老师之所以是老师，是因为老师是我们这个集体学习的领头者。过去课堂中大多是老师出问题学生作解答，老师出题目学生写过程，现在应该反过来，即学生提问题老师作解答，以自己的真才实学、自己的光辉形象，个人专业独到的见解，个人学业中丰硕的成果引领学生，让同学了解，甚至默默感叹。一节课虽然短暂，但是我们的生命就是由一分钟一分钟、一节课一节课组成的，谁能断定哪一个孩子以后能考上清华还是升入北大？谁现在都不能预言。

人为什么而生？当吃穿住行完全解决的时候，人追求的是一种尊严，一种形象，一种地位，以及存在的价值。从某种意义上讲，激发学生内心的斗志，激活他们在众人面前不甘落后的勇气和自信很重要，所以我在杜郎口给老师们讲，现在不是原来的"10+35"，一定要从根本上来剖析、打破学段限制。

在淄博成立的杜郎口小学里，一年级的孩子登台当老师，老师在一边，把阵地、战场、舞台、聚焦全部让给孩子，让每个孩子尽情发挥自己的才智，把自己的创造力、自豪感、超越他人的荣耀感释放出来。2013年暑假全区统考，一至四年级，招的都是中等以下的孩子，但在全区所谓的考试中，杜郎口小学每个年级比其他学校同年级要高十几分、二十几分、三十几分。大家一定要相信，当一个学生在开放的环境中，其好的欲望、激情，甚至即兴的灵感才能得到迸发，精力才能集中。

一个人一辈子为尊严而战，这是天性。我想，突破了我们所谓的教学思想、教学原则、教学原理的理念是符合人性的。尽我最大力量，让学生在这种环境下，显示出自己的伟大，展示出自己的创造，彰显出自己的唯一，发现自己的能力，学有所成，学有所悟，学有所长，让自己的人生更荣耀，让自己的精彩得到更多的掌声，让自己的成果更让别人认同与崇拜，这就是人性。把人性最大化，也就让孩子得到了质的飞跃。

我们提出"无师课堂"，但不是老师不能进入课堂。我们要改变以前传统教学理念下，老师推荐自己、抢占镜头、占用时间的灌输式教学，我们在平等友好、共享民主、和谐快乐的氛围中组织学生自己上课。当学生自己研究问题的时候，其他同学纷纷上台争抢发言：我是怎么把握的，我是怎么理解的，我提交自己不同的见解，等等。老师不是讲给学生听，而是听学生怎么讲，看学生与学生如何一起分享学习成果，这才是真正的"学高为师"。

我认为，要相信学生，发动学生，依赖学生，最后达到发展学生的目的，就一定要消灭老师们滔滔不绝，给予式、强加式的讲授式教学。当学生有机会显示自己的形象，表达自己的观点，推荐自己的成果，他们才能真正开心；当他们把自己的成果书写、演讲出来，他们才能感到自己很聪明，自己的"专利"得到了大家的认可，让大家感觉自己了不起，他们才越来越有学习的内驱力。人只有被欣赏、被重用，才能得到莫大的心灵安慰。

## 二、催发培养学生学习智慧，做适合学生发展的教育

最近这几年除了把学习中表达演讲、展示、书写、辩论、创作的机会还给学生以外，更重要的是要让他们有真才实学。

针对教材我又提出新的要求，现在才刚刚开启，后来我提出八字方针——"思考、研究、分析、发现"，要求更高了。这八个字是什么意思呢？我的确看到过同学们能够脱稿，站在讲台把本文、知识结构洋洋洒洒地背诵出来，出口

成章，非常自如。后来我想这些都是一种浅层次的，要分析、剖析、思考、碰撞，不断地理清脉络，做到记忆有方。

我一直坚信学生学不好在于他学习表面化，不能深入进去。我曾经对我们学校的常主任说：你是政史地三个学科的主任，什么时候把历史学得比语文还细化，分析得更深刻到位，你就学好了。时间、地点、人物、过程、经历、高潮、结局、意义全都把握起来，一个自然段有几句话，这几句话衔接是时间方面、位置方面、性质方面还是层次方面？要动脑筋思考。研究事物的本质，抓住线索找规律，拿出特点找结构，一定要深入。

千万要在另一句话上转变过来，另一句话是——由量变到质变。这句话有客观性，同时也有蒙蔽性。学校教学一定要从量变到质变。徐利老师去全国28个省区讲过课，一道题上出五节课来，一道题把七年级八年级的知识线索联系起来，把这道题后续拓展的知识联系起来。张校长集合起领导班子说，今后杜郎口中学再发展要扩而大之，要注重层面的开阔，这样去搞课堂。不能再像以前三节课学一篇课文，这节课学三个例题，下节课学四个例题。学生要知道内在结构、规律、方式方法、技巧特点。学生能把握、能发明发现、能梳理、能构建才最厉害。他学到的已不只是知识，而是智慧，是一个人的方法、一个人的思维、一个人的思想、一个人的高度。

我们的课堂，就是要实现你有方法，我有思考；你有成果，我有专利，就是要在这个互动共享中碰撞出火花，大家共享这个过程。智慧的开发绝不能以文本为教材、为唯一，要更辐射、更广阔、更博大。有一次，孙海军主任上《马说》一课，课堂上学生提到了几十个关于马的成语，另外还有有关马的格言警句，有关马的诗歌，有关马的歇后语，有关马的生理构造……那节课也包括后面很多课，都是由教材中的点辐射成面，又由面辐射成立体的，在时间上空间上蔓延开来。孩子们下课时说的"时间有限，精彩无限"这句话，显示出了孩子们的意犹未尽，好几次我都热泪盈眶。我看到了孩子们的博大精深，看到了学生的在资料查询中贯穿古今中外，看到了学生即使没有老师手把手做成教案的指导也能发挥自如。

## 三、塑造学生健全高尚人格，做适合学生发展的教育

教育教学与学校教育工作的目的到底是什么。知识是载体，课堂是媒介，这些不可缺少，但是这些绝对不是绝对的、唯一的，只是定格、定位，即我们通过这种方式让学生获得了所必须具备的健全人格。为什么我一再主张课堂的时间、空间、机会、自由自主、当家做主、主人翁地位以及主角都应归于学生，因为在动力之上的是一个人的责任感。但到什么时候杜郎口的改革比较成功？

当孩子不再在老师的嘱托下、家长的要求下以及任何人的指挥下，把学习当成了自己在学生阶段一个重要的职责。"这点活我承担""这点活我思考""这点活我自学""这点活我思考研究分析发现""这点活我查资料""这点活我查案例对证""跟其他同学比一比，我能不能把握住事情内在的规律和本质，我能不能由此及彼，辐射出更多的知识，或者进行创作生成了更多的作品。"……

真正意义上的大家名师是把学生培育成独立自主的人。李炳婷主任曾经问过我：你对教育教学最推崇的是什么？我说四个字：独立自主。越是老师在课堂中放不下，时间空间不让给学生，学生就会依靠、依赖、等待、不操心、不用功，这点的危害深远！升学率是第几，与此相比反倒显得不太重要了。一个人的责任感很重要，在做一件事情的时候，其对这件事情定位的高度、制定的目标以及计划的落实、措施的对接等这些方面都可以体现出责任感。

一个人的责任感是人奋斗的无穷无尽的动力，有遇到困难和挫折永不言败的斗志，这才是教育的本质。课堂中我们就要这样培养学生，不能在老师的嘱

托下，不能在任何人的监管下学习，要走向独立，走向自主。不用举手，当有答案、有想法、有思路的时候要抢着说，形成一个争问抢答、不甘人后的竞争格局，本来人生就是一场竞争，优者胜，劣者败。课堂中要脱稿，不支持为了脱稿钻死角，死记硬背，它是对教材融合、内化、消化、纲举目张、了如于心、心知肚明，这并不是难事，自己在承担当中付出了代价和心血，便会有自己的赫赫战功。

我特别推崇两个词：超越、卓越。先超越，然后走向卓越。人生要有追求，甘愿平俗的你，即使是高学历也是平庸之辈，学历不是人的资历，个人的奋斗、努力、吃苦、耐劳、顽强、斗志拼搏，这些是金不换啊！课堂就是要孩子获得这些，如果获得不了这些，在杜郎口中学他们没有获得卓越，将是我一生的遗憾。

一般来说，学生站在黑板前，我不看学生对文稿是否倒背如流，知识拓展是否丰富多彩，我要看这个孩子的精神状态，看他眼睛是否放光，举止是否大方等。刚开始的时候，老师们说：管学生的这些方面干吗，试卷上又不考？但我认为，满分的试卷也比不上孩子的自信勇气、落落大方、出口成章、思路清晰、层次分明，这些与教学成绩是正相关的，是吻合的，对教学成绩的增长有帮助。当一个学生声情并茂地朗读，让大家感动感慨，让别人的心灵有所震撼，我就想这个孩子对内容的意义、对知识的领悟理解已经达到了一种很高的境界，如果他表达不出来、演讲不出来、投射不出来，他便也达不到教育的高度。

我相信，老师们最终会真正地理解，学生的形象、气质、言谈举止、相貌表情、肢体语言运用得体一定会有益于自我成长的，这才是课堂。一个不以个人形象素质为增长点的课堂，是一个知识型、没有竞争力量的课堂，不会为学校赢得长远发展。所以我现在对课堂的定位已经超越了这一节课这道题多少同学做对，多少同学做错，这些我不得不看，但是我已经不是仅定位于此。今后我在听课时，我就看学生的眼睛是否会说话，学生的形象是否让人尊重，语言是否打动人心，当然他说的就是本节课需要学习思考研究分析的内容，但是如果达到这种高度，那么他已经超过了在纸面上所写的1+1=2，他不仅仅停留在字面上，而是将知识融化于心、流于血脉了。

做适合学生发展的教育，为学生的终身发展奠基，是我对教育的不懈追求。

### 姜怀顺

山东省临沂第二十中学校长,山东省特级教师,山东省十大年度教育创新人物,首届齐鲁名校长,山东省初中骨干校长,山东省十佳科研创新校长,全国教育科研创新杰出校长,山东省教育厅教育创新工程专家组成员,山东省人民政府教学成果一等奖获得者。在《人民教育》《当代教育科学》等期刊发表 50 多篇论文,出版专著《追求卓越》和《个性优质课堂建设的理论与实践》。

# 柳芽所映照的绿色里……
## ——走向真正的教育

最神奇的音乐

是婴儿无邪的哭声

那是赤子失去自由后的纯真呐喊

最优美的画面

莫过于柳芽所映照的绿色里

小儿用冻红的小手去摆寻鹅黄绒毛的鸭仔

那是一个生命敞开他全部的胸襟

来表达对另一个生命的亲近和悦纳

最有意义的学习

犹如儿童看蚂蚁上树

乐此不疲又焦渴地向往着下一次

那是孩子对未知世界的极端专注

最杰出的老师

是让学生和他一起哭、一起笑、一起激动、一起跳跃……

一起走进史密斯的神秘岛

英子依恋的那片芦花

骆宾王的红掌拨清波

和苏大学士的那轮明月……

——节选自姜怀顺《童年》

# 一、"爱满天下"

有位老师说:"姜校长,某某老师的博客里有一篇学生的演讲稿特别好,建议你浏览一下。"我很好奇,于是打开了这位老师的博客,原来这位老师整理了一篇学生的演讲稿,我节选了一段:

奶奶把我从小就惯坏了,让我变得很自私……习惯不好,成绩不好,为人处世不好。由于不懂如何和别人交往,同学对我很有看法,不理会我,我觉得很不公平。在家里我是"老大",比如家长买一只鸡,鸡腿肯定是我的。后来在朱老师的教育下,我学会了换位思考。我来临沂三四年了,刚开始老师和妈妈教育我,我很生气,但是我知道她们是为我好。一棵小树,当你在修剪时,小树也很疼,但是你知道吗,在修剪完之后,小树会变得很秀美,很挺拔。大家肯定为我的认识感到吃惊,因为你没有遇到朱老师。

之前的班主任一米八的个子,竟有同学敢和他对打。而朱老师个子矮矮的,从来都没利用过"物理力学的方法",却没有一位同学不心服口服……她蹲下身子关心我们,从兴趣入手,帮助我们学会感恩,树立理想,踏实上进,养成良好习惯。

说实话,曾经我感觉童年已经离我很遥远,人生即将夭折。有一段时间,我经常梦到儿时在奶奶门前河里放鸭的愉悦,甚至能在半夜笑醒,可是醒来以后顿觉前途迷茫,没有任何的信心再走下去。可是今年的春天,我却如柳芽般从枝条里探出头来,蓦地获得了新生!我想说很多话,但是我最想说的还是一句：谢谢您，我想深深地为您鞠一躬！春天来了，您就是那天上滑行的燕子，是我生命中最重要的风景！

这篇演讲稿中提到的老师，是朱飞燕老师，也是我们学校的教务处副主任。朱飞燕老师接班以后关心孩子的生活，呵护孩子的心理，实施特色管理。主题演讲月，体能竞技月，学科特色月，特长展示月，内容丰富，涉及面广，让每一个孩子都有展示的舞台，班级面貌焕然一新。看着演讲稿，我感受到教育的巨大力量。然而，至今我仍记得曾阅读过一个孩子的日记：

不长记性光吃苦头。我总算记住了。某某课，我忘了整理两道题，结果我就写了一千字的检讨书。一次小测试不合格，很"荣幸"地写了两千字的检讨书，认了。

说起某某老师，他说一，大家不敢说二，作业不写的话，后果很严重。课上讲课，严肃地讲课，偶有几分幽默，同学愿意投入当中。他非常严格，不管在教室、操场，还是在校园，只要看到他耀眼的地中海似的头，便生几分寒意，生怕他来揍我似的。有的见了某某老师，老远看见了，也会绕道而行。有时不小心遇见，只能胆怯地打声招呼了。

这篇似乎再平常不过的日记却刺痛了我的心，因为这位老师是我们学校的老师，而我是校长。我不得不承认这两位老师都是很敬业的老师，朱飞燕老师是一个走进孩子心灵的真正懂得教育的老师，而另一位老师则把孩子当成工作环节上的一个小零件，走入了教育的泥淖。

蒙台梭利把孩子的成长分为几个阶段，其中提到第三个阶段，也就是12岁到18岁。她说，"这又是一个大的转换时期，其间孩子在生理和心理两方面都会发生很大的变化。"在这个阶段，"孩子的个性会变得很不稳定，表现得极为叛逆和不羁。可是传统学校并不重视这些，只顾按照课表给学生上课，用体罚来惩罚他们的叛逆"。说得对，青春期的孩子，更需要老师理解他们、帮助他们。

教育一具体到细节，就会变得深刻，如很多老师对学生的礼待置若罔闻，甚至连头都不点一下；对学生的无意识错误追根溯源、紧盯不放；把学生的特点当缺点，吹毛求疵、武断评价，一点风度都没有。人类之所以进步，主要的原因是："下一代不听上一代的话"。话虽粗糙，理却实在，我们得和学生一起成长才是啊！

"凡赤子皆天才也。又凡天才自某点观之，皆赤子也"，这是一百年以前王国维说的话。一个人要学会宽容，宽容对教师这个特殊的职业，不仅是态度，也是品质和能力，尤其面对调皮、任性、恶作剧和特殊性格的孩子时，宽容更是一种忍耐和疼痛的过程。一个教师育人的最高境界和专业水平往往体现在对特殊孩子的研究和培育上。优秀教师总是将自己相当的精力聚焦于班内看似个别但却影响一大片的"孩子王"身上，谁又能说出这几个"孩子王"不会成为将来各行各业的领袖人物呢？

但是现在教育实在是把本应简单的东西无限地复杂化了，不是因为我们的责任心太强，也不是因为我们老师懂得太多，仅仅是因为我们被极其近视的功利主义意图蒙蔽了双眼，仅仅是因为我们"一叶障目，不见泰山"，满足于对浅表零碎信息的获得而主动放弃了对本质问题的不懈追问。纪伯伦说过："我们已经走得太远，以至于我们忘记了出发点和目的地。"

"五四"运动之后，中国出现了一位努力践行平民教育的人物，并根据"生活教育"的理论创办了各类新型学校。这位被人们尊称的"当今圣人"的就是被毛泽东誉为"伟大的人民教育家"的陶行知。他提出"生活即教育""社会即学校""教学做合一""在劳力上劳心"的理论，目的是要"发展学生的生活本领"。只有把学生置身于整个生活和社会中，才能让每一个富于独特个性的人找到自己发展的方向，才能有施展自己、表现自己的空间和机会，否则必然会有部分学生在纯粹的应试教学中迷失自己，迷失未来。

但现在，教育离人的真实生活和社会发展的本质需求已经渐行渐远了，追求文化符号意义上的线性考试,如学历竞赛,已经严重异化了学生的学习过程,使教育变成了人的一种沉重的负担。有时,学历越高,生活就越悲惨。教育走到今天真让人伤感,倘若继续重复这一过程,则是一种邪恶和犯罪。

我们学校的大门上方是醒目的四个大字"爱满天下",就是在警醒着我们学校的所有老师。当然,这也是我做教育的座右铭。做教育就是要像陶行知一样,"爱满天下"。

## 二、有所担当

我们不仅仅要学习陶行知的"爱满天下",更要学会如何去爱。

陶行知曾多次提到学生的自我管理问题,他说:"如果厉行自治的时候,大家不愿争权,而愿服务;不愿凌人,而愿治己;不愿对抗,而愿协助;不愿负气,而愿说理,那末,自治之弊便可去,自治之益便可享了。"要做"有担当的新生活教育",或许我就是受陶行知的启发而提出的吧。

某年夏末,刚入校的一位初一学生,早早到校去卫生区打扫卫生,就在他即将把垃圾堆成一堆的时候,组长来了,问他:你怎么打扫了别人的卫生区?听到这话,那个学生随即用大扫帚将垃圾用力一扫,刚打扫好的地面又是一片狼藉。

我没想到孩子的反应竟然是这样的。这件事引起了我对教育深深的思考。我由此联想到当今学生的成长环境和历程及其未来的发展。面对上述情况,有那样想法的学生远非个别。德育、智育"两张皮"和德育低效问题一直困扰着我们,束缚住我们的大脑,捆住了我们的手脚,使我们的教育走不出低效的"漩涡"。

如何根据目前初中学生的特点,创新德育方式,找到一条统整德育与智育从而使学校教育走上一条"省时,低耗,高效"的育人轨道?"在担当中生活,在做事中成长",只有如此才能激发学生生命内在的情感需求,让孩子在对平凡小事的担当中在心里埋下"责任的种子"。

担当的范围，从班级到校内，从校内到家庭，从校内到社区。校内的担当从班级主管到学习主管，从卫生到维护团结，甚至可以小到一块玻璃的管理等；家庭中的担当，可以从帮助父母买菜到洗衣，也可以小到刷碗、叠被子等。学生从做好一件小事开始，从内化开始，从自悟开始，从"要我干"到"我要干"开始，从学校延伸到家庭、社会，每位学生在做事担当中成长，精神也在担当中升华，他们的内心会多一份对责任的理解和感悟。

担当教育是一个从认知到行为的过程，担当教育也需要教师自己主动担当，以身作则。一名优秀教师的担当不仅仅是进行知识的传授，更在于善于捕捉各种教育契机，激发学生丰富的内心情感。担当教育是极富内涵的一项德育工作。不管是学生还是老师，他们都在担当教育的生活中不断成长。

作为校长，我对担当教育的理解更加深刻，并且坚持以身作则。除了学校管理、学术研究等等分内的事情以外，我喜欢深入班级，更喜欢参与到学校的各种活动中去。

天生热爱文艺的我，总是寻找机会在学校的艺术节上表演一番。尽管老师们都对我的普通话不敢恭维，可我却偏爱朗诵。一曲《春江花月夜》让我沉醉其中，热爱促使我走上舞台，热爱让我不怕在全校师生面前"献丑"，配乐朗诵，深情表演。古筝的韵律时缓时急，张若虚的情感在那美好的景色中抒发得淋漓尽致。我的表演虽不够专业，但是赢得了老师和学生的热烈掌声，这对我的鼓舞很大。

王国维说："然人心之知情意三者，非各自独立，而互相交错者。""美育者，一面使人之感情发达，以达完美之域；一面又为德育与知育之手段。"志趣高雅，不仅仅是我对学生的期望，一定意义上也是我自己的人生追求之一。教育，是对人美好生活的一种唤醒、追索和顶层立意。从某种角度上说，教育的本质就是美。立教之本，就是美育，因为人生的终极层次是审美。

艺术的力量是伟大的，是难以估量的。在台下看学生的表演，有感而发时，我不禁拿起笔来抒写对儿童、对教育的感慨。这篇文章前面所引用的片段，引自我的教育长诗《童年》（发表在《教师月刊》）。那首诗是我在一次题为"春天的诗"的读书汇报会上看表演时有感而发，一气呵成的。后来学校里的老师配乐朗诵，录成视频。好多老师在听朗诵的时候，潸然泪下。

乒乓球比赛，篮球比赛，演讲比赛……亲手为学生颁奖，说鼓励的话，这都是当校长最幸福的时刻。刚刚接受完绶带，紧接着上台演讲的同学，因为演讲得投入，肢体语言的加入导致绶带从肩上落下，挂到腿上，马上要尴尬地落到地上。站在一旁的校长，安静地走过去，在不打扰孩子演讲的前提下绅士地为她把绶带整理好。虽是小事，却是校长的担当。

这是校长的担当。这份担当，不仅仅是责任心的升华，更是自我价值的一种体现。在我看来，人，既然活着，就应该有所担当。人的生理生命睡着死掉的很少，但人的思想生命睡着死掉的却很多。人生而有大脑，会思考，所以出现了哲学、科学、文化、艺术……出现了智慧人生，出现了越来越发达的人类文明。人越有思想，就可能越简约、越质朴、越守真。

## 三、追求卓越

陶行知说，新教师"要有试验的精神"。

在临沂第二十中学，我们的老师，我们的课堂，都有一个精神主张，也就是我们的教育理念，那就是追求创新、追求卓越。这种理念应该融入到老师的教学之中，呈现在学生的生命素质里。

教师是教育的第一资源。对这一点，我的认识非常深刻。引领教师专业发展，让老师们成为推动全校发展的动力之源，只有这样，我们的教育团队才能成为一个质量过硬、精神超前的团队。一次次的课堂教学改革会议，一次次的"个性优质课堂"实验，都是我们探索的脚印。

如今的教育，并不缺少先进的教学方法和教学设备，并不缺少所谓的教育思想和教育著作，也不缺少教育学的教授和指导，唯独缺少有灵魂的教育，缺少苏霍姆林斯基所说的"教育过程的真正能手、艺术家和诗人"。在教师的专业发展中，我在实践中所得出的感悟可以概括为三点，那就是价值引领、个性关怀和理性自由。

一百年以前，蔡元培先生就说过，"教育者，与其守成法，毋宁尚自然；与其求划一，毋宁展个性"，陶行知先生也说过，"不要把学校办成似是而非的、不自然的鸟笼和鱼缸""一个出色的教师，从某种意义上讲，就是他的个性被张扬到了极致"。

因此，对教师进行简单机械的评估，只能导致教师工作的简单重复，泯灭教师的生命激情。这就需要对教师施以关怀个性、关注差异、关心发展的多元异步评价，创造教师发展的良好生态环境。只有这样，才能让临沂第二十中学的"满园春色"绚烂持久。

苏霍姆林斯基说过："不必害怕让学生花一整天的时间到'书籍的海洋'里去遨游。让书籍以欢乐的激情去充实年轻的心灵吧！……那么，我们的社会目前还不能对付的许多棘手问题就会迎刃而解。"

在学校语文"六大"（大阅读、大写作、大背诵、大复述、大欣赏、大演讲）教学理念下，王丽花老师进行"回归阅读与写作本真"的语文课堂改革已经有四五年的时间。王丽花的课堂，有三分之一的时间在研读教材，三分之一的时间在研读莎士比亚，三分之一的时间在研读其他的经典名著。在王老师的课堂上，学生阅读和写作时，静若处子；在交流展示时，学生生龙活虎。辩论时，或质疑，或论证；表演时，很投入，很真切；配乐展示精品写作时，声情并茂。

进行课堂改革，王老师在课下是下足了功夫的。比如研究莎士比亚戏剧，研究莎士比亚的十四行诗，研究解读莎士比亚的书籍，研究莎士比亚传记。除此之外，研读教育书籍，研读教学技能的书籍。平时她还坚持记录一些教学案例，记录学生的读写状态。可是谁都想象不到，王丽花老师的成长之路是多么艰难。

起初，我搬着凳子去听王老师课的时候，虽然学生表现得格外活跃，在读写方面灵气扑人，明显超出其他老师的学生。但是王老师上课说话很少，尤其是公开课上，由于心理素质不过关，有时说话磕磕绊绊，语言表达不流畅。甚至在后来很多次的"个性优质课堂"实验的展示课上，王老师对学生的即时点评也跟不上。

"在教学理念方面，你的思想已经是超前的，是个性化的。你对莎士比亚作品以及其他文学名著的研读已经远胜于很多外国文学专业的教授。与很多老师相反，那些喜欢参加省市级讲课比赛的老师尤其注重研究教学技能，但是容易停留在技能的层面而沾沾自喜，从而远离了'道'。而你却需要在'技'的层面下很大的功夫才能突破自己。"我直截了当地对王老师说。

毕竟是有教育思想、对自己认识很清楚的优秀老师，王老师欣然接受。她买了很多语文教学的书籍，余映潮、于漪、王君等很多中学名师的书籍摆上了她的办公桌。她还对王崧舟、管建刚等小学语文名师的书籍进行了研读。当然，在最近几届"全国名家人文教育高端论坛暨名师课堂研讨会"召开时，我们学校也带领包括王老师在内的好多老师观摩了现场。王老师在听了好多名家公开课后，终于意识到自己课上的具体问题。深入备课，加上"个性优质课堂"的锻炼，王老师终于能够在课堂上和学生进行更深刻的对话，对学生的点评也更加到位，课堂设计也更加艺术化。

莎士比亚的戏剧作品几百年来一直散发着诱人的魅力，反映时代特征的广泛题材、精巧绝伦的戏剧布局、鲜明生动的人物塑造和诗情画意的语言运用，都让读者如痴如醉、欲罢不能。正如本·琼生所说，莎士比亚是"时代的灵魂"，他"不属于一个时代，而属于所有的世纪"。我想，莎士比亚肯定想象不到，几百年后他会有一个优秀的语文老师"粉丝"。

《学记》有言："未卜禘，不视学"，意思是说，夏祭未实施以前，不急着到学校去视察，为的是让学生有充足的时间发展志向。其实对于老师的教学效果的评估也是如此。教师被种种评估，特别是被考试和进度捆绑得没有了自由之身，遑论更好地发展。更加可怕的是，一些评估已经异化，搞得教师不知所措，以至有的评估还会产生副作用。

所以，少一点评估，多一点引领，可以给教师更多自由发展的空间，让他们更好更快地成长起来。每一所学校里，每位老师都有自己的特色，学校一定要给老师提供充分的时间和空间去发展自己、提升自己。一所学校中，校长很重要，除了自身的人格魅力、学术修养、领导艺术、专业作为以外，学校运行机制应是校长领导力的常态呈现。所以，在我们学校，像王丽花这样的老师有很多，有校长的常态引领，他们的成长过程经过蜕变，必将羽化成蝶。

我总结了二十中人所必需的特质：帮助学生树立远大的人生目标，强化做人的信念、荣誉和责任，并且不屈不挠地帮助学生实现人生目标，在趋向目标的过程中实现其人生价值；能够培养学生的阅读兴趣，启发学生的理想、信念、热情、志趣等非智力因素；有持续的学习热情和能力，在研究的状态下工作，提升自身的职业品位和生命质量；从容达观，自身的幸福指数高。像凯鲁亚克所说的"永远年轻！永远热泪盈眶！"教育需要丰富的安静，也需要强烈的审美冲动。

## 四、课堂改革

在课堂教学实施过程中，有的学校无视教师迥异的个性、专业基础和发展取向，强行推广"××模式"或"××流程"，貌似统一，实为绑架，必定严重影响教师发展。我认为，教学有模，但无定模，无模之模，乃为至模。所以，我始终认为应让教师在先进教育思想指引下，自主探究符合自身特点、满足学生需要、展现个性特色的课堂教学过程，形成异彩纷呈、学科独具的模式群。我们在个性优质课堂建设中提倡的"344"教学策略，即"遵循学生成长规律、认知规律和学科规律，依据以学定教、独立思考、多维互动、展示评价四项原则，把握情感孕育、方法生成、知识建构、习惯培养四个标准"，就非常受教师欢迎。我在这里再强调一次"344"，它不是模式，它是一项原则，更是一种引领。

我们认为，一堂课成功与否，其前提是建立一个什么样的价值标准。一堂课，短短的45分钟，它是教师作品的呈现，还是既定的一个完整程序，抑或是一台话剧的精彩演出？是教师教学的全部，还是教育长河中的一朵浪花？其实都是又都不是。教学过程是由教师、学生、环境、资源等要素交互作用形成的，目的是一个个生命的真实成长。所谓真实，就是它有独立思考、真情流露、自由专注和思维连续，而思维的连续性是真正学习的灵魂所在。

课堂完整性的曲解封闭了学生在课堂中所形成的思维的连续性和思想的广延性。在专家学者看来，判断理想课堂的指标众多，但有一点是肯定的，那就是理想的课堂是学生的学堂，意义就在于学生会主动学习而达成思维的连续性和思想的广延性。因此，唯有从学生学习的认知基础和情感基础出发，调动学生各种感觉器官，主动让学生暴露思维，优化思维，提升思维，促进知识的建构、思维的发展和方法的生成，才能促进学生的主动学习，主动发展，实现"从技到道"的转化，从学习到责任的升华。

对少年而言，激情胜于智力，要养成孩子的专注、坚持和忘我，就必须给他有意义的材料和足够的时间，对那些废寝忘食、专心致志、讨厌别人打扰的学生，除了引领和服务，不要轻易打断他的思路，这不是加重负担，而是真正教育。

我校一周一次的两节连排的语文专题活动课，可以是"无与伦比的莎士比亚"戏剧表演，可以是"走进春天"的古诗词欣赏，可以是"京剧入门"，可以是"解读欧阳修"，可以是"走近苏东坡"。

课堂能呈现一名教师的教学观。一个老师到底是一个有长远眼光的真正教育者，还是一个急功近利的应试工具，从他的课堂就能看出来。一叶障目，不见泰山；蚁穴之中，安生巨人？更有甚者，师长的功利主义评价，使学生的真实性思考迁移成取悦师长和考试的藩篱，连写日记都成为一种戴着面具的舞台表演，那么，在自由和纠错之间所形成的自我能力就会慢慢消失在压迫和奴役之中。所以，课堂应该如同一池方塘，为学生提供自由发展、激情追求的良好生态环境。

## 五、课外作业

课外是课堂的延伸。从某种程度上说，一个孩子的课外生活几乎决定了他的一生是否有所作为。我们的孩子在课外都在做什么？做作业。是的，作业的布置对孩子来说至关重要。

生物老师张娜娜是会布置作业的"高手"，这话不是恭维，更不是讽刺。她是一位懂得孩子成长需要、布置作业有智慧的生物老师。

"这是我们组韩硕同学做的爱心酸奶，欢迎品尝。"一位小组长颇为自豪地说。

"这是我们组李心怡同学做的草莓味酸奶，欢迎她为我们介绍制作过程，传授制作秘诀！"组长说完，只见李心怡同学像模像样地介绍起来。因为理论和实践相结合，女孩颇为自信。

"这里有一杯制作失败的酸奶，谁愿意品尝一下，并猜测失败的原因？"一位同学故作神秘状，仿佛一个顽童在故意挑起大家的好奇心和探索欲。

个子高挑的张娜娜老师面带微笑，为了缩短和孩子的距离，她微微弓着身子，眼神里充满的是对孩子的肯定和鼓励。

家庭作业是制作酸奶，学生自然兴奋不已。上课品尝和分享劳动成果，交流制作心得。这样的作业哪个学生不喜欢？又有谁感到有负担？制作酸奶的过程，孩子必然会研究诸多的知识，并且反复实验，为了成功制作口味独特的酸奶，他们还要去采购水果，要询问家长一些生活常识，甚至要家长帮忙操作，如此还加深了亲子情感。

学生课业负担过重现象不仅仅表现为数量问题，也不只是形式问题，甚至不是作业本身的问题，其实质是教育价值观和学科教学观的问题，其核心是以考试为中心的功利主义教育观，其根源是教师对生命成长规律、认知规律和学科规律的漠视和无知。像张娜娜老师这样的作业是直接面向孩子的，是面向有智慧、有能力、有技能的成长中的人的作业。这样的作业不仅有实践性、探索性，还伴随着学生的思考，以及不断失败不断试验的意志力的磨炼。

教师不去追问作业的目的，不去研究学科属性和作业形式的应对关系，不去反思作业的真正效果，甚至从来都不涉及学生的智力类型和学习特点，只一味地、千篇一律地布置一些书面作业，是对考试的简单应对，更是教师的自私和无知，是教师从未将自己的职业生活纳入个人生命价值体系的根本表现。在他的眼里，教学从来就是一套加工程序而非生命科学。

一个教师仅仅拥有丰厚的知识还远远不够，还需具备足够的教学知识，譬如了解学生的性格特点、智力类型和知识分类意识。有些知识需要记忆，有些知识需要体验，有些知识需要实践，有些知识只是知会一点而已……不一样的知识需要不一样的方法，仅仅使用记忆和训练一种方法来对付一切知识是愚蠢的，也是低效的。

教育就是要让本来就不同的孩子更加不同，忽视学生的性格特点和智力类型，以一种作业方式来要求全体学生是不明智的，也是非专业的。走出了20位英国首相的英国伊顿公学，每年250名左右毕业生中，70余名进入牛津、剑桥，70%的学生进入名校。殊不知，伊顿公学课外作业也是教育系统中极其重要的一项。他们为不同层次的学生设计不同的作业。对于"高班"（该学科的"优等生"）的学生，布置的作业最强调发挥，以提高学生的创造性；"中班"（该学科的"中等生"）的学生，布置的要求学生学习基础知识，外加混合创造性；"低班"（该学科的"低差生"）的学生，作业以掌握知识为主，力求跟上课程进度。

美国心理学家哈里斯·库柏在1989年对家庭作业进行过一项专门的课题研究，结论是："没有证据显示，任何家庭作业会提升小学生的学业表现。"有一个秘密，医生都知道，那就是大多数疾病都可以不治而愈；也有一个秘密，老师们也应该知道，那就是大多数知识用不着巩固和训练。另外，离开生命的情绪、兴趣、态度去追求知识和能力，其可怕的代价不言而喻。不仅如此，即使就考试而言，由过重的课业负担所导致的学生的厌学、厌世、认识新知识的鲜活感和灵敏性减退，恐怕从长远看来也只能影响成绩，数字刺激的最后结果是学生对学习兴趣的彻底丧失。刘建宇老师从来不留课外作业，但是学生争相自学数学，有的同学初一初二时就完成了初中三年的课程，甚至开始自学高中课程。可见学生的内驱力被调动了，一切负担都化为乌有。

## 六、孜孜以求

迄今我仍记得20世纪70年代末学习自行车的情景：教练为了训练我，准备得很充分，给我提了六七条要点，并反复叮咛，诸如车向哪歪车把就向哪拐，骑车时要目视前方坐正身子……但一迈腿，我脑海中就全是这些法则。直到我全部背下来后，仍然如履薄冰、战战兢兢地学了两三天，并且摔得鼻青脸肿。30年后，我都不知道是什么时候、是谁教会了我儿子骑自行车。有一天我问儿子：谁教了你骑自行车？儿子很惊讶：骑自行车还要学？不过就是摔几个骨碌吗？

现在蓦然回首，教育的很多内容是值得回味的。人的生命有着与生俱来的本源性的生存和发展能力，初中孩子的生活经历使他们每天都在接受着教育，以至于这样的教育已经持续了十二三年，在很多方面依靠经验和直觉，无师自通的成分很大。

只是我们的老师总是把学生当成了零起点，只是我们太看重自己，感觉学生离开我们就不能学习,我们现在的老师和我过去的教练都在干着同一件事情——一个已经长大了的孩子的保姆和一双少年三年前的旧鞋子!当一个活生生的丰富多彩、情感喷薄的直觉世界经过归纳、概括、抽象,干燥得几近于"无"的时候,当概念化、抽象化、理论化的世界完全取代一个人的生命真实和深刻实践,这是一种什么样的教育呢?

做了大半辈子的教育,我越发感受到教育的魅力和内涵,它值得我们终生去研究和探索。我一直坚信教育的力量,正确的教育可以改变一个孩子,一个家庭,甚至一个国家;相反,走入误区的教育必然也会产生恶果。其实教育很简单,就是把简单的事情坚持去做好;把正确的事情,联合所有的力量去坚持好。

教育的方式更是不拘一格,正所谓教无定法。学自行车也好,学游泳也罢,只要孩子有兴趣,无非就是摔几个骨碌,呛几口水的事情。技能的提高,经过千锤百炼,在遗传基因允许的前提下,甚至能够挑战极限。

我们学语文可以搞读书节,学英语搞过 English Party。于是孩子们提议举办一次数学文化节。孩子们告诉老师,告诉我,剧本不用发愁,几个好"吹牛"的孩子把平时已经很精彩的一幕稍加"一吹",瞬间就变得丰富多彩了;演员更不用发愁,同学们都争着当啊,谁不想展示一下自己的风采啊。于是乎,数学节成功举办了。有师生辩论的场景,有奇思妙想的一幕,有峰回路转的精彩,有谈古论今的豪情,还有对现实问题的批判……

毋庸置疑,在这样的活动中,孩子们在玩乐的同时,他们的注意力、他们的语言表达能力、他们的写作能力、他们的应变能力、他们之间的真挚友谊,以及他们对数学学科的热爱与兴趣等一定会产生巨大的变化,这就是潜移默化。

我认为作为一名校长,作为一名教育者,仅仅停留在实践和摸索的层面还是不够的,还要阅读大量的教育理论书籍、哲学书籍,还要笔耕不辍。这些年来,我坚持写作,写教育诗,写校长寄语,写论文。我认为这也是一名校长在专业领域必须为老师们做的榜样。

百年大计，教育为本。但教育又是至简至真的事情。你看，"柳芽所映照的绿色里，小儿用冻红的小手去摆寻鹅黄绒毛的鸭仔"，这其中看似无教育，却蕴含大教育。作为一直行走在路上的实践者和探索者，我寻寻觅觅，孜孜以求。最后，让我用爱尔兰诗人谢默斯·希尼的诗歌《玩耍的方式》结束此文吧，我相信有更多的人和我一样执着于走向真正的教育，执着于柳芽所映照的绿色里……

> 阳光直穿过玻璃窗，在每张书桌上
> 寻找牛奶杯盖子、麦管和干面包屑。
> 音乐大踏步走来，向阳光挑战，
> 粉笔灰把回忆和欲望掺合在一起。
>
> 我的教案说：教师将放送
> 贝多芬的第五协奏曲，
> 学生们可以在作文中自由表达
> 他们自己。有人问："我们能胡诌一气吗？"
>
> 我把唱片一放，顿时
> 巨大的音响使他们肃静；
> 越来越高昂，越坚定，每个权威的音响
> 把课堂鼓得像轮胎一般紧，
> 在每双瞪圆了的眼睛背后
> 发挥它独具的魅力。一时间
> 他们把我忘了。笔杆忙碌着，
> 嘴里模拟着闯进怀来的自由的

字眼。一片充满甜蜜的静穆
在恍惚若失的脸上绽开，我看到了
新面目。这时乐声绷紧如陷阱，
他们失足了，不知不觉地落入自我之中。

### 蓝继红

中学高级教师,现任四川省成都市草堂小学校长,小学语文特级教师。曾先后被授予首届全国教育改革创新杰出校长、四川省有突出贡献的专家、成都市教育专家、成都市公众评选的十佳教坛明星、成都市特级校长、成都市"十大杰出"青年等荣誉称号。著有《蓝继红与诗意教育》《小学语文教学建模》《小学语文课程与教学论》等专著。

# 教育，就是沿着生命慢慢地走

## 一

快十年了，直到今天，我还清晰地记得那个改变我和草堂小学（下文简称"草小"）的一次对话。

我：××老师，学校最近在搞装修，你在装修、审美方面特别擅长，你能不能帮我一点儿忙？我真的需要你的帮助。

老师：蓝校长，现在是放假，我家里有一大堆家务事，您需要我去多久？

我：这样吧，我请你当校长，你跟我一起来做这个事情。你和我一起思考、一起开会、一起去买装修材料、一起设计我们的学校、一起来做校长。

老师：真的？

我：是的。

老师：是不是你这样的校长？

我：不是不是，我是教育局任命的，你是我们学校我任命的校长。

老师：有津贴吗？

我：有。

老师：多少？

我：每月100元。

那是我到草小担任校长的第二个年头。2004年，我被一纸调令从成都市中心的一所学校调到了草小。当时的草小是位于成都二环路边上的一所普通小学。召开教师大会时，我甚至没有一个像样的话筒。学校经费短缺，而且此前欠了不少债，面对这样的一所学校，我不禁打退堂鼓：我能在这里干下去吗？

最大的困难不是硬件上的，而是软件上的。当时的草小刚完成合并，老师们来自不同的学校，也形成了不同的非正式团队，别说大家拧成一股绳为学校出力，就是日常工作都会因为你是来自这所学校的，我是来自那所学校的，而彼此隔阂。

我刚到草小当校长时，所有的老师都在观望：你又来自另外一所学校，你想干什么？你要干什么？你让我们干什么？我们想不想跟你干看我们的；你能不能让我们干，看你能不能推动我们愿意跟着你干。

所以当我要做任何一件事情的时候，我遇到的是老师们非常礼貌的、有礼有节的、极有分寸、拿捏得非常到位的配合，绝不主动请缨，绝不坚决执行，但是也不会坚决反对。

那段时间是我担任校长以来最痛苦的一段时间。那时候我听说一句话："一个好校长就是一所好学校"。但是如果我在草小干不好，是不是我就不是一个好的校长呢？这种压力甚至影响了我的自我认知。无数个夜晚，我在家中阳台上苦苦思索到底应该怎么做。

就在这时，我认识了《读写月报·新教育》杂志的主编李玉龙，他了解到我的苦闷后对我说："我带你去看一所有趣的学校，一所没有校长的学校。"

我很狐疑：这个世界上居然还会有没有校长的学校？那这所学校是怎样运转的呢？带着这样的疑问，我跟着李玉龙主编来到了位于成都东郊的华德福学校，在认真了解了之后我发现，这所学校基本上就是采取一种合伙人制度，没有绝对权威的校长，学校的所有事务都是几个老师一起商量共同决定的。那时候我就在想：这种模式能否被运用到我们普通学校呢？

我开始反思我们平常的管理模式，为什么推动工作如此之难？我发现原因在于科层管理。科层管理有着很多好处，但也存在一些问题：作决定的总是校长，而其他的人，更多时候是在被动地执行。非常缓慢的沟通，在信息由上而下的传递过程中，经常会致使信息衰减甚至变形，以至于让每一个处于这个等级下一级的人，变成一个被指挥者、被管理者。那时我深切地感受到，做一个校长，永远是孤独的。这种孤独让我开始想寻找"同谋"，想找"自己人"。

我把这个想法告诉了我的一位老校长，他告诉我："这就意味着你要让老师分担校长的责权利。这样做是有一定风险的，但是要是做好了，你将建起一所与众不同的学校。"

2005 年，我担任校长的第二年，学校要搞装修，我迫切需要得力的老师参与这项工作，于是我找到了那位老师，也就有了那次有趣的对话。就是在这样的对话之后，我有了这么一个助手。这位助手跟我朝夕相处工作了一个月之后，她成为了我的朋友，理解了我的难处。当别的老师不服从安排、不配合工作或者有意见的时候，她会告诉别人，"我们要帮助蓝校长"。

有一次，一些老师不配合她的工作，我听到她说了一句话，快十年了这句话仍在我耳边回响："你们闹什么闹，蓝校长都在帮我，你们还在那闹，快干活。"

实际上是她在帮我，不是我在帮她，但是她却说我在帮她。这个角色的转换让我看到了它内在的一种价值。老师在拥有了"校长"这个名称之后，变成了相关项目的主人，会更主动地去思考、去发现、去为学校工作。

这件事让我意识到：如果每个老师都能像校长一样，拥有自己的责权利，愿意去主动承担培养学生的重任，去承担发展学校的责任，那么这个学校就会成为大家的，成为我们所有人的共同体。

我相信某些改变是神奇的，我觉得我们需要借助经济学当中的一个理论，建立一个反转型组织，让我们学校所有的行政人员，不再是高高在上地发号施令，而是去为想做事的教师服务，去帮助他们实现自己的梦想，在过程当中达成学校的目标。

实际上，我觉得学校运作最重要的就是两个词——"共识"和"自治"。我们在动态当中彼此达成"共识"，不但达成现阶段的"共识"，也不断去制定未来的"共识"。然后我们每个人围绕这个"共识"去实现自己的"自治"。我们在集体当中能找到自己，在自己当中能找到集体，这样，我们每一个人都会提升，我们的整个团队也会提升。

我经常在思索：学校老师的联系是怎么建立起来的？其实是因为相互环绕，因为在学校工作，因为大家环绕在一起。我们在环绕当中相互烦扰、相互支撑，在烦扰支撑当中相互理解，在相互理解当中建立起深厚的感情，共同行进。我们的校级执行校长的制度就这样建立起来了。

校级执行校长由老师在全校范围内公推竞聘后担任，任期一个月。该校长在一个月"执政"期间有职务津贴，拥有倾听、观察、建议、执行等权利和义务，代表教师参加学校行政会。每个校级执行校长还要有展现自己特色、富有学科特点的执政梦想，他将主持召开圆自己的梦想的行政会，部署具体的工作和细节，并在同伴们的协助下实现梦想，精彩亮相。

让每一个老师都有机会圆自己的教育梦想，针对的是学校的每一个个体。我们没有任何门槛，民主公选我们的校长，无条件地相信每一个老师。只要被大家投票选出来，他就是一个好老师，就是一个好行政，他就会有自己的教育理想，有自己一个小小的教育心愿。在有限的一个月的时间之内，尽力去做，他就会成为我们所希望的那样的一个好老师。我们经过了十年这样的探索，前前后后70多位老师成为了这样的校长，他们因为成为学校的执行校长，而成为我的"同谋"，我们共同走在创造草小教育精彩之路上。

于是，草小就有了这样的一幕：一个秋高气爽的日子，一位穿格子衬衫的叫龚轶的老师来到我们学校,参加学校的教师大会。这次会议结束的时候,一位女教师站到了他面前说:龚轶呀,你到我们花之语来吧,我们欢迎你。旁边一个老师跟他讲,她是我们谢校长。然后这位龚轶老师就呆住了,他只知道这个学校有一个蓝校长,怎么一会儿又钻出来一个谢校长?

接着他又认识了我们很多的校长。更有意思的是,他就这样被我们的谢校长动用她的人事权聘用到了她的年级分校里,成了她的老师。而两个月之后,我们这位热爱音乐的小伙子,也被大家称为龚校长。因为他被大家民主公选成为我们的教师执行校长。

老师就是在这样的工作机遇当中,融入了我们的学校,走进了教师校长制度,直接地参与学校的管理,让学校成为自己的学校,让学校的梦想成为自己的梦想,让自己的梦想连着家长的梦,连着孩子的梦,连着我们所有人的梦一起飞翔。

2011年3月28日,星期一,是年轻的朵朵老师的生日。就在这一天,她被选为学校的执行校长了。活泼可爱的朵朵老师详细记录下了自己担任执行校长的酸甜苦辣:

对于"执行校长"这个称呼,我一直是带着三分好奇、三分期待、四分敬畏的复杂感情去仰视的。今年是我到草小的第三年了,看着和我一起来草小的同胞们纷纷都"光荣"了,我其实已经有了足够的心理准备,但是在该来的终于来到的时候,我还是有点忐忑。今天都28号了……握紧左手拳头,一个关节一个关节地数,一月大,二月平,三月大,四月小……嗯,这么说,还有三天时间?又一算,除了这个星期和清明节,我好像是4月11号才正式上任吧,嘿嘿,偷着乐一下——我捡便宜了(事实证明世界上没有让你白捡便宜的),幸灾乐祸一下——5月诗歌节……幸好我不是5月的执校啊(结果,我天真了)!消息传得很快,一下子,学校里玩得好的那帮同事看到我好像经过培训了一样统一改口,不叫朵朵了,叫林校。而且是一脸过来人的幸灾乐祸,好像在说:哼哼，你也有今天啊！因为当执校已经是他们的昨天了。关键是，范校、李校他们看到我，也一本正经叫我林校……让我真的很囧很纠结。看来，我的角色意识还不够啊——没错啊，我是校长，我真的是校长了啊，纠结什么呢？

在这个乍暖还寒的四月，我努力把自己从梦游状态中揪出来，林校，您该睡醒了！

于是，我便开始进入角色，开始了一个月的执校生涯。

4月8日，在还没来得及开第一次行政会的时候，我去找蓝校汇报这个月的执校活动——校园小主播选拔赛的安排，10分钟不到，一切都改变了……我很放松地从蓝校办公室走出来，脑袋里面就只有蓝校的一句话在回荡："朵朵，干脆你把下个月也当了吧……"看来我之前握着拳头算时间是白算了。为什么呢？因为我4月11日才上任，我的活动就算从4月12日开始，从班级海选，年级初选再到校级决赛，都需要3个星期，可是4月份有运动会，综合实践，5月一来就是劳动节。所以，我的活动至少要弄到5月中旬了。既然蓝校都发话了，证明她对我信任，可是5月有诗歌节，谁都知道这是个超级重要的庆典，我这个刚进草小不久的音乐老师，怎么镇得住啊？我真是怕蓝校对我过度信任了，我对自己都没那么信任啊……我回办公室和乔姐姐分享这个不知道是好还是坏的消息，乔姐姐连安慰带哄地说，没事没事，等5月份的时候我们和蓝校商量一下5月份两个执校嘛，再说了还有我们呢……第二天的下午，我颤颤巍巍地给蓝校发信息表达我的忐忑，蓝校用一贯柔和诗意的口气回答我："朵朵，不怕，你不是一个人，我们一直在一起……"好吧，接受吧，这是上帝对我的宠爱啊……于是4月的活动我都没头绪，就开始愁5月了。我不知道其他的老师当执校是不是这样。我天生敏感，而且有严重的强迫症，在做任何事情的时候，我都会考虑到很多很多细节和可能发生的意外以及处理方法，万分之一的意外我都会考虑到，这些通常是在下班后才有时间去想的，所以我就开始失眠……

4月9日，综合实践，那天下午放假，大家都回家去了，我在办公室纠结了将近两个小时，一会儿跺脚，一会搔头，一会儿碎碎念……可 word 文档里的活动策划仍然只有几排可怜巴巴的字，望着空旷的操场，在我悲愤欲绝的时候，李校忽然像一个可爱的棒棒糖一样出现在办公室门口，看我在里面五官纠结成了一团，便如一阵春风，不，应该是一阵东风一样飘进来，我眼睛一亮，连忙揪住这棵稻草，真正的校长就是不一样啊，李校就像哆啦 A 梦帮大雄一样帮我想了很多点子。于是在这期间，我学校年轻有为的李校，我们办公室的乔姐姐，不知道被我骚扰了多少次，我经常缠着他们，用几乎是逼的方法请他们给我出了不少谋划，我觉得当时李校和乔姐姐们一定很憋屈，够忙了，还有个"小屁孩"，用"执校校长"的权力去"骚扰"他们那么多次。在此，对我们亲爱的李校和乔姐姐深鞠一躬，明年西昌樱桃成熟的时候，我一定让妈妈买一筐最红最大的给你们！！

　　5月10日，四、五年级小主播比赛结束后，我4月的执校生涯也接近了尾声，以前看其他同事当执校，活动进行得很顺利，没觉得当执校多难，直到自己经历了，才知道当执校的酸甜苦辣。这是我第一次当执校，不知道是不是最后一次，但从刚开始的茫然忐忑走到现在，我发现我居然有一点点怀念这种忙碌充实的生活和这个特殊亲切的称呼，虽然我的活动已经画上了圆满的句号，我的接力棒已经交到了下一个执校手里了，可在我的生命中，"执行校长"这个只有草小的老师们才能享有的称呼，会像诗路花语上的铜板话一样永远铭刻在我心里。就像我每天都会带一个棒棒糖一样，我会每天都把"朵朵校长"从脑海里翻出来，让她晒晒太阳，让她和现在的朵朵交流对话，让她鼓励现在的朵朵，永远像"朵朵校长"一样乐观向上，开心幸福！

　　我们的每个教师执行校长在施政的时候不但会得到全体行政和全体老师的大力支持，还会得到一帮小助手的通力协助，这帮小助手就是我们的学生执行校长。学生执行校长也是通过民主选举在全校同学中产生，一旦当选，他们会作为教师执行校长的小助手开展各方面的工作。

和朵朵老师一样，我们每个教师执行校长也都是一道精彩的风景。

## 二

我们教师执行校长的第二层是我们的年级执行校长制度。

我们建立了名为"学之源""诗之友"等六个年级执行分校，设立年级教师执行校长岗位，并由年级教师执行校长"组阁"建立——年级执行分校校长管理机构，让我们每一个团队都有空间来创造自己的精彩。

我们的年级团队是非常有意思的，年级校长或由老师们推选，或是年级内部"禅让"。每个年级推出大家公认的表达能力、组织能力强，在学校有一定声望的老师担任年级执行校长，然后他们组阁把老师变成他们的助手，共同来完成年级的事情。年级分校之间存在评比，于是每个分校都尽力推出具有自己年级特色的活动，这些活动让草小成为了一所多彩、丰富而快乐的学校。

语文老师赖玲和她的"水之源"分校开发了以博物馆为主题的家长课程。一个学期请家长到学校给孩子们上了八次课。家长们在课堂上给孩子讲解四川的博物馆，课后亲临博物馆现场，带领孩子们去学习和研究；老师们还自己写下了课程目标，"面向每一个学生，联动每一个家长，成就每一个老师"，这难道不是一个校长所希望的吗？

"学之源"分校的教师们在教师校长唐芳的带领下，推出的是繁体字开发课程。"一笔一画一世界，落墨千年香如故。一字一词一故事，浅吟亘古皆锦绣。"这是他们写下的课程目标。

……

我们老师就是在这样的课程当中成长着，我们的团队在这样的课程当中进步着。所以很多同行和校长到我们的学校来参观时，都好奇地问我："蓝校长，你们学校为什么随时都这么干净，你们的老师为什么都那么有激情？孩子们为什么都那么可爱？"其实秘密就在于我们的制度，在于我们所做的文化和机制上的这些变革。

执行校长制度开始实施到现在已经有十个年头。在这十年中，我们先后有80多位教师担任过校级教师执行校长，300多位同学先后担任过学生执行校长，加上行政校长和年级分校校长，这十年来我们差不多有四百位校长。这样的管理模式使每一位教师充分地投入到学校管理当中，真正做到了学校管理无死角，也用众人的智慧给草小开辟了一条越来越宽的路。

在执行校长制度实施了七年后，2011年，我们得到了一个巨大的惊喜。当时教育局在不通知任何学校的情况下，委托第三方对成都市的各所学校进行了一个调查评比，最后评出了群众中口碑最好的几所学校，我们的草小学以绝对优势高居榜首。我告诉老师们：这是我们得到的最珍贵的一个奖项，因为它代表的是社会对我们的肯定，也是对我们这几年辛勤工作的回报。

## 三

当学校一切都走上正轨之后，校长的压力明显减轻，学校的工作也有声有色，这时候，我更关注的不是催促着老师努力工作，恰好相反，我希望大家的工作慢下来。

我告诉那些勤奋敬业的老师：如果这只是芝麻大的事，就不要把它做成核桃，更不要做成雪球。教育是为了生命，而非生命为了教育。我们的草小，应该是一所洋溢着生命光彩的，人文、温润、美好的小学，是老师和同学们共同的生命栖息之地。

教育，是同我们的生命一起开始的。每一个生命，无论伟大或卑微，都是教育的起点和归宿。学校教育的大事，就是关心、照顾好每一个生命。让教育像生命一样自然生长、浑然天成，理所当然就成为校长的使命与责任。生命美好则教育美好，教育美好则教师美好、孩子美好、家庭美好、社会美好。因此，学校里最重要的事情莫过于关乎生命的事情，教育的全部学问就是迷恋生命成长的学问。

于校长而言，把握住真正重要的事情——照顾生命，离真正的教育就近了；就管理而论，催生教师对教育的牵挂，离真正的教育也就近了。

照顾，是情感极厚重、深沉的动词，如太极高手于缓慢运气吐纳间积聚的形意力量，一朝力道足够，足以沁人心脾。像照顾亲人和挚友一样照顾好教师，教师就会像对待亲子和挚友之子一样照顾好孩子。再简单一点，所谓照顾就是要学会"己所不欲，勿施于人"。我们希望教师如何看待和对待我们，我们就要如何看待和对待教师。简简单单做校长，本本真真办教育。我们不喜欢面对太多的指责和批评，就不妨多给教师一些理解和支持；我们不喜欢面对太多的检查和训导，就不妨多给教师一些引导和尊重。比如，把随意推门听课，改为跟教师预约课，尊重教师在自己的教室里有尊严地讲课的权利；不对教师的言行轻易褒贬，妄下结论，不因教师的思想出格而排挤打压……每天向教师呈现校长"良好的自己"，以此去成全教师"最好的自己"，众多"最好的"教师自然就会去成全办学过程中来自社会、家庭和有关部门多元的需求，从而成全孩子的成长和学校的发展。

牵挂，少有虚伪的杂质，几无功利的色彩，纯净透明，正是教育本来的样子。"捧着一颗心来，不带半根草去"，教育区与其他行业的别于关键就在于呼唤真情。因了真情，所以心动；因了真情，自然意切，自然生长出对孩子的牵挂、对学校的牵挂、对教育的牵挂，并且会因为牵挂而愿意乐此不疲地付出。这正是校长所期待的学校教师的理想工作状态。教师有了这样的工作状态，很多事务就不成其为事务，就会被有效地迁移、释放甚至转化，校长又怎会陷入繁杂事务而不能自拔？

卷入，可以创生牵挂；卷入，即让教师有事可做。越多的教师卷入，越多的教师就有事做。爱尔兰著名《圣经》注释学家巴克莱博士在《花香满径》一书中写道："幸福的生活有三个不可缺的因素：一是有希望。二是有事做。三是能爱人。"教师有值得付出的事情可做，幸福感就会随事而增，随之而生的自是一份对事情过程、结果的牵挂，牵挂背后是一份持续的付出，付出之后是令人牵肠的一段故事，故事背后又会生出新的牵挂。教师因牵挂而愿意做事，学校因做事而故事层出，管理因故事而亲切温暖。如此，任何规划、督促和检查都会轻如鸿毛。

最欣赏办学不做刻意规划，循着教育的节奏慢慢走。边走边看，边做边想，边想边改，但求行事，不问因果。年前曾想用孔子的"兴观群怨"说勾勒相关课堂教学特征，并以此搭建草小诗意课堂框架。埋首苦思未果，抬头远望，恍然醒悟：让教师慢慢卷入多好！带着自己的思考、设想，在自己的课堂上去尝试、去历练、去折腾，成败得失间，把课堂特色的种子播进自己的试验田里，自会渐渐嗅到属于草小诗意课堂的味道。校长要做的，只需把这份牵挂放进时间里，静静守候，哪需要太多的特别预设和期待？

天时不如地利，地利不如人和。人心和，天涯咫尺；心散了，咫尺天涯。学校管理有时就像品茶人"养"壶养杯，相信教育的灵性，循着情感的溪流，慢慢地"养"，把学校"养"得温润光泽，也把自己"养"得恬淡从容。

我爱这人文、温润、美丽的草小，我愿意和老师们、孩子们一起，沿着生命的轨迹，慢慢地走。

### 李 烈

现任北京第二实验小学校长兼党委书记,数学特级教师,中国教育学会副会长,教育部全国教师教育专家委员会委员,享受国务院政府特殊津贴,北京市人大代表。曾获全国劳模,北京市劳模,首届首都楷模,北京"十大杰出"青年,人民教师奖章,香港柏宁顿孺子牛金球奖杰出奖、教育部巾帼建功标兵,全心全意依靠教职工办好学校的好书记好校长等称号。2011年2月被聘任为国务院参事。

# 促进教师主动发展
## ——校长的首要使命

常常有人问我：做教师和做校长有什么不同？在我看来，做教师关键在于"做好自己"，因此在做事时可控性很高，通常只要自己努力且做事得法，就会拥有理想的成绩；而做校长重点在于"成就别人"，也因此在做事时可控性就低了很多。很多时候并非靠自己努力就能获得理想的成绩，而是要把团队中个性、需求迥异的人团结在一起，同心同德，共同努力才行。

因为这样的认识，从第一天做校长起，"人"就是刻在我脑海中最重要的概念。所以，在"以学生为主体"教育思想盛行的当年，我率先提出"双主体育人"思想，将教师作为教育工作的主体，提到与学生主体同样高的地位，并将"促进教师主体的主动发展"作为一校之长的首要使命。现在看来，正是这个抉择成就了北京第二实验小学（以下简称"实验二小"）今天的辉煌。

关注教师的成就感和归属感，实验二小教师文化的形成为什么要将学校管理者的首要使命定位于"促进教师队伍的发展"，而不是"促进学生的发展"？又如何理解两者之间的关系呢？

这大概和我教数学的背景有关吧。在解数学题时，我最忌讳提笔就算，最强调读题，尤其是要准确把握题目的要求。初登管理岗位时，我就像解一道数学题一样,对学校中的各个角色的职责及其相互关系进行了勾画(见下图)。

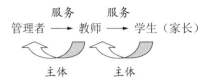

从上图可以看出,校长直接作用于教师而不是学生,也就是说,校长的主要职责是通过作用于教师的成长,从而作用于学生的发展;直接作用于学生的是教师,而非校长。因此,在学校组织结构中,应该发挥学生在教师工作即教育教学中的主体作用,发挥教师在校长工作即学校管理中的主体作用。所以,我始终认为,服务于教师主体的发展,是校长的本分。

凸显教师主体地位、实现教师主体有效发展,作为校长必须了解教师的专业角色,了解教师的核心需求。在学习中我认识到,教师的专业素质结构包括知识系统、观念系统、能力系统和动力系统。在我看来,动力系统是关键,知识系统是基础,而观念系统和能力系统则需要通过学习来"知道",需要通过实践才能真正"获得"。于是,确保教师动力系统积极、持续地发展,成为我管理工作中的重中之重;不断搭建平台,在学习和实践中锤炼教师的观念系统与能力系统,成为我培养教师队伍的主要内容。

教师发展的动力系统主要包括:教师的人岗匹配(即是否适合做教师)、教师的入职动机(即为什么做教师)、教师对教育的信念(即教育到底能在多大程度上带来积极的改变)和教师的职业生活体验四部分构成。为此,每年教师招聘我都亲自参加,判断应聘者做教师的潜质,了解应聘者的入职动机和对教育的认识。更重要的是,我非常重视教师入职后各种在校生活体验,不仅定期约请新入职教师座谈,而且定期开设"校长沙龙""校长聊天室"和"校长,我想对你说"的个别谈话,至于信箱、手机短信平台,更是长年畅通,以期准确把握教师的思想动态、需求和体验,随时发挥管理的服务功能,促进教师主体的发展。

强调教师的主体地位，还需关注教师专业角色之外的内容。教师都是活生生的人，有着普通人的感受与需求，需要从"人"的角度去理解教师的发展。我从自己的成长经历中，深刻地体悟到一点：追求幸福是人的本能和终极目标。幸福是什么呢？在我看来，幸福感与价值感紧密相连。人的价值主要体现为：一是因"做事"带来的成就感，二是因"做人"带来的归属感。它们就好比"人"字的一撇一捺，共同撑起一个充满幸福感的、大写的"人"。获得成就感和归属感，做最好的自己，是每一个人，包括教师生命价值的集中体现。因此，使教师获得成就感和归属感，成为我管理工作的直接目标，我将教师职业定位为"实现教师个体生命价值的平台"。职业成就人生，追求职业价值和生命价值的内在统一，成为实验二小的管理追求，也是我校教师职业生活体验的核心诉求。随着时间的推移和实践的积累，实验二小的教师文化应运而生，在"形象文化——美丽地工作着"之外，又衍生出"学习文化——智慧地工作着"（即凸显教师的成就感）和"合作文化——快乐地工作着"（即凸显教师的归属感）。

尊重个性差异，实现共同发展：实验二小的教师成长策略如何将个性迥异的人团结在一起，激发团队合力，是团队管理中遇到的普遍问题。我也曾面临同样的挑战。细细回想起来，我觉得团队建设必须经历以下几个阶段，做好以下几件事情。

# 一、改变心智模式，铺就合作基础

从情绪认知 ABC 理论来看，造成教师是否愿意合作的行为结果（即 C），不是因为发生的事情（即 A）本身，而是源自人们对所发生事情（即 A）的认识或信念（即 B）。也就是说，引发是否合作的行为，源自人们的认识和信念，而非事件本身。所以，改善人认识事物的心智模式非常重要。以我的经验，有几个基本认识在团队建设中非常重要。

差异。在实践中，我们总是更多地看到差异中的"差"（即水平的高低），而忽略了差异中的"异"（即种类的不同）。如果能更多地将视角拉向"异"，就会看到更多的可能性和机会、更丰富的资源和机会，视野、心胸也会随之开阔，对人与人之间的差异就会更多地欣赏和接纳，从而认识每个人的价值，使每个人都能发挥作用。

"我"和集体。很多人没有意识到个体发展的生态效应，以为"努力＝成绩"。这里有两个误区。一是"努力"和"成绩"都是需要别人喝彩才算数，否则就是"痴人说梦"或者"自说自话"。没有他人的认可，就不存在成绩一说。二是只要一个人隶属于一个群体，他身上就有该群体的身份烙印。当群体本身弱小的时候，这个人得到的发展几率也会直线下降。所以，只有"我为人人"，才能"人人为我"。

快乐。快乐来自智慧，而非常理。对身边发生的事情，如果能换个视角，如果能更多地以"积极再定义"的方式，挖掘出其中更为积极的因素，那么学生的"问题"就变成了发展的"机遇"，接手"问题班"就等于"信任"＋"高期望"，等等。快乐也来自给予，而非拥有。快乐，还来自"适合"——找到"适合"自己的事情，努力做最好的自己。因此，我提出了"快乐生命学说""快乐加减法""适合学说"等一系列改变教师心智模式的观点。

## 二、建立共同愿景，实现目标驱动

有且认同共同目标，是团队建设初期的显著特征。愿景，对于管理者来讲就是要通过科学规划，描绘出人人向往的发展蓝图。这个来自管理层的愿景能否被团队中的每个人接纳且认同，这需要智慧，也需要时间和过程。

首先，我通过专业化的论证和反复宣讲，让大家逐渐接受和理解学校的办学理念、目标，任务的科学性、可行性和前瞻性。

其次，从我和管理层的宣讲，逐步转变为每一位教师结合自身体验或案例、共同参与的宣讲。先是主题宣讲，如"'以爱育爱'我来谈"，后又成为校内各种赛事的必考项目。慢慢地，学校的理念和口号就成了大会小会上的口头语。经过不断的学习和渗透，当教师理解、接纳之后，就进入教师参与丰富、完善学校理念的阶段。我深深地记得，为实现"教师勇敢地退、适时地进"这样的教学要求，全体教师共同在黑板上勾勾画画，一起凝练出"课堂教学十意识"和"开放的闭环"时，所有人无比自豪、兴奋的场景。

## 三、科学认识差异，实现"1+1＞2"

如上所述，科学地认识"差异"，需要敏锐的洞察力和丰富的生活阅历。要把"发现别人的优点"作为自己的首要任务。尤其当你不能选择自己的团队成员时，有这样的心理准备和识人能力，非常重要。这样才能遵循用人的基本原则——"扬人长，念人功，谅人难，帮人过"，并在适合学说的指引下，遵循"人岗匹配"的原则，使每个人发挥所长，各得其所。我注意在各种场合让身边的每一个人认识团队中各位成员的优点和长处，使其在团队中迅速被认可、接纳，帮助其在团队中准确定位。为此，我定期和各个团队主管交流，科学而积极地分析团队中的每一位成员，挖掘其优势，确立其发展目标，从而实现知人善任、有效管理。团队中出现人际纠纷和矛盾时，我也会引导大家从差异而非人品的角度去观察、分析，增强团队成员间的理解和宽容，形成相互补台、相互协作的支持局面。

实践也一再证明，只要知人善任，即使并非个个都是强手的年级团队，也一样能做出骄人的成绩，实现"1+1＞2"的梦想。这就是实验二小教师合作文化之精髓所在。

## 四、做好生涯规划，自主驱动发展

我也深知，只有同步实现教师个体和教师团队的成长，才能真正实现"职业价值和生命价值的内在统一"，使教师拥有积极的职业生活体验，获得不竭的发展动力。我们根据不同教龄教师的特点和发展需求，引导每位教师自我定位，确立自己当前的发展任务和发展目标，制定职业生涯发展规划。这种针对性、个体化的目标引领，引出的是有的放矢的努力，教师的进步与成就更加快速和明显，教师也就愈发积极，从而使教师对团队产生出更为强烈的归属感。与此同时，学校教师团队的建设也更具规划性和科学性。

## 五、给予关爱支持，情感驱动发展

促进教师个体的成长，除了提供专业发展支持之外，还需时刻关注教师的现实处境，建立"校长—教师"关系之外的普通人与普通人之间的情感连结，给予情感支持，促进教师走上全人发展的健康之路。

做校长 16 年来，我始终坚持做到，除了我不在北京的情况以外，一定参加所有教师的婚礼，去医院探视每一位生病的教师，关心每一位教师子女升学、就业、住房、健康等问题，甚至和教师一起交流恋爱秘笈、治家之道、育儿心得等等。在实验二小，除了工作关系外，我们更像一家人，相互惦记、相互关心、相互帮助。不知从何时起，无论教师之间，还是师生之间、教师和家长之间，大家常常会以"家人"彼此称呼，相互问候，表达关心，传递出一种对身份认同的骄傲和喜悦。

## 六、协作—支持—评价，在系统建构中促发展

实验二小的团队建设，是一项系统工程。不仅仅在前期有愿景达成、在实施过程中有相互的协作和各种专业支持、情感支持，而且有后期跟进的评价制度，从而形成一个完整的工作链条，确保团队建设有效、有序发展。学校有内部的评优制度，明确了各种评优的条件，教师可根据自己的贡献和实际工作效

果进行自主申报。同时还有一项特色大奖——和谐团队奖，奖励的不是教师个人，而是团队。各个教师团队根据标准自主申报，而且只有在全校各个团队都申报和谐团队奖成功之后，行政人员才有可能获得此项大奖。除了上述教师个人奖励和团队奖励之外，学校还有包括校长基金奖、特殊贡献奖等多项奖励，均采取自主申报和管理者提名双向进行的方式。需要强调的是，在实验二小，自主申报奖项的评价原则是"以学论教""以实际效果说话"。也就是说，每位教师学期末盘点自己的付出和工作绩效时，不能只关注或强调自己的态度和努力，一定要关注结果。结果，才是衡量教师实际能力水平最直接、最有效的指标。这一方面可以帮助教师反思自己需要提高的方面或者需要凝炼出的有价值的经验，另一方面真正促进了优秀人才和杰出人才的成长。

评价是手段，通过评价实现团队和个人的发展才是目的。为此，我们的评价突出激励，突出目标，奖励不设名额，不定比例，只要符合条件，均可获奖，因而实现了团结协作、相互支持、分享资源、担当责任的良好局面。这也使得实验二小的教师团队像一个扁扁的"倒梯形"结构，梯形的上底是最高、最大的平台，这个平台上有一大批风格迥异、特色各异的优秀教师；而在梯形的下底这个最低、最小的平台上，是刚刚入职的新教师，随着时间推移和经验积累，他们不断成长，逐渐攀升，大多数会成为最高平台上的一员。

科学的评价必须兼具奖励和惩戒的功能。对难以称职的教师，我们采取了有弹性的流动机制。学校通常会给这些教师一至两次机会，包括个别交流、行政定点负责、专设师父辅导等等。当这些努力尝试都无效之后，经行政扩大会议讨论通过，才提出流动处理的意见。通常，我会亲自和这样的教师谈话。但自始至终，我都坚守着一个原则——适合学说。我坚信每一个人都是有价值的，在这里不称职只能说明"不合适做实验二小的老师"，不能说这位教师就没有价值。为此，我会主动思考对方潜在的优势、询问对方的意向，给出下一步发展的建议和必要的情感支持。我想，这就是从人事管理向人力资源管理的转变吧，即从"每一个人都是一份资源"的角度去挖掘其内在的价值，开展队伍建设。

**李希贵**

现任北京十一学校校长。历任山东省高密四中语文教师、班主任、副教导主任、副校长、校长,高密一中校长,高密市教委主任,山东省潍坊市教育局局长;兼任国家督学等。先后主持多项国家级课题,其中,"普通高中育人模式创新及学校转型的实践研究"获基础教育国家级教学成果奖特等奖。著有《为了自由呼吸的教育》《学生第二》《36天,我的美国教育之旅》《学生第一》《新学校十讲》《面向个体的教育》等。

# 学校转型：从管理走向领导

传统的管理学在进入学校时有点畅行无阻，由于我们的学校一直没有多少人能够系统地研究管理，也由于我们的中小学校长大都是从优秀教师晋升而来，于是，在没有多少管理学理论根基的情况下，大家往往对传统管理学迷信和照搬。生吞活剥下的管理模式很容易导致学校生态恶化，事实上，大部分校园已经出现了"管理过度而领导不足"的不良倾向。在学校这样一个知识型的组织里，在这样一个需要张扬活力、闪烁个性光芒的地方，传统的管理已经无法应对今日的校园。

## 校长转身，学校才会转型

曾经看到过一个调查结果，一些中学教师眼中的校长是"忙碌""权力""敬业"的。当我把这个调查结果说给业内的朋友们听时，他们中竟有不少人觉得：这其实是一个相当"理想"的结果，因为如果另选一些地区或者学校，可能会出现许多负面的评价。

这样的结果和这样的议论从某种程度上反映出目前学校管理的尴尬，应该说，我们的校长大都是从优秀教师中成长起来的，从整体素质上说，他们属于精英群体，其敬业精神也基本得到了人们的普遍认可，但是，当把他们放在一个领导岗位上来审视的时候，人们或多或少都有些失望。

自1987年以来，美国著名的领导力研究专家库泽斯和波斯纳，在20多年的时间里针对追随者对领导者的期望进行了四次调查，其中的一个关键指标是"在他们愿意追随的领导者身上他们最想看到的7种品质"是什么，尽管20多年来社会发生了巨大变化，但汇总的结果表明，排在前7位的一直是忠诚、有前瞻性、有激情、有能力、聪明、公平、正直。研究者通过若干案例证明，这些正是受人尊敬的领导者品质，也当然成为产生领导力的源泉。

我们的时代已经完全不同于20多年前的时代，我们的组织也已不再是一个封闭低效的组织，人们获取信息的渠道和方式如此多样，不同文化不同观点早已潜入每一个人的大脑并不停地交锋。学校作为知识型组织表现得更加突出，以传统的管理方式应对今日的校园管理已变得捉襟见肘。

我们的校长对自己的要求太高。他们大都希望学校的一切都要在自己的计划安排、检查控制下运转，常常过分高估了自己的权力却忽视了每一位员工在校园里的分量，于是，"忙碌"便成为必然，"权力"就成为自己惯用的武器，而"敬业"是在老师们筛掉了所有对领导正面评价的词汇后的唯一选择。

我们的校长对自己的要求又太低。大都不太反思自己，忽视人格魅力在管理中的地位，自我管理意识、方法和能力都极度欠缺，有些人固执地带着过去的经验走进今日的校园，大都很难发现每一位教师内心的渴望，也不去唤醒孩子们沉睡的潜能，于是，酝酿智慧的事业异化为硬拼体力的行当。

学校到了一个必须转型的时代，无论是信息时代带来学习方式的转变，还是培养目标，即要求我们培养有独立人格和独立思想的公民，都要求我们把学校办成一个智慧勃发的场所，在这里，每一位师生都应该有自由的空间，每一位师生都应该有明确的目标，每一位师生都具有个性，每一位师生都最大限度发挥自己的潜能，成长应该成为师生的需求，工作和学习完全可以有着不一样的道路。然而，没有校长的转变，就不可能有学校的转型。这样的学校转型到底需要校长怎样的华丽转身？

首先，校长应该放下自己的身段，从无所不能的虚假的角色中走出来，承认自己是学校这个群英荟萃的组织中的一员，自己的背景、经历、知识结构、能力素质都与常人一样有着不可避免的局限，即使在自己熟知的校园里，也有着许多己不如人的工作领域，与其亲力亲为，不如交给更适合的人去操办，遇到攻坚之战，切忌包打天下，更不要抱着攻无不克、战无不胜的雄心，要让自己成为团队中共同攻坚破难的一员。

校长还要放弃一些自己运用自如的权力。在学校这个知识型组织里，每一个细胞都有着不同的基因，每一次成长的理由都如此多样，包容这些不同，呵护这种多样，就必须躲开那些行政力量。正如士光敏夫所言，"权力是把传家宝刀，最好不要拔刀出鞘"。

实现学校的转型，校长必须重新分配管理的精力。一般的管理者都在用绝大部分时间研究如何管理别人，而聪明的领导者往往会谋划管理自我。事实一再表明，只有改变自己，才能改变别人；只有领导改变，一个组织才有可能改变。那种自我感觉良好，故步自封，不再改变自己的管理者，任何希望改变别人、改变组织的期待必然落空。因而，任何一位校长只有从改变自己开始，才能真正找到一所学校的转型之路。

## 构建领导型的组织结构

与绝大多数组织一样，我们绝大多数中小学的组织结构基本都是金字塔状的层级管理体制，从校长、副校长、中层处室到年级组、教研组，真正触及师生这个管理末梢的，一般都是四、五个层级。

这样的管理结构有着明显的管理优势，层级分明、职责明确、有着较好的执行力，最高管理者也有令自己放心的掌控力，如此等等；但这样的管理结构也有着明显的先天不足，其中，最为重要的是，这种靠层级分明的权力约束而运行的机制，很难让最基层的部分，也是最应该产生生产力的部分充满活力。

道理很简单，最权威的决策和指令来自最顶端的塔尖，而最有可能孕育明智决策和管理指令的基础却处于管理金字塔的底边，这中间虽不说全部有着如迷宫般的曲曲弯弯，但现实常常教训我们，要将二者真正顺畅对接，却并非易事。而真正的领导型组织，必须以充分激活每一位员工的主动性、积极性和创造性，必须以充分发掘他们的潜能为前提，显然，金字塔式的管理结构极易造成管理工作的肠梗阻，无法实现一个组织从传统的管理型向领导型的转变。

于是，扁平化就成为组织再造的目标，想方设法改造甚至删除中层管理结构，既是变革之重点，亦是变革之难点。说它是重点，是因为没有管理层级的删除就没有扁平化；说它是难点，是因为中层部门的减少与消除紧紧地和人的升降去留连在一起，利益与情感交织在一起是让管理者倍感头疼的麻烦。不过，即使撼天动地，也必须把这块硬骨头啃下来，不然，就难以创造让每一位一线员工充分发挥主动性和积极性的广阔天地。

扁平化的组织结构往往不够稳定，甚至很难发现其中的管理规律，当七彩斑斓、五彩纷呈甚至杂花生树、群莺乱飞时，传统的管理显得无可奈何，即使是聪明过人、韬略溢胸的领导者也难有三头六臂应付此时的复杂局面，于是，我们仍然需要从改造组织结构的系统工程中想办法。正确的做法是通过结构调整寻找领导智慧，在原有的组织结构里，增加一个新的板块，按照专业术语叫技术结构，说得通俗些叫参谋咨询组织，事实上，也可以认为是领导者的头脑。在这个版块里，到底该设置什么，完全取决于这家组织的性质。如果你像苹果手机一样靠创新盈利，这个板块内容就必须突出新产品的研发；如果你像卡特彼勒一样重视工程机械的质量，那六西格玛式的质量管理体系就理当被放在要害的位置；很明显，如果我们是学校，作为服务于学生成长的"产品—课程"的建设与开发，就处于这个技术结构的中心。如此纷繁复杂的高技术含量的研发，聚集起的智慧专家和专家的智慧，领导者的任务不过是让他们之间实现有序对接而已。

这样的组织结构里的领导者，已经不能把自己定位为专家，事实上任何人也毫无可能成为如此众多领域内的专业人士，他最好的角色应该是首席服务官。

然而，真正的领导力恰恰产生于服务，当因为你的服务别人走向成功的时候，他们往往就成为你的追随者，你身上也才开始产生领导力，这个时候，你才真正可以被称之为领导者，这样的组织，我们才可以将之称为领导型组织。

如此而已。

## 让每一个人都成为自己的CEO

一位当了十几年校长的朋友，曾经很认真地问了我一个十分原始的问题："管理到底为了什么？"因为他似乎进入了一个管理的高原期。

面对社会、学校和师生们的变化，这样一个看上去十分简单的问题却不可以简单回答，即使翻遍那些权威的管理学鸿篇巨著也不一定能找到一个需要的答案，因为在这样一个如此简单的问题背后，有着复杂而深刻的管理背景。这位校长朋友绝不是仅仅因为管理理论的欠缺，也并非由于管理实践的困惑，很大程度上是基于丰富管理经验基础上对管理学的哲学追问。

管理是什么？我们可以说出很多。管理为什么？我们同样可以说出许多。然而，时至今日，如果仅仅在管理学固定的领域里寻根究底，我们已经很难找到真正的答案，也无法应对变化了的世界。

诞生于大工业时代的管理学尽管已经随着时代的变迁而不断地修修补补，却始终难遮掩其本身固有的缺陷，尤其是以任务为导向，将大部分精力贯注于做事的思维方式，不可避免地对人轻视，尽管其中有专门对人的诠释，但骨子里的东西根深蒂固。这样的管理理念以至于造就了多少迷信胡萝卜和大棒的管理者，人为地把人们分为管理者和被管理者两个阵营。领导学的创立，令人眼睛一亮，不仅仅是因为创新，其关键在于顺应了这个时代，其实，本质上还是顺应了人性。撇开信息时代不说，即使在农耕时代、工业文明里，也同样需要每一个个体的主动性与积极性，而领导学的全部努力恰恰在于激发每一个员工本身固有的内在特质，发现他们的潜能并让其充分发挥，正如一位哲人所言，发现每一个人可以伟大的地方，并让其行走在一条通往伟大的道路上。如此，我们必然会创造一个生机勃发的组织，每一位员工都心明眼亮，十分清楚自己未来要去的地方。当他们奔跑的时候，早就有人为之壮行；当他们张开翅膀，前方即是飞翔的天空。

说到这里，"管理到底为了什么？"也许可以有一个答案，说得时髦一点就是，让每一个人都成为自己的 CEO；说得质朴一点，管理的全部努力都是为了激发每一个人的主动性、积极性和创造性，有了这一点，我们往往就可以带来其他我们想要的东西，即抓住一点，惠及其余也。

## 好教练才是好领导

被誉为全球第一 CEO 的美国通用电器前总裁杰克逊·韦尔奇创造了诸多商业奇迹，那个时候的通用电气已是有着几十万名员工、遍布几十个国家、市值超越 5800 亿美元的商业帝国。当有人好奇地问他，面对如此纷繁复杂遍布全球的管理重任，如何分配自己的管理时间时，韦尔奇异常轻松地说，在通用，他只当教练，他把最主要的精力用在了对经理人的培训上了。

好一个韦尔奇，简简单单的一句回答，背后却透射着对人的高度关注。一般的管理者，大都着眼于工作的推广、计划的执行、产品的研发、市场的把控，更有不少人陷在抱怨下属的能力、批评员工的无能的情绪里，情急之中常常拿走已在下属手上的活计，他们的理由大都一致，与其教着下属干，倒不如自己直接操办来得痛快。

确实，如果单就某一具体事情来说，一位有着丰富经验的管理者远比一边接受指导一边进行尝试的普通员工甚至一般的经理人有着更大的优势，质量和效率都肯定胜人一筹，这也是大部分管理者"日理万机"的重要原因。因为他们常常不自觉地把下属的事情当作自己的事情做了，时间一长，岗位职责便不可避免地被重新划分，下属的任务越来越少，上司的工作越来越烦，"忙乱"让管理者陷入恶性循环。

造成这一现象的原因有很多，但大部分管理者往往是在"先人后事"还是"先事后人"的思维方式上出了问题。我们过分关注计划的进展、任务的落实，而忽视了对员工们的积极性和创造性的引导，特别是对他们的培养培训不够在意，于是，一旦事情的进展不尽如人意，领导便不惜以挫伤员工主动性为代价，把事情揽在自己手上，希望以一己之力包打天下。

其实，好领导首先是好教练。他绝对不会自己去当运动员，因为他不仅知道自己撑不了那么多运动员的岗位，他还知道，在有些方面他已经比不上一些运动员的实力，所以，他不再"冲锋在前"，而是循循诱导，诲人不倦，即使个别队员暂时落后，他也能够大度包容，一直等待他的顿悟。这样的工作方式需要耐心，需要策略，甚至需要在开始的时间里安于寂寞、甘于落后，但这样的工作方式却往往有着后发优势，一旦团队凝聚为一个目标明确、能力超群的团队，它就有了攻城略地的能量。

应该承认，好的管理者确可以"以一当十"，但却很少有人能够推延为"以一当千""以一当万"，即使真的我们一个人可以"以一当十"，也肯定比不了我们培养出"十""百""千"的人去"以一当三""以一当五"来得高效。尽管我们不可能像韦尔奇那样举重若轻，但他的思维方式确值得我们效仿。

## 把激励的任务外包

激励员工，管理者当仁不让，但却不可以把这样一个如此重要而又高难度的事情揽在一个人或者一部分人的身上。

一位有智慧的管理者，除了发挥自己的优势之外，应该最大限度地将激励的任务外包，发挥和运用多元多样的激励主体，以充分激发员工们的积极性和潜能。

在学校里，最直接也最有效地激励老师的主体是学生。一位老师终其一生，难以轰轰烈烈，也不可能波澜壮阔，他最值得骄傲且引以自豪的当是他的学生。一位学校管理者不仅应该鼓励并及时发现来自校园里学生对老师的认可，更应该放眼校外，对那些走上社会的老校友们的业绩进行追踪、梳理，学生的荣耀一旦与校园里的老师挂钩，学生们的自豪会成为老师们的骄傲，学生们的担当也会成为老师们的欣慰，教师职业平凡中的伟大自然显现，工作的发动机当然轰鸣不已。在十一学校的校园里，人们总会看到"优秀校友风采录"橱窗，也总会在学校博物馆里，发现来自老校友的信件，其实，除了展示我们校友的业绩，一个很重要的考虑，是将他们与他们的老师联系在一起。

激励还可以来自媒体。一所学校的管理者必须有一双发现崇高的眼睛，也要建造一架传递崇高的桥梁，不仅把一位位卓越的老师推向社会，更把教师这个职业中的崇高向大众诠释。十一学校60周年华诞，我们在主流媒体中推出了一批优秀教师，并让绝大多数老师的名字和照片出现在媒体报道中，让每一个人都感到自己重要，起到了很好的激励作用。当社会认识并认可了这些崇高，并向老师们投以敬佩的目光的时候，教育者们既多了一份责任，也多了一份动力。

激励还可以来自社会的参与。诸多名流、各界精英，他们之所以能有今天的杰出，往往是因为在他们人生的不同时期有一些老师们的点拨指导，邀请他们参加学校里有关老师的各种活动，往往也会令老师们意气风发。我们每年的功勋颁奖典礼，都会邀请一位老师们喜爱的德高望重的名家担任颁奖嘉宾，给一些老师举办教学思想研讨会，邀请业界的学术权威给予点评指导，让老师们感到杰出就在身边，卓越触手可及。

激励的任务还可以外包给相关的学术机构。每一位教师都十分在乎自己的学术发展，如何牵线搭桥，让老师们进入自己喜欢甚至追求的学术圈子，既能够满足他们的成就感，也能有利于他们的学术发展。因此，我们创造条件让老师们进入各种学术组织、研究机构、教材编辑等多种领域，让他们在校外的学术领域中快速成长。

## "我"还是"我们"？

与一家跨国公司的人力资源主管聊天，谈到他们如何选人用人时，这位朋友告诉我，他们内部有一个不成文的首轮淘汰标准，将那些开口闭口"我"字当头的面试者全部筛掉，然后再对那些以"我们"开头的人进行二次筛选。

从内心来说，我并不完全赞成这样一个略有些残酷的面试标准，但我们却可以从这样一个标准里得到启发。大多数管理者之所以能走到今天，确因其个人的能力被领导认可，以个人的奋斗获取业绩，因而，在一般人的内心，"我"的地位不可撼动，"我"的作用无可比拟，言必称"我"字，也就是很自然的事了。

任何一个人的成长与成功，都必须有诸多客观条件和许多同侪，甚至局外人的帮助和支撑。如果我们希望继续成长与成功，就应该潜心研究那些助力我们的各种因素，发现那些曾经和正在帮助我们的朋友，只有这样，我们也才会在未来的事业里，进一步调动各种力量，调配各种资源，我们也才会知道哪些资源和力量可以继续为我所用。

在学校的实际工作中，我们特别注意构建"我们"的团队，大量的工作都是以项目团队的方式推进，从课程开发到教学组织方式设计，从管理结构的重建到评价制度的形成，团队的智慧让每一个成员都感受到了"我们"的力量。在推进工作的过程中，我们也特别注意与个人成长、团队文化建设相结合。每一个创意、每一次跨越，我们都充分发挥每一个"我"的创造性，激发每一个"我"的潜能，同时，我们又特别注意给每一个"我"创设互动、碰撞、分享的平台，让他们在其中既感受自己的重要，又分享别人的智慧，使每一个"我"都融合在"我们"之中。当然，学校的评价政策，也是以评价"我们"即评价团队为基本原则,以促进团队的融合与团队文化的形成。

## 让选择成为学校的主题词

哈佛商学院终身教授克里斯坦森曾经尖锐指出,"学生和老师希望每天都有成就感!这是他们想要的。他们可以雇佣学校来做这件事,也可以用一个机构来实现这个目标。他们甚至可以雇一辆车四处招摇,以找到成就感。学校如何与这些给学生带来成就感的方式竞争?"

克里斯坦森的话道出了我们教育者的心病。说实话,面对五光十色的社会和诱惑遍地的时代,教育变得越来越无可奈何,她无法与游戏竞争,无法与武侠小说竞争,无法与《超级女声》竞争,甚至都不是一个社交网站的竞争对手。从古至今,被人们捧到天上的教育法宝原来竟是只纸老虎。在世界的各个角落里,教育为什么如此乏力?在大部分教育改革的揭秘里,成功为什么相当罕见?

这是因为我们的校园里缺少了选择。

我们过分夸大了教育的力量,把教育当作挥舞在自己手上的感化与惩治的大棒,一厢情愿地把相同的教育强加到不一样的孩子身上,在"都是为了孩子好"的外衣下,我们已经不太在意孩子们的真实感受和千差万别的需求,我们仅仅单方面地看重教师的作用。教育是一个互动的过程,如果不能让受教育的一方真正进入角色,没有他们自己的体验、感悟和内化,教育里就没有成长。如果我们的教师在责任的压力下,始终把学生裹在手上,一切以自己习惯的方式呼前喝后,校园不可能萌发成长的活力。

在十一学校的校园里,我们自知教育力量的有限,尽最大可能创造一个有选择的校园。课程是可以选择的,将数理化课程按难度分层级设置,每一个学生根据自己的基础状况和未来职业方向选择适合自己的层次;语文、英语等人文课程则分类设置,让有着不同需求的同学可以各取所需。学习方式是可以选择的,既可以按常规要求天天在教室上课,也可以申请自修、免修或到书院里与同伴切磋。作息时间是可以选择的，午餐分两个时段，晚休有三个时间，一切皆可以依自己的习惯而定。当然，最为重要的是对自己未来发展方向的选择，通过学校组织的30多个职业考察和体验活动，同学们慢慢学会了认识社会、认识自我，理清了自己将来的职业倾向，而这一切又为他们选择课程提供了方向。

当"选择"成为校园里的主题词的时候，思考便成为常态，每一位同学都无法回避对自己、对社会的追问，自我潜能、个人价值和社会责任像孪生兄弟一并问世，他们当然也从中找到自己的尊严，抵制外来诱惑的免疫力也大为增强。

著名的成功学家柯维指出，如果学校不能让孩子们每天都有成就感，那么其他能够提供孩子们成就感的方式就会取得胜利。教育永远不可能让孩子在同一个舞台上光彩照人，也不可能以同样的机会让不一样的孩子赢得同样的成功，我们能够做的就是造就一个充满选择的校园。

## 扩大教师的影响力

几乎所有的管理学著作都要求管理者以身作则，都强调为他人树立榜样，扩大自身影响力；在实际工作中，我们大部分管理者也的确高度重视自身的形象，一举一动均努力创造领导者的正能量。

一个真正的领导型组织，肯定是一个员工积极性、主动性被激发的磁场。使每一个专业性组织、每一个创造性单元，都能够让大家找到方向和榜样，就成为领导者的重要任务。因此，在此时一位领导者要理性地放弃仅仅靠自己的影响力推动工作的传统方式，全力以赴地去发现员工中间可能产生影响力的人物，然后对其进行培养和激发，让他们真正成为某一个领域的领军人物，由他们带领一个个小分队去克坚攻难，逢山劈山，遇河搭桥，这样的小分队多了，胜利的旗帜自然会汇合在峰巅。

在传统的管理型组织里，大都很注意树立身边的榜样，但由于组织指挥的一统天下，我们树立的模范大都一个范式，往往都是从任劳任怨、勤奋敬业的模子里塑造出来的。尽管这样的榜样令人敬重，任何一个组织都需要这样的模范，但在一个多元的领导型组织里，我们还需要诸多各领域里的领军者。他们既有如前所述的任劳任怨、勤奋敬业的品质，也有战略的眼光、学术的高度，同时还有凝聚一个团队的领导力。

十一学校正处在课程改革的攻坚阶段，我们及时发现了诸多改革的重点和难点领域的先行者，并以他们为核心，创立了一个个研究和攻坚团队，诸如"王春易教学方式变革研究室""方习鹏教学评价研究室""周志英探究教学研究室""贺千红过程评价工作坊""侯敏华学生咨询工作坊"等等，每个领域都有着完全不同的目标追求和研究路线。这个时候，那些领军人物具体而实在的学术能力才能构成团队中切实的影响力，而仅仅笼而统之的先锋作用，或管理者的率先垂范已经难有持续的效力。

扩大教师的影响力，还需要管理者的境界，如果抱有"武大郎开店，高个头不要"的陈腐观念，就很难有所作为。不仅如此，管理者还需要具有社会责任心和民族使命感，将教师的影响力扩大到校外，去影响别人，影响教育的未来，为改善明天的教育添砖加瓦，这样，我们培养和激发的能量才有着更大的效益。

## 把权力关在笼子里

尽管小布什在任期内的形象并不光彩照人，但他在国会报告中讲的一段话却换来了许多人的嘉许，他说："人类千万年的历史，最为珍贵的不是令人眩目的科技，不是浩瀚的大师们的经典著作，不是政客们天花乱坠的演讲，而是实现了对统治者的驯服，实现了把他们关在笼子里的梦想。因为只有驯服了他们，把他们关起来才不会害人。我现在就是站在笼子里向你们讲话。"

其实，"把权力关在笼子里"，是美国建国之初即设定的牢不可破的制度，这种说法也并非小布什的创造，而是美国建国之父之一的麦迪逊，把权力关进制度的笼子里，其实是美国朝野的共识，并不是值得炒作的新鲜事。

在一所学校里，校长的权力既能成事，也能坏事；既能帮助别人，也可以危及别人。在一个行政班里，班主任的权力至高无上，既可以成为鼓舞学生的火花，也可以成为扼杀童心的利剑。因而，如何自觉地把相应的权力关在制度的笼子里，决定着能否建设和谐的校园。在十一学校，每年教代会都会对校长进行信任投票，达不到规定的信任率，校长必须自动辞职，人事、财务、教育教学的指挥权分级设定，校长只可以在每一个领域享有规定的权力。如人事方面，校长具有设定各年级、各部门编制和聘任中层以上干部的权力，而教职工的聘任则由各年级、各部门进行双向选择，从选择过程到聘任结果，校长无权过问；财务方面则规定校长只有批准年度预算和监督预算执行的权力，而每一笔财务开支的权力属于有着相应责任的部门和年级，只要在预算规定之内，他们即有权签批支出，校长不但没有理由干涉，而且校长的签字也无法在财务支出方面发生效力，也就是说，有权批准预算的无权花钱，有权花钱的则只能在被批准的预算范围之内，每个人的权力都很充分，每个人的权力都要受到相应的制约。对教育教学的指挥也责权分明，校长的权力在于课程规划，而课堂教学改革的主导权则在每一个学科和每一位教师，尽管学校可以确定课堂教学的基本原则和价值追求，但在具体方式方法上却不得指手画脚，更不得从脑袋里想出一个所谓教学模式。而选课走班之后的教学组织形式，使行政权力高度集中的班主任也不复存在，取而代之的是与学生平等交流的导师和咨询师，他们不再具有过去班主任可以左右学生的权力，教育需要智慧的力量，这样的管理可以省去关权力的笼子。

其实，除了把权力关在笼子里，防止权力出轨害人，还可以发现另外的价值。当被关起来的顶层权力变得柔和，基层的活力才会焕发，多样的责任催生多元的权力，以此才能架构起一个安全稳定的组织结构，让所有的权力为梦想服役。

## "还有没有更好的办法?"

哈佛商学院有一个著名的经典案例叫"谁背上了猴子",作者通过对大量的公司、学校和非政府组织的管理者进行长期跟踪调查后发现,绝大部分管理者在用着绝大部分时间代替下属做事情。当一个个下属遇到困难或根本没有困难,只是他们习惯于去请示的时候,领导们往往大发慈悲,毫不迟疑地把本是下属的担子挑在了自己的肩上。

其实,下属有没有能力挑起这些担子,完全取决于领导者的态度和处事方式。在绝大多数组织里,管理边界并不是特别清晰,责权利的分配往往也错综复杂,如果不是遇到清明的领导,一般人当然会选择安全的方式行事,时时报告、事事请示就成为他们潜规则中的护身符。这时候的领导者当十分小心,因为这些报告和请示的工作绝大部分都属于下属们自己的分内之事,也就是说,他们完全可以自己决策,他们也完全可以自己想方设法去解决,只是为明哲保身,试探一下领导的态度罢了。如果领导者信以为真,参与其所谓难题的探究,必然越陷越深。

聪明的做法应该是与下属们分清权、责,各有各的章法,只是我们目标相同,追求一样罢了。一位领导者并不应该回避与下属们讨论问题,只是要有明确而坚定的自身定位,不可越俎代庖。敲开我们办公室的下属们往往有一个共同的问题:"领导,您看这件事该怎么办?"或者"这个问题如何解决?"通常情况下,我们很容易上钩,因为在我们内心一直有一个错觉,总以为职位越高能力越强,如果我们敢于另辟蹊径,不再循着他们的具体问题走下去,而是站在更高处,以建设性的态度,把培养下属作为工作目标,我们就可以回答他们一句"你说呢?"这样一个反问可能让不少请示者措手不及,但却直接打开了他们思考的大门。

我在这里特别想说的是,即使下属们拿出了解决问题的办法,我们也不可就办法说办法,而应该启发他们思考"还有没有更好的办法?"因为任何决策都是选择的结果，如果没有更多的办法可以比较，我们很容易井底看天，也很难有思维的深化与提升。

多问一句"还有没有更好的办法？"，也有防止被绑架的考虑。如果我们面对的总是下属提供的一种解决问题的思路，一不小心就很可能循着这条思路走到底，就有可能出现"下属指到哪里，领导打到哪里"的尴尬局面，所谓下属装药，领导放枪，其危害就大了。

**李泽武**

成都华德福学校校长,中国内地第一位华德福主课教师,全国华德福小学教育论坛成员、课程研究组组长,山海源华德福教育基金会理事。1988年从中师毕业,到家乡乡村小学从教12年。后去英格兰师范学习。2004年与张俐、黄晓星及其他国内外志愿者一道创办成都华德福学校,一直坚守在教学第一线。著有《我在英格兰读师范》(再版时更名为《重新学习做老师》),《为未来而教》。译有《自由的学习》,《人的研究》(后德文合译为《人的普遍智识》),合译《谁伴孩子长大》。

# 办学是一种生长的力量
## ——我的华德福十年

当今时代缺少的是卓越的精神目标和意志，教育也不例外。

——题　记

一

我一直清晰地记得，2004年6月15日这天，我签了两份协议，一是与四川大学出版社的我的第一本书——《我在英格兰学师范》的出版协议；另一份是和我表哥签的他的三亩地的租用协议。后一个协议意味着一个办学行动的开始，前一个协议意味着学习生活的结束。

"但是在中国没有华德福学校，你在哪里实习？"

这是我在英格兰教师培训时第一年学习完成后，负责第二年（2001—2002）教师培训课程的马丁老师向我提出的问题。

"也许自己办一所来实习。"我如是回答。然后我们两人都不约而同地笑起来。

2004年9月，成都办起了中国内地的第一所华德福学校，当然，其目的远不是为了我的实习。

华德福教育（Waldorf Education）或称作施泰纳教育（Steiner Education），是奥地利哲学家、教育家、人智学者鲁道夫·施泰纳（Rudolf Steiner，1865—1925）于1919年在德国斯图加特创立的。那一年他受斯图加特烟厂老板莫尔特所邀，为烟厂子弟创办学校。华德福教育的核心理念是人的健康发展，即根据人的天性和个性，引导人寻找真正的自我，唤醒与生俱来的智慧，以及对生活、对自我的观察和判断，给自己的生命以意义和方向。它有三大目标：健康发展，发挥潜能，学习技能。在教学中注重头、心、手的平衡，即思考、感受、意志行动的平衡与和谐。

除纳粹时期学校被关闭外，华德福学校在全球都持续地发展着，截至2013年，在德国华德福学校联盟名单上有60多个国家和地区的1025所学校，有两千家以上的幼儿园和60所以上的培训中心。曼德拉称"华德福教育为疗育社会疾病的良方"，华德福教育也为联合国教科文组织所认可和推荐。

我们的第一所华德福学校是怎样开始的。说"我们"，包括如下的人员：黄晓星、张俐和我，三位在国外留学的老师，以及十来位海内外的志愿者。但我不能逐一说清楚那段时间谁是谁——如果你要认真地问的话，因为许多人来来走走，包括来入学的孩子。大家都有一份火热的理想。不管怎样，"我们"里面确实有七八个孩子，还有两位师傅——一位做饭，一位看门。

到这里来探访的人除了好奇就是怀疑：这批留学生和热心人在这个蚊虫、垃圾的世界里究竟要干什么？四周是荒郊野外。传道？不像，因为他们大口吃肉大碗喝酒。拐卖孩子？不可能，因为大多都是他们自己或亲戚朋友的孩子，再说也没两个孩子，卖也卖不了几个钱。走秀赚噱头？不是，他们被蚊虫叮咬，遍身是包，携家带口，安营扎寨，这是动真格的！

但是大家不拿工资！

9月13日开学，三亩地上大家舞龙，教室被装点了一些鲜花。北风"呼呼"吹的时候，人就开始撤退，往南的往南，回城的回城。校园里仅剩的几个"孤魂野鬼"，搓着手，跺着脚，幻想着开年春天的到来。

我从来相信事情都是有个过程的，除了天上冷不丁儿掉馅儿饼，事情都有它的出生、生长、死亡。生命即过程。我尝试着说服自己：华德福这个事情呢，是一个好事情。(1)教育是永远的需求，能教育好一个人，给予切实一点的帮助，善莫大焉；(2) 中国教育需要多元，需要有切近现时代的教育；(3) 又是这么好的教育，培养一个全面发展的真善美的人。我相信头上那颗教育理想的星星是明亮的，也值得追寻。

不过，办学，哪里有那么容易。更不容易的是，我们没有任何可借鉴的国内的经验。我们是第一校！

卢安克，德国青年，华德福毕业生，在中国的外国名人，当时在这里做志愿者，有一天他对大家说："李泽武就在隔壁开始了第一个班，我都没有留意啊。"

我是开始了第一个班。三个孩子，两个男孩，一个女孩。两个不懂中文，一个不懂英文。两个三年级，一个一年级。我就在班级中用英文、中文教学，跳来跳去。

不能按照公立学校教，不能按照国外华德福学校的方式教。那该怎么教？

指导我的是澳大利亚的资深老师本杰明，也是他和妻子把华德福教育带到中国大陆。他说，这个时候，你只有凭公立学校的经验了。

课程内容我参考英文华德福大纲，以及美国华德福网站，还有中文相关资料，结合我对孩子发展的理解，埋头苦干。目标是清晰的——我绝不会只是简单模仿国外华德福的经验，必须将之跟我们中华文化的大树深根结合。我坚信只有这样，华德福教育才能在中华文化中生长。更关键的，中华文化有大可贡献的东西给西方文化，以及华德福教育。比如，我讲三年级数学学习的长度、重量、时间，谈到称重、查文献，中国古代的称重和音乐很有关系，外国指导老师很惊讶；曹冲称象的故事从学理上来说，也十分生动、深刻。当然，中国的华德福课程远不止这些。

办学之初，我们当时的"口号"是——花园、学园、乐园、家园。从学校存在的空间——那时还是郊区，我们对环境的追求是自然、素朴。自然是对现代社会工业化的"反动"，卢梭说大自然是最好的老师，华德福深信不疑。素朴，是从自己内心开始，将真实的内在呈现出来，是心与心的真实碰触。有人说，这些人哪里是英美留学生，完全是乡下人，能讲一口流利英语的乡下人，挽着裤腿，开着电摩托。去掉那些繁文缛节，虚假遮掩，这里使人更加简单，但倒有内在的生趣。我常用杜甫"花径不曾缘客少，蓬门今始为君开"来描写我们的迎客送往。素朴的环境里常常有美存在，除了美的心灵外，还有插瓶的鲜花，墙角的绿化，绿油油的菜地，清清的池塘。

操场上、草地上，孩子在奔跑，自由自在的。这是他们理所应当的玩耍之地，学习之地，这是他们的家园。

除了基本的物质和环境生存，教学是我们的重中之重。一个学校的生存，教学理应是第一位。它意味着课程开发，教学实施，孩子研究，自我成长。以教学为中心是非常美的事情。教学是我们存在的所有基础，于是我就天天扎在教学之中。

> 我们有工作的意志
> 我们的工作在它之中流动不息
> 它来自精神世界
> 倾注入我们的生命、肢体
> 灵魂和精神里
> 使我们努力成为真正的人

每天早上，我都准时来到学校，背诵这首施泰纳给予当时德国老师的颂诗。有时几个人一起诵读，更多的时候是我和北京来的助理老师红育一起诵读，也有个别时候我一个人背诵。虽然我不是某个宗教的信徒，但这首颂诗确实为我带来力量——坚持的力量。我还相信那首卢安克在广西板烈乡村与他的孩子们一起写的，我们拿来作为校歌的歌曲，里面唱到"每当我发现需要做的事，如果我去做就实现"。我们作为非营利组织，面对滚滚物浪欲潮，只剩一个光杆杆的理想，如果没有坚定的行动，很快就会在汹涌水流中打个水漂，转眼就会销声匿迹。而我们的一切生存，就取决于教学及每日每时的教学坚持。

说有困难，其实解决也容易，只要我站在那里，班级就在。幼儿园也是一样，张俐在，班级就在。

办学的目标就是活下去。我老记着鲁迅的话："一是生存，二是发展。"也记着他所谓有人走就成为路的话。

场地只要有教室，只要能揭得开锅，学生有那么几个。

教师培训是必需的，一是提供必需的资金；二是为我们自己培养老师。

除了活下去的目标，我们也有我们的规划。华德福教育背后实际上有着自己的社会理想——三元社会，即政治的平等，经济的互助，文化的自由。说白了，这就是一个"大同"社会。具体到华德福，或华德福（人智学）理念下的社区来说，就是有学校、幼儿园、农场、残障中心、养老院、表演中心、互助商店等等——一个真正的和谐社会。

有理想，国外也有比较成型的实践，但我们开始是做社区还是做学校，引起不小的争论。有些朋友主张，按社区全面铺开，除办学，也做培训、活力农业、小商店。我们的幼儿园和培训优先发展，然后是小学、中学。心怀理想，明确一个切近的目标，然后坚定地做，其实就可以。于是，从八个孩子到330个孩子；从十多万的资金到上千万的资金。从中国大陆此一校、此一园，到中国大陆30多所校、300多所园。十年的时间，一步步地展开。

办学后不久，有人写了一篇文章，说华德福是"养敞猪"，就是生猪散养。这是诙谐，但有些粗俗的比喻。如果用诗歌语言，也许就是"野蛮生长"！确实，对我们来说，一切皆可探索，探索无禁区。从常规课程，公立课程内容，到儒、释、道、太极、气功、武术、法语、德语、日语、吟诗作赋、打坐参禅。大家就是这么发自内心地尝试着，作用到孩子身上，然后调整。我称为"在实在中创造"——"实在"是指埋头努力,"创造"是指真的无章可循。华德福理念是我们的旗号,孩子的成长是我们的唯一标准。

## 二

我印象最深的是我们老师的黑板画,包括我自己的。

画黑板画少则数十分钟,多则几个小时,我们有个老师创造过"华德福黑板画世界纪录"——一幅黑板画画了两整天!

我们画黑板画,其实是老掉牙的传统,想法是把课程内容和审美结合起来,将之直接作用到孩子身上,也为一个三或四周主题板块的学习奠定一个主旋律。现在老师教学都用PPT,谁还画数个小时。我们这是"肩挑背磨""疯狂原始人"的做法。我们的黑板是双层,面积大,外层如一扇对开的门。当周一早上某个时刻老师似乎不经意地打开黑板,孩子们总会发出一声惊叹。老师数个小时的劳作立马得到最高的褒奖。

华德福教育相当之"原始",所以《纽约时报》以"高科技家长送孩子到无科技学校"为题报道硅谷 Peninsula 华德福学校,引起民众对华德福教育的好奇:为什么硅谷精英们会把孩子送到这样重视手工、木工、艺术、园艺的学校去?

我们学校也反对过早让孩子看电视,使用手机,玩电脑。家长手册明确规定九岁以前反对让孩子接触这些东西。原因很简单,技术已经剥夺了孩子的童年,让孩子的身体、想象力、意志力、思考力、人际交往等方面大受影响。但这在当今社会中似乎有些不可思议,因为人们认为这些都是天经地义的行为,就像上课打开电脑用PPT一样。

我说"肩挑背磨"还指我们不用教材。学生把老师写在黑板上的主要教学内容,听来的故事和事件,自己发现与创作,写到一个叫"主课本"的大大的本子上,自己做课本。这里解释一下,"主课",就是一个主题之下的阶段课程,一上就是三四周。比如五年级的先秦学习,所有教学元素都围绕它展开。

但比用电子媒介、主课本更有噱头的是我们不考试!

所有家长初次来我们学校,都会问我"接轨"的问题。即在你这儿读了之后,如何应付幼小衔接,小升初,中考,高考?而我的回答是:这些升啊,考啊重要,还是你孩子的健康成长重要?

其实真心问每一位家长,包括我自己,对自己的孩子来说,什么最重要?几乎每一个都毫不犹豫地回答,孩子的幸福最重要。有的人就开始行动,但更多的人没有想到改变。我们有太多习惯的想法和行为,太多的安全运转模式,太多的支离破碎的现实幻象阻隔我们去行动,去改变。我们有大量对未知世界的恐惧!佛说"人身难得,中国难生,佛法难闻,信心难起",转化成我的言语就是"孩童中心、营造环境、光大理念、保有信心"。

什么是我们的中心?就是孩子的发展。我们当然疑惑过,如要不要用田字格写字,要不要在上课规则中要求孩子,要不要多练数学题,做不做一些"接轨"工作。但当我们回到这个中心,看到孩子健康的身体,灿烂的笑容,不管是玩耍还是他们工作时的全力投入,我们的疑惑就烟消云散。

中国内地华德福学校第一批孩子是2010年夏天毕业的,八年级。我们用的是一至八年级,九到十二年级学制。之后全班一共八个孩子,七个到了国外去读书,一个上了音乐学院附中。2004年到2010年,六年时间,一共有50多个老师教过他们,中间有过30多位同学。

当时的课程是不成体系的,环境是动荡的,物质条件极其有限。但我总是在思考,我,以及当时的同事们究竟给了他们什么?

第一,当然是健康的身体。

第二,真实,大气,对生活接纳的态度。不管是对待中国人,还是外国人,以及自己的学习。在大多数人习惯谎言和虚假的时代,这些态度尤其重要。

第三,学习的兴趣。能看到所学学科和自己的联系,愿意去弄清楚,努力学习。

第四,开阔的视野。不管是去丝绸之路游学,还是去德国七周游学,以及学校所来往的众多的海内外朋友，都给孩子们带来了眼光，还有方法。

第五，思考与质疑。我们的孩子不会盲从，他们会问为什么，到底是什么。

其实从2004年开办起，陆陆续续就有孩子，从幼儿园到高年级，因为种种原因与公立教育，或其他民办教育接轨。孩子们的表现是能够适应不同的教育环境，普遍考试成绩是中上水平。

通过他们的表现，我坚持这样认为：华德福教育中的对人生的态度，对个体孩子的尊重，对意志力、想象力、思考力的培养，对学业的整体关联、兴趣、方法，这些是我们做这个教育的基本出发点和归宿。

除了学生，当然应该谈谈老师们。

施泰纳在1919年第一个华德福学校开校前14天的教师培训讲座的最后一天，送给马上要赴教学第一线的老师们一首短诗，作为座右铭：

用想象的力量充实你自己；
具备坚持真理的勇气；
敏锐你的感觉
担负起对心灵的责任。

老师没有强大的精神和意志，在当时"一战"刚刚结束的混乱、坍塌的时代，没有办法去从事需要极大精神支撑的教学工作。现在这样一个时代，太多的物欲横流，各形各色交易，浮躁如大镬沸汤。比起近百年前的时代，内心实际更加飘摇。我想到我们的老师，总使我想起有一个英文单词叫 innocent，意思是单纯，纯洁。

怀着崇敬接纳孩子
带着爱教育他们
护送他们迈上自由之旅

——施泰纳

学校的宣传册子里印有这样的话，谈到我们的教育和老师时，它就转化成实实在在的行动。我可以负责任地说，每一位老师有什么其他突出的特点我不清楚，但从心里发出的爱孩子是确凿的。

> 有什么藏在笼子里，
> 心却飞向四方？
> 有什么夯拙前行，
> 却意外充满力量？
> 有什么在沉沉睡眠，
> 却蕴育最硕壮的种子？
>
> 没有风，
> 春天不会格外精彩；
> 没有土，
> 植株招摇没有根基；
> 没有火，
> 有什么能够由你铸成？

这是一首生日诗。所谓生日诗，是指学生生日的时候，老师创作诗歌送给他们。这首诗里的主角是一个特别的孩子，他沉默，行为举止乖僻，有社交障碍，但你能够感受他内心的冲击，想象力的驰骋，意志力的强大。他是一粒壮硕的种子，有一天可以爆发，但需要时日。老师用诗歌暗喻他，鼓励他，也期待着他有朝一日的绽放。

去外地作讲座，朋友们总是在问华德福有什么"秘诀"。孩子如此喜欢上学，老师如此"痴迷"于教学。哪里有什么秘诀，教育，其实就是一个用心。只要用心，孩子自然就是会感知到，收获到，他们那些生命小树就会茁壮成长。孩童就是教师心血之浇灌。

## 三

在学校我好些年都是三个角色：老师，管理者，家长。办学生涯中我除自己生命外有三条生命：教学，会议，学术。

上面谈到老师角色比较多。我现在来谈谈管理者角色。

最开始我们也没有校长、园长一说。我是"李老师"，张俐是"张老师"，黄晓星是"黄老师"。所以说到"管理者"，我会很困惑："我是管理者吗？""管理者是什么样子？像其他非华德福学校吗？"

我们说"管理"，西方很多时候说"行政"，称为 Administration，而不用 Management，或 Governing Body。这个词强调的是组织协调，而不是控制，在华德福学校更是这样。施泰纳在开始办学之初就强调办学的自由性，他把社会分成三元——政治、经济、文化。他认为政治背后应该是权利的平等，经济背后是互动的兄弟关系，文化的背后是自由。

在真正的教师共和国中，背后支撑我们的将不是安逸的靠垫和校长办公室发布的规章制度，而是我们每一个人必须带来的可能性以及承担自己对所做事情的全部责任。(《人的智识》)

99%以上华德福学校都是非营利机构，包括我们成都华德福学校。施泰纳的理想是华德福学校与经济和政治目标远离。西方很多华德福学校没有校长，没有 Headmaster 或 Principal，强调的是教师共同体的责任，教师的自治，她要求的是老师的全身心参与。这是我们自己的学校，我们都是学校的主人。希望每一位老师都这样认为，并这样去做。

这个治理结构有两方面：一是所有人的民主平等参与，上面提到的那种主人感使所有教师具有教育教学的自主性，对管理也有参与性。另一方面当然就是决策的效率，还有对责任的担当程度。

最开始我们有学校管理的核心小组，四个负责的老师进行各方面的协调。

之后我们扩大了这个核心小组，因为教师越来越多。在后来我们成立了教师委员会，简称"教委会"，负责教学、学校发展、行政、人事、财务、对外关系等的方向和政策。成立学校执行委员会，简称"执委会"，负责日常学校运作，也把教委会的决策变成操作性的东西。教委会由学校"最富责任感和最有承诺的"12左右的个人组成。执委会来自小学、幼儿园、培训学校，以及学校的整体行政、财务、人事、后勤负责人。各部门又通过各种会议进行协调和管理。

《学校是一段旅程》是一个美国华德福老师写的一本书，人民文学出版社出了朋友吴蓓的译本，里面提到这位老师的小儿子，别人问他长大干什么，他说开会。黄晓星和张俐的最小男孩在幼儿园，别人问他长大干什么，他头也不抬地说开会，真是中外教育皆有异曲同工之妙！

我在学校里和张俐一起负责总体的协调工作。对外我是成都华德福学校校长。最开始我既是指挥员，又是战斗员、教育教学，硬件发展，对外关系是我工作的重点。

我们属于用社会力量办学的民办学校，区上、街办、社区，乃至村民个人都是支持我们的力量，当然也可能相反。教育局、民政局、派出所、食品药品监督局、物价局、消防局、外事局等都是我们的管理单位。总体上讲，各方面给了我们很多支持，没有对我们办学有太多的打扰。当然也有挣扎的时候。在中国，很多东西不明确，有设计上的缺陷；同时，行政的自由裁量权太大。

我们是2012年底拿到小学办学执照，德国华德福友好协会很快就向全世界华德福学校发了消息。我们是大陆第一家拿执照的华德福学校。锦江本地教育局敢为先声，当时成都主管教育的傅勇林副市长，全国政协常委、副秘书长、新教育实验发起人朱永新老师，都给了我们巨大的支持。

办学场地的发展是比较耗精力的地方，因为我们是租赁土地，稳定性是个问题，它直接关系学校存不存在；经济收入是另一个方面，关系着我们如何能够活下去；师资也是重点，面对的问题是谁来干。找地、找钱、找人，到现在为止，随着学校的进一步发展，这些方面有了大大改观，但始终没有得到很好解决。

人员呢，除了正常的招聘进人渠道，我见一个抓一个，先抓住再说。跟老师们一起工作，和与孩子们在教学生活中一样，就是真诚相待，携手共进。

在 2002 年回国后，我翻译了一本书，叫《自由的学习》，是关于华德福幼儿教育的，人民文学出版社后来出版了此书。还写了一本书，叫《我在英格兰学师范》，后再版为《重新学习做老师》。在再版前言里我自己总结了三句话：在体验中学习，在行动中运用，在思考中超越。我觉得自己多多少少就是这样行进的，虽然教育是有心而为，文学是无心而为。我觉得体证远比知道重要，儒家传统里面也有这样的东西。相信，体证，通过体证相信。《中庸》说"极广大而尽精微"，我的理解是人既要有远大的气象，又要有精准的实证。这是多么的困难，又是多么的幸福。我对学术十分热爱，尽管自己也没有读过多少本书，写多少文章，但我愿意弄清楚一些东西。不管是对《论语》，还是对《理想国》；抑或是对尉缭子，还是对室利阿罗频多。生命总要明白一些东西，否则真成了拱食的猪，豢养的狗。思想与精神总在某处招摇，牵挂我的心肠情致。我常常在想，我会有什么德能匹配得上这样一个时代？不是唐军边将守备的时代，不是狄更斯《双城记》的"好时代，坏时代"的时代，不是蒋梦麟众贤咸集的时代。它就是这样一个时代，纷至沓来的乱象后面是无比的严肃和种种可能。

办学的艰辛和成就，我毫不惊诧，这是我人生之命运和种种契合。20 岁生日时我写了下面一首诗给自己：

如果你还懂得愤世的思想

如果你还以生的勾当鼓噪而行

如果你迷恋于优雅的习性

并以失望者的理所当然度去残生


如果你的肩膀仍在度量担荷

如果你的胸膛仍在装备荣誉

如果你的手指仍在勤奋地飞舞

　　如果你仍以眷念收去你的祭品

　　生是你所不可知道的事件

　　　怀想是你难得的放纵

　　　当眼角悄然渗出泪水

　　　为你的欢悦载入平身

我希望足够客观地对待自己的生活，但我肯定要充满人生之热情。我随时在为我的工作作着准备，它是我期待的某种东西。我希望我将全部的精神之力投入到我的工作中。

我迎接着它。

**李镇西**

成都市武侯实验中学校长,苏州大学教育哲学博士,语文特级教师,曾荣获四川省成都市优秀专家、2000年全国"十大杰出"中小学中青年教师提名奖等,被誉为中国苏霍姆林斯基式的教师。著有《爱心与教育》《民主与教育》《从批判走向建设》《教有所思》《做最好的老师》等多部著作。

# 我是这样引领我校班主任队伍的

参加工作 30 多年，除了读博等特殊原因，我一直都担任班主任。后来做了校长，我又成了"大班主任"。所谓"大班主任"有两个含义，一是我把这个校长当班主任来做，学生就是我校的全体教师，当初如何当班主任，现在就如何做校长；二是做班主任的"班主任"，即通过各种方式影响、引领并推动班主任们的成长。今天这篇文字我主要说说后者。

班主任工作对于一个学校的重要性不言而喻，因此任何一个校长都非常重视学校班主任队伍的优化与提升。专家报告，经验交流，制度建设，科学评价，师徒结对，班会比赛，课题研究，案例分享……这些都是行之有效的引领途径，我校也是这样做的。除此之外，我校的班主任队伍建设还不可避免地打上了我的风格色彩——

## 一、思想引领

"对学校的领导首先是教育思想的领导，而后才是行政的领导。"苏霍姆林斯基这句名言，同样适合于校长对班主任的引领。班主任具有的思想理念，决定其工作所能到达的高度与境界。

我做校长之初，就给全校老师推荐《爱心与教育》和《民主与教育》。前者给老师们展示充满人性的教育思想："一个真诚的教育者同时必定又是一位真诚的人道主义者。素质教育，首先是充满人情、人道、人性的教育。一个受孩子衷心爱戴的老师，一定是一位最富有人情味的人。只有童心能够唤醒爱心，只有爱心能够滋润童心。离开了情感，一切教育都无从谈起。"后者给老师们传播充满民主的教育理念："民主不仅仅是一种政治制度，也是一种生活方式。将民主看做一种个人的生活方式，即认为民主不只是一种形式或者说外在的东西，而是一种内在的修养。民主的生活方式，意味着自由、平等、尊重、多元、宽容、妥协、协商、和平等观念浸透于社会的每一个角落，体现于生活的每一个细节。"

充满爱心，尊重个性，追求自由，体现平等，重视法治，倡导宽容，讲究妥协，激发创造……我希望这些民主教育与教育民主的元素能够贯穿于我校的班主任工作中。针对目前班主任工作中普遍存在的教师管得太死，包办太多的现状，我特别提倡班级自主管理和学生的自我教育。

对此我是有切身体会的。以前在一些学校当班主任时，我经常与德育处和分管校长发生观念上的冲突。领导要求班主任要随时守着学生，所谓"五到场"——早读、晨练、课间操、午休、自习课，班主任都必须到场，否则就扣这分那分。我特别反感。我的观点是，如果学生不能自主管理，那班主任该到场的还得到场，但经过一段时间的训练，学生集体能够放手了，班级已经形成良好的自我管理机制了，就没必要强行规定班主任必须随时守着学生。现在，我当了校长了，便给分管校长和德育处讲这个观点，班级的自主管理既培养了学生的自律意识与自治能力，又解放了班主任，何乐而不为呢？

当然，初中生毕竟不同于成人，自律能力还是比较弱的，因此不可能一开始就完全放手。因此，我们鼓励班主任先提出建设自主管理班级的申请，以及达到目标的期限。在未达标之前，按学校常规要求管理班级，包括到班到岗的时间。一段时间之后，经学校验收达到了自主管理的标准，这些班主任则可以放手，不必随时守着学生。

应该说，由于我校学生构成比较复杂，学生自主管理的难度还比较大，所以目前我所希望实现的学生自主管理还不理想，但我给分管校长和所有班主任提出的目标很明确，那就是在培养学生自我管理能力的同时解放班主任！我觉得这是最重要的思想引领。

## 二、亲自示范

"最好的教育莫过于感染，最好的管理莫过于示范。"这是我对干部和老师反复讲的一个观点。这里的"示范"体现在我的身上，就是担任班主任并上语文课。

乍一听，觉得这是不可能的。一个有三千多学生的学校校长，巨细无漏地管理日常工作该有多繁重啊！还怎么可能当班主任和上课呢？其实，这和我在这个学校的定位有关系。我其实并不擅长做校长，因为我的行政能力并不强，教育局之所以任命我做校长，看中的不是我的能力，而是我的所谓"知名度"和"影响力"。由于这个原因，他们给我配备了书记兼常务副校长。所以，平时学校的日常管理，我基本上都交给了书记和各位副校长，我基本上不管学校的杂务。我在学校的意义有四：一是掌控方向，引领学校的发展路径；二是走进心灵，不停地找老师谈心，找学生谈心，了解他们在想什么，需要我做什么；三是深入课堂，听课，上课，把握学校每一天的脉搏；四是代表学校，即对外我是学校的形象，包括接待领导和来宾，演讲交流，著书立说，等等。

在这样的背景下，我于2008年到2011年同时担任一个班的班主任，并承担了五个班每周一节的阅读课教学。

和我以前作为一名普通老师担任班主任不同，现在担任班主任，一开始我就有很明确而且很强烈的示范意识，就是要让学校的班主任老师们向我看齐。

注意，这里的所谓"向我看齐"，并不是说其他班主任在具体做法上一定要像我这样做，更不是说我在班主任工作的所有方面都比其他老师强，他们都不如我。所谓"向我看齐"，主要有两个含义，一是在爱心与民主等教育思想上大家保持一致；二是以科研的眼光对待每一天平凡的工作。后者恰恰是很多班主任做不到的。多数班主任都停留于每天忙忙碌碌地做事，而忽略了反思与研究。这一点，我毫不谦虚地希望老师们向我学习。

那段时间，我每天早晨都带着我的学生跑步，迎接着朝阳的升起，心情特别愉快。每天晚上——毫无例外的是"每天晚上"，我便将当天的教育日记发到博客上，让老师们看。我教育日记的总标题是"向我看齐"。一次我班遇到失窃事件，虽然很快就"破案"了，但我觉得这件事本身就是一次教育契机，于是，我决定开一次主题班会，当时我通知了没课的班主任和青年教师都来旁听，让老师们看看我是如何处理突发事件并尽可能挖掘每一次突发事件背后的教育资源的。

在我的示范下，我校中层以上除常务副校长之外的所有干部（包括副校长）都担任了班主任。应该说，如此示范是有作用的，最突出的效果就是让不少年轻的班主任成长得更快。

## 三、培养徒弟

实际上，我做班主任的过程，也是带徒弟的过程。刘朝升老师、胡鉴老师、龚林昀老师、范景文老师、徐全芬老师、李青青老师、蒋长玲老师等一大批年轻的班主任，都曾是我的徒弟。

以前从未做过班主任的刘朝升老师，在我做班主任的时候一直跟着我学。开学第一天和新生见面，组建班干部，组织班级活动，开班会，早晨和学生一起晨跑，和学生谈心……我几乎是手把手地教他。当然，他也不是被动地向我学，而是积极主动参与班级建设，在实践中提升班级管理能力。我俩还有不少富有创意而有效的教育活动，比如，那次我班的失窃事件，就是我和刘老师一起处理的。刘老师的成长非常快，现在已经是我校一位成熟的优秀班主任。他运用"小组日记"管理班级的做法虽然源于我，但远远比我做得好。他曾走进中央电视台《小崔说事》讲故事，也经常应邀到全国各地讲学。

我常常给初当班主任的年轻老师培训，不仅仅给他们讲情感、讲思想，也讲班主任工作的具体做法。比如我曾给老师们讲班主任应该具备的一些基本技能，如何说话才富有感染力，如何从生活小事中寻找教育的切入口，怎样把班主任的意志转化为集体的健康舆论，班会的主题从何而来……我还常常到班上去跟孩子们聊天，给年轻老师作示范。

我还常常给年轻的班主任讲我成长中的教育故事。这些经历和故事，有我的经验，也有我的教训；有我的智慧，也有我的情感。有一个学期期末的一个晚上，我还专门给我校的年轻老师开了一个题为"幸福比优秀更重要"的讲座，以我年轻时建设"未来班"的故事告诉他们，班主任工作的意义在于给孩子的未来和我们自己的未来留下充满人性的温馨记忆。当时我还引用了一位优秀班主任的话："不必用堆叠的荣誉来证明班主任的成功，教师的光荣就印刻在历届学生的记忆里！"

当校长八年来，我亲眼见证了一大批年轻班主任的成长。说实话，在我校很难说清楚哪些年轻班主任是我的徒弟，应该说我把所有年轻老师都当作我的学生。当然，我带徒弟并不是希望他们随我亦步亦趋而成为第二个我，他们超越我才是真正的成长。

## 四、倡导读书

所谓"提高教师素质"，其实最有效的方式就是阅读。读书，是我在学校着力倡导的一项长期性活动。

我给老师们推荐过的书有：《给教师的建议》《要相信孩子》《第56号教室

的奇迹》《发现班主任智慧》《教学机智——教育智慧的意蕴》《班主任兵法》《问题学生诊疗手册》《打造魅力班会课》……还有拙著《做最好的老师》《做最好的班主任》。当然，阅读的重点，无疑是苏霍姆林斯基。

刚当校长时，我也像有的学校一样给老师赠书。后来我不赠书了，我改为借书。清代文学家袁枚说："书非借不能读也。"年轻的班主任到我办公室谈心，结束的时候，我请他在我的书橱里选一本他喜欢的书，写上借条，然后把书借走。借走后怎么读呢？我有时间要求的。一般是一周之内读完一本。读书的要求是边读边勾画或做批注，在书上留下自己最真实的心得。最后我还要求老师们在书的最后一页写上姓名和阅读时间。我这样解释："这样提要求，你便能够紧迫而认真地读完。以后，我这本书将有不同读者的不同批注，后面还有阅读者的姓名和阅读时间。以后退休的时候，我把这些书赠给学校图书室，成为我们学校的藏书。设想一下，一百年以后，我们都不在人世了，可这些书还在学校图书室珍藏着，那时武侯实验中学的师生捧读这些留着先辈笔记的书，将会有怎样的感慨？因此，我们留给后人的，不仅仅是图书，而是一种精神，一种文化。"我借给老师们读的《要相信孩子》《班主任兵法》《教学机智——教育智慧的意蕴》等书都已经被不同的班主任老师写满批注，圈圈点点。对我来说，这也是一笔特殊的财富。

对教师阅读最有效的引导，依然是我本人的阅读示范。当然，所谓"示范"并不是我刻意为之的"举措"，而是一种客观效果。因为我当不当校长都很喜欢读书，只是我当了校长后，我的这一爱好对老师们来说就恰恰成了一种"示范"——其实，说"感染"更准确。通过教工大会、网络博客、座谈交流、个别谈心……我情不自禁地给老师们说我最近读的书，不少老师被感染了，随后便会去买这本书。

## 五、排忧解难

"有什么需要我帮助的，尽管找我。我就是你的110！"这是我经常跟年轻班主任谈心结束时说的话。无论在我心中，还是在年轻班主任心中，这句话都不是一句客套话，而是实实在在的行动。

八年前，唐真老师刚做班主任的时候，面对学生中出现的"早恋"现象而来向我求助，我除了给他讲我过去处理类似问题的办法之外，还应邀到他班上去给孩子们上了一堂班会课，效果很好。后来唐真老师越来越有智慧，可以深入学生心灵，有效引导孩子成长。直到毕业，这个班都发展得很好。

平时在学校，我随时都处于待命状态，因为老师们随时都可以来找我，或者说他们工作中有了困难，请我出主意提建议；或者邀请我去给他所带的班级上课，帮助引导孩子。因此，毫不夸张地说，全校每个班的孩子都听过我的课。

每年九月开学第一天开始，我都到初一去给刚进入初中的孩子们上一节课——每个班都上，内容都是日本小说《一碗清汤荞麦面》。我想以此对学生进行爱的教育；每个初二年级，我都要去上一堂以"青春期教育"为主题的班会课；到了初三，我都要去给孩子们上"战胜自己"的班会课。初一"善良"，初二"青春"，初三"励志"，这样构成一个完整的教育系列。而这些教育都是不同年级的孩子们所需要的，但年轻班主任们都不擅长的。我以这种方式帮助年轻人，培训班主任。

曾有老师在网上质疑："你这样越俎代庖，会不会损害班主任的威信，反而妨碍他的班主任工作呢？"我认为这种想法是"纯理论"的假想。实践证明这种情况在我校从来没出现过，因为常规工作毕竟还是班主任在做，我只是偶尔客串而已。更多的时候，我站在班主任的后面给他支招。对于一个班级的建设而言，班主任才是真正的领衔人。

## 六、个别谈心

教育是心灵的艺术。无论当班主任还是做校长,我认为这句话都是真理。班主任讲究如何走进学生的心灵,校长则讲究如何走进老师的心灵。可以说,谈心是走进心灵进而引领思想最常规也最有效的方法。

我和老师的谈心,大体可分为激励式谈心、帮助式谈心、批评式谈心、表扬式谈心,等等。

激励式谈心,目的是提升年轻老师的信心,帮助他们挖掘自己的潜力。记得第一次和唐真老师谈心时,我问他年龄,他说是80后,我就以我自己年轻时的经历告诉他:你完全可以成为一名优秀老师,你要用自己的一生来证明,你这辈子在教育上能够优秀到怎样的程度。谈心结束时,他留下一句话:"李老师,以后你会看到,今天你给我谈的这些话,没有白谈!"他后来一直在证明自己,直到现在。袁红军老师刚来我校时,状态不是太好,但我感到这小伙子有上进心,相信他有潜力。找他谈心时,我鼓励他当班主任。他不但接受了我的建议,而且说希望从起始年级开始做班主任:"我会证明自己的!"这个信念支撑着他,让他成为一名深受孩子喜欢的班主任,他不但班带得好而且教学效果也不错。

帮助式谈心,目的是给想把工作做好但缺乏经验的老师以建议,让他们的智慧越来越丰富。我当校长的第一年,唐燕老师面对班上一位特别调皮特别"另类"的男孩束手无策,焦头烂额,她甚至动了不想当班主任的念头。我找她谈心,建议她换一种心态面对这个孩子。换一种什么心态呢?研究的心态。我说:"研究的心态,能够让你从容平和地面对这个顽童,不要急躁,要研究。你看过科学家厌恶自己的研究对象过吗?"我还建议她跟踪写和这个孩子打交道的过程。从此,唐燕老师真的开始研究这个特殊孩子了,而且时不时地把自己的教育故事写在博客里。一年后她取得了研究成果——孩子的转变,以及上万字的教育案例《顽童的故事》。现在,唐燕可以说已经是一名优秀班主任了。

批评式谈心，就是在班主任老师犯了错误的时候，直言不讳，猛击一掌，让其警醒。小全是一个单纯阳光的年轻人，主动要求当班主任，干劲十足，但小伙子脾气有些急躁。几年前，在教育过程中，竟然忍不住对学生动了手，虽然情节轻微，没造成身体伤害，但性质严重。我耐心地和小全交流沟通，以我自己年轻时打学生的教训告诉他，尊重学生是教育的前提，何况动手打学生已经不仅仅是师德问题而且是法律问题了。后来小全老师想通了，主动给学生诚恳道歉。

表扬式谈心，就是及时给有进步的年轻班主任以鼓励，让他们体验点点滴滴的成功与幸福。对学生，我一直信奉："表扬的力量是无穷的！"对老师我也坚信这一点。但我的表扬，更多的不是用我的语言而是用孩子们的话语——我常常是先去其班上了解学生对他的赞美，然后用孩子的语言让班主任感到意外惊喜，甚至热泪盈眶。

## 七、调整心态

和兄弟学校相比，我校的班主任费是比较高的，但和老师们的付出相比，这点钱依然是很低的。不过，一个人的幸福感除了来自物质，也来自精神。我既然不能给班主任多增加班主任费，那就尽量帮助老师们收获更多的精神幸福吧！

我刚做校长时，发现龚林昀老师工作上有干劲，有热情，可这小伙子就是心态不够好，常常觉得评价不公平，于是郁闷。虽然他一直没有放弃追求。可是以一种抱怨的心态去工作，总不能感到教育的快乐。我多次找他谈过心，甚至还去他家家访。我反复给他讲一个观点："我"为谁而工作？是为校长吗？是为流动红旗吗？是为别人的掌声吗？不，我们是为自己工作，为自己的幸福而工作。

我一直相信，一个能够经常被学生感动的老师，必然拥有源源不断的工作动力。我一直引导龚林昀,让其要善于感受学生的爱,这种爱反过来能够转化为老师对孩子的爱。"让老师生活在爱中,因为来自学生的爱,能够使一个老师变得更加勤奋而富有智慧!"这是我引导好多年轻老师的"诀窍"。

毕竟龚林昀是有事业心的,也能够虚心接受批评建议。渐渐地,我和好多老师都发现,龚林昀变了。当然,他的工作干劲一直都没变,所谓的"变",是指他的心态变了,不再抱怨,不再发牢骚,不再指责别人对他"不公"了,而是从容地应对困难,淡定地看待得失。后来龚林昀做班主任越做越好,现在已经成长为我校一名中层干部。

我特别对有些爱埋怨后进生的班主任说:"面对一个头疼的后进生,你埋怨一万句,第二天还得面对他,还得给他上课给他改作业,难道因为你心里骂他,他就不来上学了吗?何苦呢?"我还给老师们讲过李白的一句诗:"空长灭征鸟,水阔无还舟。"不是天空没有飞鸟,而是晴空万里,辽阔无边,一两只鸟简直微不足道;不是水面没有船只,而是烟波浩渺、水天一色,一两只船也就微乎其微了。这是胸襟,也是心态。

## 八、推出榜样

当班主任时,我有一个观点,班主任要善于发现、挖掘并最大限度地运用学生集体中本身就蕴含的积极因素,反过来感染和提升整个集体。老师对学生如此,校长对老师也可以如此。

我校有许多优秀的班主任,比如潘玉婷、张清珍、胡成、李勇军、唐朝霞、孙明槐、陈玲、朱青、邹显慧、朱应芳、向彬、朱怀元等等,他们的优秀和我没有关系。我这个校长对他们的意义,就是把他们的优秀变成学校的公共优质资源,让大家共享。

大会表扬,经验介绍,培养徒弟,媒体宣传……这些都是推出榜样的很好方式,我校也是这样做的。对我来说,还有一个最体现我个性风格的做法,就是用文字把这些优秀老师的故事写下来，让他们的故事载入学校的史册，成为今天以及将来的老师和学生们温馨而不灭的记忆。

凡是来我校参观的人，会有一个发现，我们的校园没有对校长的介绍，没有领导的题词，没有校长陪领导手指远方的视察照片，没有诸如"再创新高"的捷报，没有什么"国家级课题"或"实验基地"的牌子……有的只是展示普通孩子成长生活和普通老师课堂形象的大幅照片。

武侯实验中学有十大名片教师，是我校师生海选出来的。十位教师年龄不同，学科有异，但大多是优秀班主任。我亲自一一给他们拍摄肖像照，并根据他们的事迹提炼撰写出一个个小故事，然后将照片和小故事通过彩色喷绘展示在校园的立柱上。比如——

潘玉婷：生命贵人

初二时，潘老师班上转来了一个患有抑郁症并且有自杀倾向的女孩，许多人都担心这女孩会成为学校的"安全隐患"，建议"退回去"，但潘老师毅然接纳了这个孩子。潘老师想方设法走进孩子心灵，与她一起看电影，通过手机聊天，用谈心本交流……有一次，有严重的恐高症的潘老师竟然还陪着女孩去公园玩"过山车"。渐渐地，潘老师成了女孩最信任的人。她变得阳光开朗了，成绩也有了惊人的提升，初中毕业时顺利考上了高中。毕业前，女孩的母亲感动得给潘老师下跪："您就是我女儿生命中的贵人啊！"

十大名片教师无疑是我校最杰出的代表，但毕竟只有十位，而我校许多老师虽然没有达到这十位的优秀程度，却同样有着许多可圈可点的教育故事。于是，从2011年起，我利用《中国教师报》每周一期的"镇西随笔"专栏，推出我校的普通老师，其中大部分都是班主任。平凡的他们因我的叙述而为《中国教师报》数以千万计的读者所知晓。这些老师当然不能说都十全十美，但我只写他们值得学习的优点，这些优点都通过故事呈现出来，让其他老师借鉴。彼此互为榜样，互相学习，这就是教师集体的自我教育。

一个学校的文化更多地体现于可以流传下去的故事。而记录这些故事，是我这个校长最乐于做的事；这些故事本身也是我最得意的成果。

## 九、能说会写

让老师体验成就感，我有一个绝招，就是创造条件让老师们通过"能说会写"成为名师。

我曾在教工大会上给老师们讲过"从好老师到名师"的话题："什么叫好老师呢？我的标准很简单，课上得好，班带得好，分考得好。做到了这'三好'，绝对是好老师，但还不是名师。名师之'名'就是影响。好老师怎么才能有影响呢？那就要在'三好'的基础上，还要'能说会写'，能说，就是作报告，向同行介绍自己的经验，讲述自己的故事；能写，就是写文章，发表著述。能说，让你开始有影响，但这个影响范围不会太大，毕竟能够当面听你报告的人是有限的；会写，就让你的思想、你的智慧、你的故事传遍全国，乃至走向世界。"

在学校我创设条件让班主任老师讲自己的管理经验和教育故事，我们有不定期的成长论坛。听众当然有收获，但收获最大的还是演讲者，因为准备演讲的过程，就是总结提炼自己的教育思想与智慧的过程。八年来，无法统计有多少班主任在全校大会上作过演讲。

在此基础上，我创造条件，把我校的优秀班主任推向全市、全省乃至全国的讲台。我常常接到全国各地的讲学邀请，我总要问："我能带我的徒弟一起讲吗？"于是，我常常带着我校的老师去讲课，我讲半天，我校老师讲半天。省内的阆中、广安、仁寿、崇州，还有省外的北京、上海、广州、郑州，都留下我校普通而优秀的班主任的声音。几年来，先后有潘玉婷、唐燕、杨翠容、刘朝升、范景文、张清珍、孙明槐、许忠应、郭继红、李青青等十多位老师利用周末外出讲学。

当然，不可能人人都能够外出讲学，但人人都可以在家撰文。我鼓励并帮助老师们特别是班主任们拿起笔，写教育经验、教育案例、教育随笔等等。并不是每一位老师都擅长写作的，但不要紧，有我呀！我常常"大言不惭"地对老师们说："不会写不要紧，我会写呀！你写得不好不要紧，只要写就可以了，因为好不好有我呀！我可以帮你改呀！我非常愿意做你的秘书！"八年来，我为学校大多数老师修改过文章，修改之后我推荐发表。我就这样，督促老师们通过写作总结自己的教育实践。

有的老师实在不会写，那我就和他聊天，聊他的班主任工作，然后我将聊天记录下来，整理成对话录发表出去。几年前《班主任之友》整整一年都有我校班主任老师的专栏，文章全是我整理的"对话录"。后来，我又让班主任写成长经历，我修改后再予以点评分析，最后以专栏形式发表在《班主任之友》杂志。

在杂志上发表文章的老师毕竟有限，不要紧，我们就出书吧！一本著作就可以汇集上百位老师的文章。我精心修改编撰老师的文章，然后联系出版。几年来，我们学校先后正式出版了《给新教师的建议》《把心灵献给孩子》《每个孩子都是故事》《民主教育在课堂》等著作。每当老师们捧着有自己文章的著作，领到稿费，都很开心。幸福感油然而生。

当老师时，我做班主任是幸福的；当校长时，我帮助班主任是幸福的。还是我经常说的那句话："老师们的成长就是我的成功。"

### 刘京海

上海市闸北第八中学校长、上海市田家炳中学董事长、上海市成功教育研究所所长、上海成功教育咨询中心董事长。上海市特级教师、特级校长，华东师范大学和上海师范大学兼职教授、上海市教育决策咨询委员会委员，上海市首届教育功臣，享受国务院政府特殊津贴。主编《成功教育》《走向成功》《刘京海成功教育随笔》等十几部专著，承担多项市级与国家课题并获奖。

# 我的成功教育探索实践

从 1987 年我推动成功教育研究至今,已有 20 多年了。说说我们研讨的历程,可能会有助于大家更了解成功教育。

## 一、成功教育研究的沿革

20 世纪 80 年代,闸北区的教育一直在上海末位徘徊。我们组织了"十二校联合体",即由科研室领头,组织十二所薄弱学校进行调查研究。在大量的调查中,听到最多的是埋怨:教师埋怨生源差,家长埋怨学校差、老师差,领导埋怨条件差……这样想,我们的工作就失去了意义。我们找到主要矛盾,发现学困生已经形成了失败者的心态——他们从小在学习上一直失败,他们甚至已经不相信自己能够改变面貌。于是工作就从如何让孩子从失败者的心态中解放出来开始,则策略只能是让孩子尝到成功的甜头。要达到这个结果,必须对教材的编排进行重新调整,于是"低、小、多、快"的教学策略也相应出台。在总结时,我们在讨论的基础上,逐渐梳理出"三个相信"的理念,那就是相信每个孩子都有成功的愿望,都有成功的潜能,都能取得多方面的成功。参加试验的老师深切地感受到研究前与研究后的不同的变化，受"教育要让每位学生成功"的启示，把我们的试验称之为"成功教育"。

### （一）由成功教育初期研究到"三个阶段"的研究

闸北八中成功教育的初期成果是鼓舞人心的，不仅闸北八中改变了薄弱面貌，其他十二校联合体中的各校，也有了很大变化，这直接促进了闸北教育的崛起。闸北区教育局领导说："整个闸北教育就是一个扩大了的成功教育"。

有人告诉我："你们从事研究的是一个全球教育的难题。"我听后大吃一惊。但要进一步研究，只能靠我们自己。现在看来，当时我们把试验工作归结为成功教育是非常切实的。它让我们从一开始就从整体上确定研究的方向、目标，从我们此后走过的路来看，这个方向、目标始终没有变。

那个时候，国家教委正在推行素质教育，经过审察，把我们的成功教育列为实验素质教育向全国推广的三个教育科研成果之一，我们很受鼓舞、鞭策。

在初期试验中，我们在"帮助成功"上下功夫，但在实践效果得到肯定的同时，我们却看到不少学生的惯性——一心等待老师的帮助。这跟我们成功教育的初衷是不相符的，那么怎么办？

叶圣陶先生有句名言："教是为了不教"。真正的成功应该是学生主动内化，高层次的成功应该是"自主成功"。我们这些孩子，刚有成功的样子，不可能一下子走上"自主成功"之路，我们必须为孩子的继续成功选择、提供一个过渡的方式。

几年后，有一次，我们接触了瑞士人方迪的著作——《微精神分析学》。他说道：尝试是人的本能。我突然想到我们的学生不正缺少尝试精神？如果学生在学习上也能敢于尝试，并且把它内化为习惯，那么随着自信的修复，不是进入了一个培育的阶段吗？

尝试是人的本能。我们发现，有的同学之所以拒绝老师的帮助，只是因为要机械地重复老师所教的知识。这个现象不正说明孩子有自己尝试的意识、自主成功的意识？研究"尝试成功"，让教师一下子有了探索的方向。从以前不断地对学生鼓励表扬，到启发引导学生尝试推进，要跨越两个不同领域。而后的试验虽然也有坎坷，但总体比较顺手。为了推进学生尝试，要调动学生的生活积累，要提供相应情景，要不断等待、追问，要从多角度发现学生思维中的亮点，要允许反复，特别要关注在学生的尝试学习过程中，成功是否多于失败，精心地呵护学生的自信与主动精神。我们还发现，"帮助成功"与"尝试成功"虽然是不同的层级，但具体运用时，又是"你中有我，我中有你"。这样教师课堂教学的舞台变大了，有更多的施展空间。

如果我们不断地让学生由"尝试"走上"自主"，哪怕是一个或几个学生，一个或几个步骤，一次或几次的闪现，都是教育的正向成果。从这个意义上说，"尝试"与"自主"密不可分，我们的任务是在"尝试成功"中不断增加"自主成功"的机会、因素，我想这是可以称之为"自主成功"的。

## （二）由"三个阶段"到"三个模型"

我们把"帮助成功"与课堂教学的"试讲练"融合在一起，让教师讲得少些，练得多些。我们把"尝试成功"与课堂教学的"试讲练"融合在一起，给学生更多的尝试机会，为之创设必要的台阶。我们把"自主成功"与课堂教学的"试讲练"融合在一起，强调学生在教师掌控中的自学，在"帮助成功"中导向"自主成功"，在"尝试成功"中激励学生自学走向"自主成功"。这样"自主成功"就成了这三个阶段的综合体，可以与每个学生的实际情况相适应，在总的指向一致的情况下，可以根据学生不同的学习个性而变化。

我们在这三个阶段的教学中还发现，还应有一个很重要的系统，即教师怎么教的系统。这三个阶段不仅可以修复学生的自信人格，而且能对教师本身的自信人格的健康存在与发展起着深刻的积极作用。从开始似乎只是为了学生的成功，到后来学生的成功与教师的成功的关系已经密不可分了。

这样，把"帮助成功""尝试成功""自主成功"看成是学生成功的三个必有阶段的说法，就显得太单薄了。其实这不仅仅指的是学生成功的三个阶段，应该说，还附着相应的课堂教学的形式、内容，包括课堂的教与学，教师与学生的活动与操作的整个系统，可以被称之为三个不同阶段的模型。

称之为模型，不是指它的固化形式，也不仅仅强调它本身的体系，更重要的是这三个模型是一种合目的的、合规律的整体，可以让人学，让人评价。称之为模型，很强调教师的主动参与。教师在相应阶段中对各教学要素与资源的选择、整合和优化，才能真正体现模型的活力。换言之，离开教师与学生主动参与，就不能称之为模型。

### （三）由"三个模型"到师资培训

闸北八中的师资状况起初真的是很不理想的。我必须用这些有限的师资来引导学生走向理想的成功之路。然而，几年来，我发现这些教师个个都有明显的变化。

我们发现，教师的"模仿、理解、创新"三个阶段，跟成功教育学生走向成功的"帮助成功""尝试成功""自主成功"三个阶段有着本质上一致的对应关系。学生也是由模仿、理解、创新一路走来的。

面对老教师的退休与新教师的流失，我一直想改变这种被动的局面。我需要能够承担成功教育教学的教师，于是在大面积培训与缩短培训周期上下功夫。

数字化技术让我的这些想法能够变成现实。我们开始建设学科的教与学的电子平台。然而在使用中，我发现培训的效果很明显。我要求职初教师尽快合格，在电子平台的帮助下，新教师模仿、理解得真的很快，经过一阶段巩固，马上就可以胜任了。我明白，原来以前教师的成功，绝大多数都是靠自己一人摸索的，虽然速度慢些，但是路要走对了，也就渐渐成为优秀教师。现在借助电子平台，职初教师不是一个人在黑暗中摸索，因此自然少走错路，哪怕走错了，也改得快。

从三个阶段到三个模型的转变，是一个在实践中不断丰富细化的过程，由此而进入的教师的培训，则让成功教育不仅针对学生的成功，而且也旨在教师的成功。

2010 年时，从 1987 年算起，花了 20 多年的时间，我们才完成了这三个阶段、三个模型，以及学与教的比较系统的"帮助成功""尝试成功""自主成功"的研究，接下来还要作进一步的研究。这个领域的空间是非常大的，值得我们终身研究，值得教师在这个系统中展现才华。

### （四）由教学成功到管理成功

管理成功的最重要的标志是学生、教师的成功。我觉得还要从管理层面细细分析、总结。

管理方面成功的课题已经启动了，离开管理上的进展是不可能有以后的学生、教师的成功的。这样的管理，可以称为一种管理文化、制度文化、研究文化。

称之为管理文化，是为了让管理中带有人文意识，以人为本的意识渗透于管理中。先是课堂教学的成功教育改革，学校管理要为之制定研究方案，进行人员的组织、培养、引导，并作测试、评估，以及拟定相应系统的标准。这种管理工作量巨大，而且时间跨度极大。

管理文化跟制度建立与完善直接相关。我们从电子平台的建立上受到启发。我们编制了《重复事件处理平台》，其中有 160 项管理制度、60 项岗位细则、126 则工作流程、365 天工作日程。管理平台内容的确定与编制过程，是一个对管理工作的全程总结，是对教育管理思想的全程梳理，是管理经验内外融合的过程，也是一个不断变化的过程。

## 二、成功教育的含义

首先，最初研究成功教育，是为了让学困生、困难学校走出困境，提升教育质量。

针对学困生的主要问题是学习积极性差、自信力差，通过在学习过程中为学困生增加成功的机会，让学生的积极性、自信力得以恢复，让学生的基础知识、基本能力得以巩固与提高。

这就是初期研究时概括的成功教育主题思路。其基本思想是：相信每个孩子都有成功的愿望，都有成功的潜能，都能取得多方面的成功。其基本要素是：积极的期望，成功的机会，激励性评价。其采用的方法是：调整教学要求、进度；实行"低、小、多、快"的操作原则。

这样，成功教育的含义必然有新的变化。具体来说，"学困生"变为一般学生，困难学校变为普通学校，那就是，让每个普通学校不断有效地提升教育质量，通过让学生在学习活动中成功多于失败，从而不断增强学生学习的主动性、积极性，培养学生健全自信的人格，激活学生的潜在能力，使其享有具有持续发展的来优质教育。

在后来的研究与实践中，我们又发现了一些必须思考的问题：一是闸北八中虽然是一所普通学校，但也是一所特色学校，学生也不满足于合格，他们有自己不同的个性追求；二是我们发现成功不仅是学生的事，也是教师的事。所以成功教育的含义又必须再丰富。

通过委托管理，成功教育在几年里让一批困难学校、新建学校走上了成功之路。可见成功教育是有很强的复制能力的。通过向海外的推广，特别是马来西亚的华人学校对成功教育思想以及成功教育教学模型的接受与采用，我们认为成功教育已经不能仅仅从国内视野来看待，那么国际视野中的成功教育又应该是怎么样的呢？

运用先进的以人为本的教育理念，旨在让每位学生在每个不同的学习阶段都能拥有积极的自信人格，获得多方面潜能的开发，享受可持续发展的优质教育。运用先进的现代教育理念，让每位教师的教学素养都能有效提升，让学校在文化的融合与发展中形成与时俱进的优质教育。

## 三、成功教育委托管理的实践

### （一）委托管理的缘起

为推进城乡教育一体化，促进优质教育资源均衡发展，上海在全国首创了"委托管理"这一提升农村义务教育学校办学质量的改革举措，即政府出资向教育中介机构购买教育服务，第三方教育评估机构接受政府委托参与评估。2005年6月浦东新区政府委托上海成功教育管理咨询中心①管理东沟中学，开始了薄弱学校委托管理的实践探索。

自2005年，管理中心先后在市、区两级委托管理项目中承担了上海7个区县的16所农村中小学或薄弱学校的教育服务，其中，农村学校13所，闸北区3所；小学5所，初中7所，九年一贯制学校4所；薄弱学校14所，新建学校2所。托管期限为2年或4年。管理中心成为全市范围内参与委托管理最早，托管学校数量、类型最多的教育中介机构。

### （二）委托管理的实施途径与策略

1、委托管理的招投标

政府首先列出需求学校，确定三到五年的发展目标与任务，然后进行公开招投标。管理中心提供机构人员配备等资质情况，根据托管学校的绩效证明以及托管项目学校的初步方案与团队组建情况参与投标。政府委托专门机构进行评标。中标后，托管学校与政府签订托管协议。

2、委托管理的行动步骤

管理中心与政府签约之后，第三方评估机构对学校进行初态评估。管理中心制定托管规划与方案，交由评估机构进行评估，然后组建托管团队和专家教

---

① 2002年在成功教育研究所的基础上成立了民办非营利机构——上海成功教育管理咨询中心（文中简称管理中心）。该中心注册于上海市闸北区第八中学校址，刘京海任董事长。

师团队，进驻学校开展托管。在托管过程中，评估机构进行中期评估和终结性评估。根据评估的结果考虑是继续委托还是终止合同。

委托管理的行动步骤由以下六个行动环节形成循环（如下图所示）：

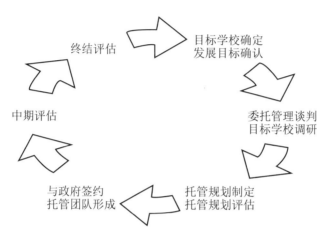

成功教育帮助许多薄弱学校走上了规范发展之路，研究认为下述因素的协同对托管成效起到了积极作用。

**第一，委托管理作为一种制度创新打破了农村学校能量低、层次守恒的状态，其健全的制度框架通过责权统一的责任机制与基于增值的绩效问责机制，为成功教育委托管理的实践及其成效的达成提供了制度保障。**委托管理要求受援区县教育行政部门要在受援学校性质和体制不变的情况下，保障支援机构的办学自主权，将学校的管理责任交予支援机构，由支援机构切实承担受援学校的管理责任。委托管理和传统的"结对帮扶""支教"等有着不同之处，便利在于以团队契约的方式明确办学责任主体的转移，这也是进一步推进委托管理产生实效的基础。

**第二，符合农村学校实际的托管理念。**成功教育的教育理念，破除了农村薄弱学校管理者、教师和学生消极的自我预言，在信任和尊重的基础上，帮助师生形成基于"三个相信"的积极自我概念，学校管理的使命则是为师生创造成功的机会。引导学生循着"帮助成功""尝试成功""自主成功"的发展阶梯拾级而上，最终实现知识、能力、人格的和谐发展。

第三，"情感融合，价值认同"的托管策略。托管对受援学校而言是一场深刻的变革，其带来的不确定性，以及专业责任的增加，会不同程度地引起不理解、不适应，甚至矛盾和冲突。"情感融合，价值认同"的托管策略成为调整和转变教师群体固有经验、行为习惯，甚至心智模式的关键。

第四，显性化、可传递的优秀教师和校长经验理念。将优秀教师的教学过程和经验进行细节化、显性化处理形成的"学与教的电子平台"，使普通教师通过模仿和创新成长为合格教师，甚至优秀教师。凝聚优秀校长经验开发的"学校重复发生事件管理与处置平台"显著提高了学校规范化管理水平。

第五，理念与技术内在一致的教学发展。与"三个相信"理念相一致，成功教育托管学校的课堂教学遵循"帮助成功—讲练结合""尝试成功—试讲练结合""自主成功—学试讲练结合"的三阶段进程，运用"低起点，小步子，多活动，快反馈"的教学策略，为师生的教与学质量的提高提供技术支撑。

第六，专业意识唤醒和专业潜能发掘的教师队伍建设。教师不仅是学生发展的引领者，更是学校开展教学改革的主体力量。成功教育的教师观定位于相信每位教师都有成功的愿望，通过不同途径发掘教师的潜能，激发教师个体追求自我专业发展的内驱力，实现自身的生命冲动与专业价值，最终推动学校的可持续发展。

第七，具有强烈教育情怀的教学和管理团队。托管团队由一批年龄在60至70岁的优秀退休校长和教师构成，他们不仅以专业能力指导教师和管理者的专业发展，更以对学生、课堂、学校和教育的爱和使命感影响着青年教师。

### 刘彭芝

国务院参事,人大附中校长,人大附中联合学校总校校长,大学研究员,中学数学特级教师;教育部创新人才教育研究会会长,教师教育专家委员会委员,中国中学生足球协会主席;获宋庆龄樟树奖、国家科技进步二等奖以及全国先进工作者等荣誉称号,国家基础教育课程教材专家工作委员会委员,享受国务院政府特殊津贴。著有《人生为一大事来》《托起未来的教育家》等十多部著作。承担国家"十五"重大科技攻关项目"网络教育关键技术及示范工程"、国家级教育体制改革基础教育项目"校际间跨校选修平台的建立及学分共享制度研究"等多个重大研究项目并获奖。

# 追求教育理想，成就卓越人生

教育是国家强盛、民族振兴的基石，关系着每个孩子一生的幸福，也关系着家庭和社会的稳定和谐。胡锦涛总书记曾希望广大教师淡泊名利、志存高远，静下心来教书，潜下心来育人。我以为，这是做一个好教师、好校长最基本的要求。十年树木，百年树人，教书育人是慢功，来不得急功近利、浮躁虚饰。潜心则静，心静则远，静下心、潜下心，才能坚守住理想，脚踏实地，有所作为。

在我的教育生涯中，也一直有一个梦想或者说理想，那就是办一所世界顶级的学校，一所让世人仰慕向往的学校。它不仅吸引中国的孩子，而且能吸引世界各国的孩子到这里学习。这些孩子离开学校后，都能成长为各个领域的杰出人才。当他们回忆起自己的中学时代时感觉是幸福的，快乐的，有独特收获的。

几十年来，特别是担任人大附中校长后，我一直带领着人大附中人在这条追求理想的路上奔跑。这条路走起来很不容易，要面对各种挑战，承受各种压力，如果没有执着理想、追求卓越的精神，没有无私奉献、宽广包容的情怀，没有敢于创新的胆识和智慧，是没法走下去的。近年来，人大附中办学成果令人瞩目，国内外声誉日隆，作为校长，我很欣慰，同时也感到肩上的责任更重。

## 教育：塑造灵魂的事业

职业是一种谋生的途径，事业是一种人生的追求；职业有八小时之内和八小时之外、工作日和节假日之分，而事业往往是"全天候"的、全身心的；职业一般只需要物质和技术，而事业更需要理想、精神和情感。职业是事业的基础，事业是职业的升华。职业感和事业心都是一个人从事某一项工作的"发动机"，但这两部"发动机"的功率是不一样的。

当前，教育领域出现一些不尽如人意的现象，比如：上课铃响人来，下课铃响人走；上班尽职，下班兼职；与学生缺少交流，对学生缺乏爱；除了学习成绩外，对学生的全面发展不关心……这些现象的产生恐怕就与对职业化的简单理解有关。

学校是培养人的地方，教育是培养人的工作；人为万物之灵，世界上还有什么工作能比培养人的工作更重要、更伟大？仅凭这一点，我们就不能单纯视教育为职业。教育工作者要立大志办大事，必须将教育作为事业，志存高远，取法乎上。在这一点上，我们别无选择。

当代中国的教育，既要顺应世界潮流，也要坚持中国特色。习近平总书记有句话说得极好，"鞋子合不合脚，自己穿了才知道"。我们目前最重要的任务，就是为中国教育这双脚做出最合适的鞋。怎样才算最合适？我的理解，一方面，正确处理好古与今的关系，有继承有革新，返本开新；另一方面，科学处理好中与外的关系，取长补短，洋为中用。我们要在熔铸古今中外教育精华的过程中，探索出中国特色社会主义教育现代化之路，这是当代中国教育工作者的历史担当和神圣使命。最美莫过多样化，我特别欣赏费孝通先生关于世界文明的那四句话："各美其美，美人之美，美美与共，天下大同。"各国的教育，都既有共性，也有个性，应该彼此欣赏，彼此借鉴，春兰秋菊，各擅胜场，在和而不同中共同营造世界教育事业的百花园。

教育，最核心的问题，还是培养什么样的人。关于这个问题，已讨论多年，我也讲过无数次。但这样的话题就应该时时讲、处处讲、反复讲。丰子恺先生在纪念他的老师弘一法师李叔同时说，人的生活，可以分作三层：一是物质生活，二是精神生活，三是灵魂生活。物质的生活就是吃喝拉撒、衣食住行；精神的生活主要指科学技术、文学艺术；灵魂的生活则是超越，是终极关怀，是心灵的净化和美化。今天，我们培养人，一定要培养和提升学生的灵魂境界，让他们有美丽的心灵和高尚的灵魂。心态决定生态，我们要构建和谐社会，没有心理的和谐，哪来社会的和谐？我们要建设美丽中国，没有美丽心灵，又哪来美丽中国？说到底，教育事业就是灵魂事业，教师是灵魂工程师，我们在这一点上，必须头脑清醒、立场坚定。这些年，有许多学校、许多教师，把培养学生的注意力集中在物质的层面，最多提高到精神的层面，而对培养和提升学生灵魂的境界重视不够，这种教育带来的不良后果已经显现，对此，我们必须增强忧患意识。

将教育当作事业，忠诚于党和人民的教育事业，这是教育工作者真心诚意的第一门必修课，也是加强教师队伍建设的根本所在。这个根本问题不解决，一切都无从谈起。我的行政职务是校长，社会兼职有几十个，几十年中得到的各种荣誉称号数不清，但在我的心中，至高无上的称谓是"刘妈妈"。担任人大附中校长后，我自加压力，饱尝辛酸，但振奋精神，每天工作十几个小时，就是因为我爱我的学校，爱我的学生，爱我的同事。我要让人大附中成为世界一流学校，让我的学生接受世界一流的教育，让我的同事在世界一流的环境中做出世界一流的业绩。校长的这种激情可以感染教师，教师的激情可以感染学生，校长、教师、学生的激情汇合，我们的校园才能充满浩然正气、蓬勃朝气、昂扬锐气。

## 中学教育：应培养大成智慧

在给教育事业定位后，我们要给中学教育定位。客观地讲，在高等教育已大众化的今天，中学教育的地位在下降。民国时期，朱自清、叶圣陶、丰子恺、俞平伯、钱穆等等，无数顶级的学者和作家都做过中学教师，那时，中学教师和大学教师的流动是无门槛的，这种状况在今天已无法想象。今天，小学、中学、大学，中学只是教育链条中的一个环节，中学的任务好像就是给大学输送生源。这样的定位，对中学教育的伤害是致命的。我一直认为，中学教育必须是独立完整的体系，必须有自己独立完整的目标。不这样，中学教育形不成大格局，做不了大文章，也不可能有大作为、大成就。

这些年，社会各界十分关注"钱学森之问"。围绕"钱学森之问"人们不知写过多少篇文章，开过多少次研讨会。其实，在"钱学森之问"之前，钱学森先生曾花费很多心血提倡通识教育，呼唤大成智慧。通识教育和培养大师是一脉相承的。通识教育是大师出现的基础，只要通识教育蔚然成风，大师的出现才能水到渠成。中学最适合做通识教育，是培养大成智慧的黄金时期。因为中学不像大学那样细分学科，有利于学生在知识上全面发展。在文科上有特长的学生具备良好的科学素养，在理科上有特长的学生具备良好的人文素养，这在中学是能够做到的。错过了中学时代，一旦进了大学，文理学科泾渭分明，壁垒森严，要搞通识教育，难度不知要增加多少倍。因此，我们搞中学教学改革，讲提升中学办学质量，主攻方向就应该放在开展通识教育、培养大成智慧上。

学生的全面发展不是整齐划一的发展，就像每棵树不可能长得一样高，每朵花不可能开得一样大。因此，对全面发展的理解一定要具体到每一个学生，一定要在挖掘每个学生潜能的同时，注意对超常学生的培养，保证每个学生都充分发展。中学教育的理想境界，就是既让全体学生全面发展，又让拔尖人才脱颖而出。这才是真正地对学生负责，对社会负责。

近几年来，关于我国要建设世界一流大学的议论很多，在建设世界一流大学上也取得了共识。这是令人鼓舞的好事。但教育事业是个整体，如果把教育比作金字塔的话，基础教育是塔基，大学教育是塔尖。一流大学不是空中楼阁，没有一流中学，难有一流大学。既然提出要建世界一流大学，当然就要提出建世界一流中学。我国要由教育大国发展成为教育强国，必须建设一批世界一流的中学和大学。

什么是世界一流大学的标准，目前国际教育界已有相对一致的认识；但什么是世界一流中学的标准，还没有相对一致的认识。参照世界一流大学的标准，我觉得世界一流中学起码要具备以下条件：一是要有世界一流的办学理念；二是要有世界一流的教师队伍；三是要有世界一流的学生来源；四是在课程的广度和深度上要领先于世界平均水平；五是在师生比例上要低于世界平均水平；六是要有世界一流的硬件设备，比如图书馆、建筑面积、电脑网络、体育设施等；七是有相当广泛充足的财政来源；八是毕业生考入一流大学的比例要明显高出一般中学；九是在国内外要有较高的声望；十是综合以上条件，形成世界一流的校园文化和精神气质。

对照上面开列的十条标准，我觉得，我国一些示范高中校已经具备创造世界一流中学的条件，已经有能力建设世界一流中学。在这一点上，我们绝不妄自菲薄，应该以足够的自信融入世界教育发展的主流，在国际大舞台上展示自己的形象，发挥自己的影响。

## 中学校长：要营造文化气象

关于"校长"的定义，古今中外有多种。我对"校长"含义的理解，最深切之处就在于校长是个"领跑人"——面向世界、面向未来、面向现代化，领着全校的教职工不停地奔跑，领着一茬又一茬的孩子不停地奔跑。做一个"领跑人"，首先自己得跑；做一个优秀的"领跑人"，自己必须跑得比别人快，跑得比别人远，需要过人的综合素质，需要过人的精神状态，需要比别人思想更超前、更勇于创新。从做校长的那一天起，我就一直以领跑人自喻，始终以做优秀的领跑人自勉。我的所思所想、所作所为，统统聚焦在一点上，就是让人大附中发展得"快些，快些，再快些"。"快些、快些、再快些"，是我做领跑人的"七字真言"。

我时常在思考，办一所好学校，办一所"好校长走了还是好学校"的学校，靠什么呢？什么能具有如此大的能量，能够凝聚人心，把那些看似平凡的人聚拢起来，创造出了不起的事业？我的回答是：起决定作用的因素是"学校文化"。一所真正的好学校，最大的吸引力是它的文化；文化知识在别的学校也能汲取，文化气象和文化熏陶则只有好学校才有。文化气象是一所学校经过几十年甚至几百年盛名不坠的内力和根本。校长应该是学校文化建设蓝图的总设计师和总工程师，他的眼光、境界、理念、能力、素质、人格等，都直接关系到学校文化的特质和优劣。

在这样两个基本观点的基础上，我认为做好学校校长必须具备和自觉培育四种精神，即：科学精神、法治精神、人文精神、改革精神。如果说学校是座大厦的话，那么，科学精神、法治精神、人文精神、改革精神就是四根立柱。

具备科学精神，就是善于发现和遵循规律，就是要按教育规律办事，按人才规律办事，按青少年成长规律办事，按管理工作规律办事。具备科学精神，把握科学规律，我们就能像习近平总书记要求的那样，胸怀大局，着眼大事，找准工作切入点和着力点，做到因势而谋、应势而动、顺势而为。也只有这样，我们才能站得高，看得远，想得深，干得准，当好校长，有所作为。

具备法治精神，就是要坚持依法治校。现代社会是法治社会，法治精神是现代文明的基石。一个好校长，必须也必然是依法治校的校长。法治是个框架，在这个框架中做事，不会出格。法治是个轨道，在这个轨道上做事，不会跑偏。法治更是理念和方法，应该体现在办学办校的各方面和全过程。校长最重要最基础的工作，就是用法治精神制定学校章程和各项制度，用章程和制度治理学校，才能趋利避害，事半功倍。靠人治，办不好现代学校，再有能力，加上三头六臂，加上放弃休息也不行。

具备人文精神，就是要有人文情怀。一个优秀的校长，应该是把真理的力量和人格的魅力结合起来的校长。人文精神的核心是以人为本。马厩失火，孔子先问人受伤没有，这是人文精神。王阳明一生中不知做了多少惊天动地的大事，但临终前，只用"吾心光明"四个字自我评价，这是人文精神。梅贻琦讲，大学者，非谓有大楼而谓有大师，也是人文精神。办一所学校，第一要避免的就是见物不见人、见事不见人。我们要从物中解放出来，从事中解脱出来，直奔人的主题，把人立起来。学校的人，教师是一撇，学生是一捺。一所学校人立起来了，好校长自然会诞生。

具备改革精神，就是要有探索精神、创新精神。30多年来，我们创造了中国奇迹、中国经验、中国模式，讲出了中国好故事，传递了中国好声音，最根本的原因，就在于坚持改革开放。国家如此，学校也不例外。这些年，凡是进步快的学校，都是改革搞得好的学校；凡是社会认可的好校长，都是具有改革精神和改革能力的校长。当今社会，日新月异。教育竞争，愈演愈烈。逆水行舟，不进则退。一个好校长，必须是一个改革者。没有改革思维，没有改革精神，没有改革能力，肯定没有前途。但关于创新的问题，我想突出强调一点，教育创新要慎提类似"不怕失败，宽容失败"的口号。一项科学实验可以有666次失败，但中学教育教学创新的一次失败，就可能贻误一个年级甚至几个年级的学生，这样的失败成本太高，损失太大。谁也没有资格冒这样的风险。因此，我们在大力提倡创新的同时，又要提醒校长：创新之前一定要做好充分的调查研究，深思熟虑，谋定而动，并争取一动而成，一定要将创新的风险和成本降到最低。

做一名好校长，需要很多很多条件，几天也讲不完。我这里讲四种精神，只是因为我对这四点体会最为深切。科学精神和法治精神，让我们的工作有精度，改革精神让我们的工作有力度，而人文精神让我们的工作有温度。有精度，有力度，有温度，我们的工作才是既有成效又有愉悦感的。我愿与大家在有精度、有力度、有温度这三个"度"上共勉。

## 四、卓越校长应该树立"卓越"的志向和追求

卓越者，有超绝出众的意思。入选"卓越校长"，是广大网民、专家和媒体对我们的信任，但我们也应该保持清醒，"盛名之下，其实难副"。在我们国家数以万计、数十万计的中小学校长们当中，一定还有许许多多默默无闻、干得更好、做得更出色的优秀校长没被发现。作为当选者，我们怎样才能不辜负群众和社会的信任，无愧于"卓越"这两个字呢？我以为最重要的，是我们要有高远的目标和执着的追求。人们常说：有一个好校长就有一所好学校，就有许多好老师，有一批好学生。校长的理念和追求，决定着学校的教育质量和办学品质，会对学校的办学特色和学生未来的发展产生重大影响。正因为如此，《国家中长期教育改革和发展规划纲要》提出："要造就一批教育家，倡导教育家办学"，前总理温家宝也几次提出"需要大批有真知灼见的教育家来办学"。如果我们这些校长，以及更多的优秀校长都能够树立成为教育家的理想志向，那将是造福社会、惠及子孙的幸事。

从教 40 多年，我最深切的感受是："爱是教育的最高境界，爱是自然流溢的奉献，尊重是教育的真谛，尊重是创造的源泉"。每个学生都是一个鲜活的生命，有自己的禀赋特长，自由幸福地发展是他们成长的需要，学校如果对他们的兴趣爱好给予尊重，为他们的个性发展搭建平台，孩子们在学校的学习、生活就不再是枯燥的、痛苦的，而是充实的、快乐的，在这样的状态下，他们的身上往往能产生让我们惊异的能量，真的能创造出奇迹。我做的很多事，或者说人大附中办学取得的成功，根子都在这几句话里。有了爱与尊重，校长就会有一双善于发现的眼睛，看到孩子们、员工们的发展需求，才会去努力创造适合每个学生、员工发展的教育，才能顶住压力，无私奉献，勇于创新，执着追求。

## 五、卓越校长要有创新的胆识和智慧

作为校长，在当前社会转型时期追求教育理想，谋求学校的发展，注定会面对一大堆难题，要经历一个艰难的过程。前人没有留下现成的经验，外国的模式也不能照搬，我们必须结合中国国情，结合自身学校的特点，摸着石头过河闯出一条条新路。只有创新的理念才能带来教育改革的新突破，只有创新的做法才能使学校的发展达到新境界。

校长创新最重要的使命是什么？我以为是激发每一个教师员工创造的激情和潜能，并把它转化为实际的教育业绩，也就是要激活每一个细胞。如何激发与激活？关键是尊重。尊重是创造的源泉，你只有尊重校园里每一个人的个性特点，尊重他的发展诉求，才能发现他的亮点，千方百计地为他搭建平台，让他实现梦想，活出精彩；这个学校才会涌动着不竭的创新活力，就会出现教育奇迹。

激发每一个教师员工创造的激情和潜能，还要形成一种机制，一种文化，一种氛围，也就是我们人大附中人常爱说的一个词"气场"，它会不知不觉地影响着每个人，改变着每个人。在这样的环境中，每个人都是学习者，都是创新的生长点。

杨杰原是西颐中学的一名数学老师，在这个普通学校他轻轻松松地教了十年书。人大附中与西颐中学合并以后，他的心理压力特别大，担心人大附中没有他的岗位。我了解他的情况以后，力主他教高中的课，这种信任让他感动，也激励他努力。数学组的老师们毫无保留地把许多工作经验传授给他。在新集体工作的五年多时间里，他听本校多位数学名师的300多节课，整理了近十本听课笔记，课堂教学水平迈上一个新台阶。他还开设了选修课，成为海淀区的兼职教研员，被评为北京市骨干教师。他自己说，以前根本没想到他能做这些事。

在人大附中，像杨杰这样的教师员工还有很多，他们都在干着自己最爱干的事，在学校搭建的平台上，创造潜力被淋漓尽致地发挥了出来。把个人的发展与学校的发展有机结合，人大附中的教育创新就有了肥沃的土壤，源源不断地出创新成果就是水到渠成的事了。

## 六、卓越校长要有履行社会责任的大爱情怀

促进教育公平是我国教育发展的基本国策。要实现教育公平，仅依靠政府的投入是不够的，优质学校也肩负着帮扶薄弱校、发挥辐射作用的社会责任。拥有大量优质资源的名校校长，应该具有忧国忧民忧教育的情怀，变"独善其身"为"兼济天下"。我曾经多次说过："人的生命有大小之分，小生命，蕴含在自己的身体内；大生命，则体现在人群和社会中。一所学校的生命也有大小之分。小生命，蕴含在自己的校园内，大生命，则体现在整个教育事业中。"

为此，从 2002 年开始，我们走出校门，先后与中西部七个省市 12 个地区的中学"手拉手"联合办学；每年接纳这些地区和北京周边薄弱校的学生几十人至数百人在人大附中短期"留学"；采取多种形式培训外地师资；探索了通过托管、承办、深度共建等形式帮扶周边薄弱校；向周边学校输送几十名优秀干部和教师；成立基础教育共建共享联盟；建立"卓越校长、卓越教师"培训基地等十余种"帮扶"模式，为优质学校发挥辐射作用积累了有益的经验。

例如，2005 年，我们发起成立"国家基础教育资源共建共享联盟"，联合全国 38 所优质中学，将优质课程和资源放在网上，通过网上远程教学，无偿支援教育欠发达地区。目前，加盟的中小学校已达到 2427 所，优质资源发挥了巨大的辐射作用。2010 年 12 月，美国教育部常务副部长安东尼·瓦尔德·米勒先生一行来我校参观访问，观看了我们通过信息技术与贵州、河南、新疆、四川、宁夏等中西部地区联盟学校进行远程同步教学及中美三校科学合作项目远程视频，米勒先生说："我在今天就目睹了未来的教育是怎样的，是如何用高科技手段让课程辐射到各个地区的，人大附中走在了前面。"

这些年来人大附中在坚持改革创新、实施素质教育、促进教育均衡、实现社会责任最大化方面，得到了国家各级领导及国内外各界人士的高度评价和认可。但由于人大附中发展速度比较快，也使得一些不了解情况的人对我们产生了误解和指责。作为校长我也承受了各种压力，但我从未放弃过对教育理想的追求与坚持。仰望星空，志存高远，创造世界一流的教育；脚踏实地，埋头苦干，用生命履行教育使命。让我们共创教育的未来！

## 柳袁照

江苏省苏州第十中学校长。江苏省语文特级教师,中国作家协会会员,江苏省政协委员。先后出版《凝眸苏州教育》《旧雨来今雨亦来》《感恩蔡元培》《图像的独白》《我在最中国的学校》《柳袁照诗选》《星星降临在这个园子里,遇见你》《教育的灵与肉》《流连》《清泉石上》等教育专著和文学作品。所在的学校被媒体称为"最中国"的学校。近年来致力于诗性教育的研究与实践,提倡"审美课堂"。以诗人的情怀做校长,以对教育的思考入诗,并从中总结提炼了"诗性教育",还原了教育的精神底气和文化根基,表达了在功利之风日盛的社会中,学校教育对神圣理想的坚守。

# 办一所诗意的学校

## 新年的第一缕阳光

2014年元旦,我收到了一份让我异常高兴的礼物。微信上,一位朋友(我20多年前的学生)给我转发了网名叫melody小公主写下的两段文字。

第一段文字写于2012年12月31日23时24分:

如果时间可以停留——忘记了黑夜,看绚烂的烟火,唱和青春有关的歌,听一首又一首《小斯》和《隐形的翅膀》,然后再一起灭了鹰哥的灯,……应该是一件很幸福的事吧。2013,末日之后,新年快乐!

第二段文字写于2013年12月31日23时42分:

清晰地记得2012年的12月31日的夜晚,那个印象中从来没有那么沸腾过的振华堂,我们站在长长的板凳上一起哼完了所有我们知道的和青春梦想有关的歌曲,听照哥唱完了无比经典的《天路》和《隐形的翅膀》,带着被点亮的热情和憧憬迎来了多事的2013。散场时约定，明年的同一个时候，还是要相聚在振华堂参加元旦晚会。时间就这样轻柔地划过，仿佛只有几片落叶的距离。那个曾经遥远的2013，零模，一模，二模，三模，那个高考无可奈何的阴雨夏天，四面八方寄来的录取通知书，陌生的大学城市，陌生的容颜，空旷的教室，白纸黑字的书页……当一切已经成为定局，结局慢慢浮现，我又一次回到十中，回到振华堂，只是想回忆咀嚼曾经鲜活明艳的梦想开始起航时热血沸腾的心情，以及那份天不怕地不怕的勇气，过程纵然艰难，却始终美好。

　　曾经的高三（5）班已经被重新安上了10班的牌子，窗台上没有了绿油油的香菜和飘逸的风信子，格外孤单。透过窄窄的门缝，教室也已与记忆中的模样背离，只有那些白花花堆在课桌上的卷子和黑板上贴着的鼓舞标语静静地描述着高三不顾一切冲刺的感觉，门外的栏杆外常青的梧叶依然茂密地遮挡着视线，冬日午后难得的暖阳映照在碧绿的树叶上，反射着耀眼的光芒，远处不知是从振华堂还是王鏊厅传来的歌声随着微风缓缓地飘过，仔细分辨是那首《时间煮雨》："我们说好不分离/要一直一直在一起/就算与时间为敌就算与全世界背离……"听着突然觉得那字字句句都落进了心里，这幢"元培楼"，春夏秋冬，清晨傍晚交替，一年的劳碌奔波，一年的希望梦想，一起肩并肩奋斗的小伙伴，怎么可能被轻易遗忘。"天真岁月不忍欺/青春荒唐我不负你/大雪也无法抹去/我们在一起的痕迹"。

　　今年的元旦晚会似乎high的略早了一些，振华堂还是那个振华堂，第一次来还是在初中的时候，排队从后门走到前面，只觉得这个舞台好大好宽阔，强烈的灯光照得人睁不开眼睛。可是来到十中之后发现，这个振华堂真是小得可爱，连复古的吊灯投下的光线都格外温馨。浮躁的五月，我们还聚在这里，看着那个运动员背负着沉重使命一步步向前的电影片段，心里是感动感慨迷茫夹杂着悲伤的复杂感受。2013，又是一群人，聚集在振华堂开启着自己的梦想，2014对于他们而言，同样意义非凡。

　　节目还是很精彩，用苏州话唱的《江南style》，我只听懂了萝卜萝卜，但是骑马舞跳得真心好。还有让作为《爸爸去哪儿》脑残粉的我特别兴奋的《同桌去哪儿》,虽然有点,好吧,激情四射。改编过的歌词,英语默写,脱落酸,数列唤醒了我们高三的生活记忆,不知道有多少可怜的孩子要迎来又一次"跨年重默"了,默哀。照哥永远是千呼万唤始出来的,并且永远会带来自己新写的几首小斯(小诗),上次回十中,还看见他一个人很悠闲地剪着月季花,真的是一个很感性很有"斯意"的校长,不管怎样,都感谢他为我们创造了一个幸福感性,充满温暖、感激的不像高中的三年。在无数次起哄之后,十中的"校长团"终于献上了最令人期待的《天路》,还有照哥压轴的永远不着调的《隐形的翅膀》,看到熟悉的MV又想起了去年已经被感染high到不行的我和ETB的各位站在长凳上跟着旋律一起唱的画面。十中给我的感觉永远是温暖的,就像是夜幕降临却依然灯火通明的被欢呼喝彩淹没的振华堂一样。

今天终于又见到了亲爱的宅,坡坡和星星,也遇见了很多熟悉的小伙伴,虽然已经毕业快半年,可是手机QQ上那些疯转的十中西花园美到无言的照片,和十中有关的老师的照片、说说,或者是十全街的点点滴滴,都让我感觉自己从未远离。当其他学校都在朋友圈里慢慢失去了踪迹,只有十中仍然出现在我们的生活里并占据着重要位置,连结着那些美好的岁月。感谢所有十中的小伙伴们转发并点赞的关于十中的说说和消息,能和大家一起纪念高中意义非凡的三年真的很开心!青春。万岁。青春。干杯。2014,一起加油!

这位同学,这两段文字,相隔整整一年,都在是新年钟声敲响前都是在她参加完学校的活动回家以后不久写下的,一个在毕业前,一个在毕业后。前者简练,后者纵情地铺叙。在看似不经意的叙述中,我真切地看到了她所代表的我们十中学生对母校的感受与对教育的理解。她几乎是无与伦比地诠释了我们学校正在践行的"诗性教育"(我相信我在此刻使用的"无与伦比"这一个词,没有用错),一个同学能有这样深刻的感受,又能如此感性地表达,是我没有预料到的。

每年的12月31日,都是难忘的,每年的这个时辰,高三的师生都会在振华堂，举办"感恩、励志，我与母校共迎新年"活动，演绎最动人的故事。许多往届学生，国内或国外的，都会赶来，那是十中日常教育生活中"最光灿灿"的一日。那一日，可以说是我们整个学校生活的完美折射，每个师生都充满阳光，尽情地倾听与表达对母校的爱。

后来，我知道这位同学叫顾依莹，是2013届(5)班的学生，班主任叫陈鹰，语文老师叫时佳。许多人都看到了这两段文字，包括老师、家长、同学、记者、领导等等，也有人立即给我发短信。一位家长说："看得好感动！十中这所古朴的学校在柳校长诗意的熏陶下更有味道。每次在振华堂看过节目后，我都感慨万分，而这一次是我第一次听到柳校长唱歌，这是对这所学校及学生的爱的诠释。您是个真性情的校长！在您的教育理念影响下的老师和学生都是充满诗意的！由衷地敬佩。"一位校友说："呵呵，照哥。果然是青春无敌、激情四射的。流淌的文字描绘着梦幻般的浮想，不经意地刻录着岁月的记忆。我们永远热爱十中。"

写上述文字，真是一个很愉悦的过程。此刻我愿意把我的《这一刻的阳光让我明白》组诗抄录于下：

一棵树，能站成风景／一棵树，假如站在水边／就能站成灵动的风景／假如，又站在一片苍凉的水边／一棵树，就更能站成蕴含丰富的风景／／这幅画面，之所以动人／是因为这棵树／站在我们所期待它站立的位置／一半岸上／一半在水中／一半真实／一半幻影

简陋，再也无法简陋的房子／作了教室，说教室是奢侈／只能说，是篱笆围成的一个狭小的空间／／阳光从七孔八洞的屋顶上照下来／照在孩子们的身上／照在孩子们的脸上／孩子们稚气而光灿／这时的阳光是他最仁慈最伟大的善举／——这时刻的阳光将永恒

海上的风景，最好的是在哪里／我以为，海上的风景／只是在朗月照耀时／／当一个个人都无踪无影／当这个世界空无／连一丝丝风也没有之时／我们或许才会体验到绝望／／不过，突然，月亮出来了／又是那么大，那么明／把光亮

一点一点／投射到我们所在的大海孤舟之时／我们才会真正明白／所有的得与失

／前面是万丈绝唱／如墙壁一样的悬崖／挡住了所有需要通行的人∥汽车开过来了／也不例外／只有回头／挥手向他告别∥有时人生的路／也是这样／前面虽然壮观／但是，我们走不过去／停留一会儿／做个了断／作个纪念／然后，必须果断的回头／朝来时的路回去

／每一个人都有青春的时辰／那像是一朵带露的花／花蕾也好／花蕊也好／花瓣也好／都是如处子般美好∥每个人也会有老了时的情形／抑或苍老的树皮／凋落的树叶／西风残卷下的飞蓬∥对前者我们可能是倾慕／对后者可能会嫌弃／不过，对一个对她们深深爱过／恨过的人来说／完全会不是这样

这组诗，就是顾依莹所说的我带到迎新活动上的"小斯"，是专门为2014届学生写下的。我在这个场合，以诗表达我的愿望：希望每个同学都是一棵树，"一棵树，能站成风景"；希望每个同学都是"阳光"，"最仁慈最伟大的"阳光；希望每个同学都是"在朗月照耀时"，明白"所有的得与失"；希望每个同学在人生路上面临万丈绝壁时，勇敢地面对；希望每个同学在以后的生活中，都能"深深爱过恨过"。

苏州十中是诗意的一群人，顾依莹同学说得真好，她的文字让我感觉到做一个老师、校长的快乐与幸福，特别是做苏州十中的老师、校长尤为如此。（补记：第二天，我的那位朋友又给我在微信上留言，原来他是顾依莹的舅舅，他说："顾依莹的这一点点小感慨，是我偷偷给您发过来的，她不知道我给您了。在这个急功近利的大环境下，您在高考的缝隙给予孩子'诗性'的感悟，给予他们青春的浪漫和怀想，可能很多人会质疑，但是能得到孩子们回望时，发自肺腑的留恋，这是最值得骄傲的。"）在诗意的、真诚的、朴实的校园中学习与工作，是一种荣幸。

## 春天的穹窿山

每年,我们师生都要攀登苏州的穹窿山。穹窿山顶还有乾隆皇帝六次下江南时的祈福坛。我们在这里举行赛诗、诵诗活动,抒发少年的青春理想,在历史的遗踪之地,传递生命的气息。祈福坛东还有乾隆寝宫,西端有望湖楼。望湖楼越过眼底山峦,就是浩淼太湖。从祈福坛走向望湖楼,要穿过留有于右任、弘一匾额的半厅、门楼。一切如旧,只是灿然开放的紫玉兰、迎春花,已不似去年所见的那些灿若云霞的花朵。就是这个望云楼,也在装修,旧时的木窗木门,正在换置为铁质移门移窗。

往事不可追。不过总是有怀想。每年走到这里,都是傻傻地想:当年乾隆会怎么想?于右任走在这里,写下"精妙"二字,会怎么想?弘一走到这里,写下这"天然胜景",会怎么想?此刻,有一位老人,站在半亭,伸手踢腿,他在舒活筋骨。在胜景中,在如此精妙的场景中,他会怎么想?走过这个门,就从祈福坛,到了望湖楼,从愿望走向现实,从内心走向外部世界,从神坛走向自然的山水。今天,我们走在这里,面对含苞待放的海棠花,一树一春的花蕾,我们又会怎么想?在所有想与不想之中,总有一种东西是不变的。

每年来此,一届又一届的学生,从山下爬到山上,爬滚岩石,爬滚树林,爬滚溪流,举着自己的旗帜,大声喊叫,大声读着自己写的诗与别人写的诗。这些可爱的孩子,可爱得如同这里的树木花草,满树的花蕾,满树都是生命的绽开。学生换了一拨又一拨,那些青春的容颜,与这些花树一样,似去年又不是去年。

山顶活动结束以后,师生分散。学生三五成堆,有的躺,有的撑,有的仰面,有的俯身。我向祈福坛东侧的三清殿走去,一路上遇上这些学生。走过他们,有的会站起来,喊上一声"校长好",有的干脆不动身子,叫一声或不叫的都有。是吃午餐的时候了,学生都拿出自己所带的食物。几个男生拿出面包,请我吃,他们看出我在犹豫那个缺口,就说,不是咬的,是手掰的。一个女生竟拿出一根棒棒糖,硬塞给我。一群人,跑上来,拥着我合影,有的还打出搞笑的手势。兴犹未尽，一个一个还要等着与我照相。最后，他们干脆拿出书、笔记本、讲义，让我签字，还要我写寄语。

人与自然融为一体，才真是于右任所说的"精妙"，春天的气息与孩子们欢乐的气息交合在一起，这才真是弘一所说的"天然胜景"。树下学生们席地而坐，草地上孩子们传递着朗声笑语。我走过去，他们在打牌，邀我参加。"玩什么牌？""三国杀。""什么叫三国杀？""哈，校长你不懂？""校长你坐下，我们教你。"一番对话，我明白，我早就落伍了，学生们玩的棋牌，我一点都不会，甚至都是第一次听说。他们在牌上厮杀，惊天动地，我站在一旁，连看都没有看懂。几位女生与人为善，让出张树荫下的木桌子，借给我们一副扑克牌，几个老师打起了"争上游"。就这样，大家栖息、流连、欢声笑语。

春天的穹窿山，荡漾的是蓬勃的生命的朝气。每一棵草、每一朵花，都与我们的学生一样，逗人喜欢，逗人爱。庙宇是孩子们不喜欢的，我没有看见一位同学走近那里，他们的寄托，就在他们的眼中，就在满目的春光妖娆之中。那棵寺旁的白玉兰，还是吸引了我。两百多年的一棵树，满树都是花苞、花蕾，树冠极大，笼盖了寺院偌大的一角。当年乾隆来这里的时候，它已经在这里了，那时它也许如一个童孩一般，初生初长，树枝上的花蕾花朵，还是星星点点，羞羞答答。可是，如今，乾隆已逝，乾隆的子子孙孙也已逝去。而它在这里，盘根错节，尽阅人间春秋。

## 又到行走时

行走是我们学校的一项经典活动。每年春天，四月的期中考试以后，高一的全体师生，用一天的时间徒步行走30公里。2010年，走向东太湖，2011年走向旺山纵深之处。2015年，从学校东操场出发，向东，向金鸡湖，并环绕金鸡湖一大圈，穿越园区，回到学校，早晨迎着太阳，中午又与太阳同行，实际徒步37公里。

为什么要行走？对我们来说，这有着文化的象征意义。古希腊有句名言——"野蛮其体魄",说得多好啊。人最理想的状态是什么?应该是"灵与肉"的完美结合。行走中学生所呈现的"灵与肉",那真是美妙。让人感动的场景,要在20公里以后才能出现。同学们的那种坚持、坚守,那种纯真、纯粹,在那一刻都会自然地流露和绽放。几乎都精疲力尽走不动了,但相互搀扶着。不上汽车,也不把背包扔在车上。2009级学生行走,当他们行走到25公里时,一瞬间,几乎所有女同学的背包都在男同学的肩上了。没有号召,也没有要求,一切都是在瞬间自然完成的,这是多美妙、美好的状态,尊重女生、关爱女生,这是人类最高尚的行为。我曾在许多场合讲这个行走细节,感动过许多人。2010级行走,当他们走到25公里的时候,我留意观察,发现所有女生的背包,仍背在她们自己的肩上,没有一个女生的背包在男生的肩上,多好啊,同样让我感动。也许,因为我不断地说这个故事,触动了她们,她们要凸显出女生自强、自立的形象。虽然那时她们也三五相扶了,但背着背包,流露的是坚毅。2011级学生的行走,实际走了37公里。当队伍从湖东走入现代大道的时候,我在队伍的尾部,发现一个女生,不算瘦小,脚被扭了,不能行走。我们走在现代大道南面的人行道上,而学校随行的汽车在北面的道路上行驶,中间有宽宽的绿化带相隔。一个男生背起了这个女生就走,自己本身都要走不动了,背上再压一个人,是多艰难啊。几里路,几个男生就这样相互替换着。当走到一条四岔路口时,我看到几个警察"戒严"了道路,不让一辆车、一个路人通行,就等待我们那一群学生通过。我听到一个路人和一个警察的对话:"为什么不让我过马路?""要保证学生的安全!""他们还要过一会儿呢。""不行,你只能等待,他们是'明天'。"男生背着女生,腰都压弯了,一步步从马路对面艰难地走来,周边一群同学护卫着,与其说是护卫着,不如说是相互搀扶着,严肃而神圣,路人都停住脚步,注视着他们,投去的是赞许的目光。

30公里行走,将会是我们学校的优秀传统活动,会一届一届相传。每一个学生在这样的集体所共同创设的情境中,所受的教育是任何课堂教育所替代不了的,也是任何家庭教育所替代不了的。高三班主任包老师曾在一次班主任会上发言，她说：那一年行走，每班都要挑选一位旗手举着班旗，她挑选了班上的一位高大的男生。走完她才意识到，自己犯了错误。这位男生是平脚底，不能多走路，那天，走了只有一会儿，那个男生脚底就红肿而异常疼痛，他不吭一声，仍举着旗子走完全程。班上还有一个女生，行走之前，视网膜脱落，做了手术，她说不要告诉学校领导，她要随同学一起行走。就这样，几乎在眼睛失明的情况下，这个女生由同学搀扶着走完了全程。包老师最后说：现在，在我们班上、在我们年级，同学们都不知道什么叫困难，他们挂在嘴边的一句话就是，我们60里路都走完了，这点算什么？

## 每年12月31日的下午

我们学校有几个经典活动，几乎都是会让同学们一生难忘的。比如每年的诗会，比如每年的60里路行走，还有就是每年12月31日下午，全校迎新长跑以后的高三文娱汇演，那可不是一般的文娱活动，而是一次伴随着欢笑与眼泪、感恩和激励的心灵之旅。这一天，坐在振华堂里的不仅仅是本届的同学，那些往届的学长、学姐们也会从四面八方赶回来，与他们的学弟、学妹们一同度过这段难忘的时光。

每一年的汇演，都有不同的主题。2012年的主题是：温情、欢乐、团结、胜利。从下午两点开始，至晚上八点整整六个小时，振华堂里情感的波涛一浪高过一浪。全员参与，每班一个节目，每班几乎都是整班的同学一起登场。"每一个"同学都是独特的"这一个"，歌曲、舞蹈、小品、戏曲，各种形式都有。简单的背景、简单的道具，一根棍子即能当马骑，一摆一摇即能表达千军万马，西洋文化、本土文化都在这里交融。那种创意，有从书本中来，有从校园生活中来，既荒诞，又现实，天真中不免露出稚嫩，笨拙中却又藏着几分机灵。象征，抽象，原生态，发自心灵，是自然的呈现。他们不是演员，但是他们都是用自己真诚的心表现心的真诚。而且，舞台完全是开放式的，台上台下不时连成一片，观众兴致所至，也可以上台参与，少了一分演出的规则，多了几分活泼有趣。这个舞台，可以说，是同学们自己的骄傲。

每年的迎新联欢会，都有一个传统环节：穿插在表演节目中的颁奖、授奖，绝大多数同学都能受表彰，上台领奖。"年度人物""最佳进步奖""特别特别奖""自强自爱奖""忠于职守奖""最佳辣甜心奖"，几乎应有尽有，单从名称上看，就很有创意，令人兴奋。有老师给他们颁奖，也有家长给他们颁奖，我看到父母与子女在台上抱作一团，欢笑的有之，流泪的有之。这一刻，从进入学校第一天开始的每一个日子，都在心底流淌。每个班级都制作了专题片，军训、行走、攀山、球赛、拔河、社团活动、运动会、诗会、辩论会等等，那些难忘的情景、难忘的场面，一一被展示出来，牵动全场人的思绪和情感。有一年颁发"年度人物奖"的时候，有一个规定，当主持人读完嘉宾推荐词的时候，"年度人物"所在班级的同学要猜出并大声喊出这位同学的名字。2014年的颁奖也尤为特别，学校邀请了"年度人物"的家长为自己的孩子颁奖，那真是能让父母激动的瞬间。

每年的迎新联欢会，都有这样一个特点：师生互动，感人肺腑。为这一天，师生都会预先做好充分准备。每一个教研组老师，也包括校领导、年级部领导，都会录制节目，为同学们带来祝福。尤为让人感动的是当灯光暗了下来，屏幕上出现校园保安、打扫卫生的阿姨，甚至学校周边午餐店铺的师傅为他们祈愿、祝福的镜头的时候，会场会沸腾，多宝贵的氛围啊，人人平等，所有岗位上的人员都同样得到同学的爱戴和尊重。而每年最感动的一幕是班主任老师一一被引导到舞台上，然后，每一个班级都会派出代表，或一个，或几个，或一群，走上台、奔上台、跳上台，一一给老师献上礼物。这些礼物，在这之前都是秘密，不会是花钱去街上商店购买的，而是同学亲手所做，或字画、或编结物，或书信。书信写得大大的，如一幅广告画、装饰画，或漫画。"老师，我们爱你"，会场上此起彼伏的呼声，一阵高过一阵，所有的人，都在喊着这句话。

有一年的联欢会已经进行了四个小时了，还有半数的班级没有上台表演，怎么办？组织者欲取消给班主任献礼的环节，元旦以后再把它放到各自的班级去进行。我得悉后去交涉，希望不要取消，无奈不被接受。怎么办？我有办法了。迎新年欢会，都会让我在接近尾声的时候，去颁发特别奖，这个时候话筒也就到了我的手上，我开始成为"主持人"。我上台，即对同学们说："时间已经很晚了，还要不要在今日向班主任献礼了？"我话还没讲完，台下就惊天动地地齐声说："要！"我说："回去晚了，爸妈会怪你们的。"学生回答道："不怕。"我说："那就让家长骂校长吧。"他们齐声说："好。"于是，一位位班主任被我邀请登台了。

每年的高三迎新联欢会，同学们都要我唱歌，真是让我尴尬，我一生有诸多遗憾，其中不会唱歌是我最大的遗憾，自从五年前唱了一首《隐形的翅膀》之后，在这个场合，就再也逃脱不了了。为此，我无数次地"纠结"，那些可爱的学生，每年每次在我嘶哑着喉咙，跑着调唱着的时刻，都会给我录音，然后迅速将录音挂到网上。临近联欢会的日子，我连做梦都会想着它，反复问自己：我为什么不会唱歌？为此，我曾经以《我为什么不会唱歌》为题，写了一首诗：

*我前世的歌声 / 飞扬 / 曾经如雨 / 化入泥土 / 漫长的世纪过去 / 我的歌声 / 在泥土中 / 膨胀长成今世一棵树 / 春天会笑 / 冬天会哭 / 只是我不再会唱歌*

这个时刻又到了，我对台下的同学们说，给大家朗诵一首诗吧，我就朗诵了《我为什么不会唱歌》，朗诵完了，台下一片叫声，说朗诵一首诗不行，还是要唱，要求我唱我的成名作《隐形的翅膀》，一首唱完还不罢休，我只得叫上所有的校领导、年级部领导，一起登台，又唱了《天路》《祈祷》，唱着唱着，台上台下竟唱成了一片。

多美妙与美好啊！什么是教育？这就是教育，什么是最令人陶醉、满足的师生关系？这就是。什么是一个有爱心的校园、懂感恩的校园？这就是。我们的学校每一天都在践行诗性教育，而12月31日下午，又是最本真、最唯美、最超然的一个下午，那是比任何一节文化课都重要的一课，会让同学终身回味，我由衷地赞美它。

### 宁致义

山西省新绛中学校长,新绛县民盟主委,中学物理高级教师。1987年7月毕业于山西师范大学物理系,同年分配至山西省新绛中学任教。2007年4月至今任新绛中学校长。2013年被省政府授予山西省物理特级教师称号。

# 我的高中半天授课制实践

2005年，我担任新绛中学副校长，分管教学工作，在课堂质量调研中，通过问卷调查、师生座谈和课堂巡视等方式发现以下三个问题，这些问题严重影响了学校的教育教学工作，成为制约学校发展的瓶颈。

（1）教师重教学轻教育，"讲"几乎成为教育教学工作的全部内容。部分教师总是拎着备好的教案，踏着上课的铃声，走进教室，走上讲台，摊开教案，打开话匣，侃侃道来，不容学生打断质疑。不管学生听不听，也不问学生会不会。

（2）课堂教学方式单一，学生单靠听讲和做题来学习，极度厌学。大多数学生总是伴着上课铃进教室，学生没有知情权，课堂上无精打采、昏昏欲睡，课堂变成了睡堂。

（3）学生没有自主学习时间，班级课表上空堂难觅。学生每日疲于应付，图书馆、实验室、网络中心几乎无暇光顾，十几万册图书闲置。学生的生活轨迹是教室、宿舍、餐厅三点一线。师生关系可形容为"警察与小偷"。

这些现象的本质是学校领导没有正确的教育观，教师没有正确的教师观、学生观和教学观。为了解决上述问题，新绛中学开始了课堂教学改革。通过优化课堂教学流程，提高课堂教学效率，让学生成为学习的参与者，成为学习的主人，把学习当作一种享受；通过实践新课程理念，让教师树立正确的教师观、学生观和教学观，让教师把工作当快乐去享受；构建符合教育规律特别是符合学生学习规律的教育教学运行机制，把学校变成学生心灵成长的乐园。

创新是一个民族不竭的动力和源泉。经济全球化和信息网络化的时代，更需要创新精神，实践已经证明创新精神不是靠满堂灌和题海战术培养出来的，要培养有创新精神的人，首先要培养学生自主、合作、探究的精神，培养方法就是让学生充分地自主、合作、探究！

2007年4月，我担任新绛中学校长职务，2008年开始对新绛中学的课堂教学流程进行改造。在实践层面，教学改革主要实践了两个教育理念。一是将陶行知先生极力提倡的"为教而学"的学习方法运用于教学实践；二是将自主、合作、探究的方式运用于教学实践。为了保证这两个理念在实践中能够操作，我校结合苏联帕夫雷什中学的半天授课制，总结出具有自己特色的导师引领下的半天授课制。

改革至今已有九年的历史，大致经历了三个阶段：探索阶段、形成阶段和运用完善阶段。每个阶段由多个具体的步骤组成，每一步均有明确的目标要求（共20个步骤，具体内容见附录）。基本做法是学校先设计方案或提出要求，然后在课堂中实践，再根据实践情况确定下一个方案，不断地总结、提升、完善，最终建构出高中半天授课制。

# 一、探索阶段（2005~2008年）

该阶段主要提出了学案课堂的概念，部分年级和班级使用学案进行课堂教学并探索学案的编写、运用，不断地学习新的教育理念以提升学案的质量和运用的效度，对编写学案提出具体的要求（见表1）。在这个阶段，我校认真分析了学案课堂和教案课堂的异同（见表2），总结提炼出学案课堂的教师境界和学生境界各20条。

表1　编写学案要求

| 项　目 | 编写学案要求 |
| --- | --- |
| 课　题 | 学生学习任务的题目，可以是教材上的题目，也可以自己编写，要注明是第几课时。 |
| 学习目标 | 教学大纲要求的目标。一般用语应是："知道……""了解……""熟记……""背诵……""掌握……""理解……""运用……""熟练运用……"。 |
| 读书指导 | 学生在课堂上的行为主要表现为读书、思考、观察、听讲、回答、讨论、做作业，而读教科书是非常重要的自学手段。对教科书中关键部分、关键词句、关键图片要指导学生如何去读，如何去想，该提示的地方一定要提示，不该提示的地方一定不能指明。读书指导不限于对教材的指导，对相关课外读物、科普、文学读物也要进行相应指导，读书指导部分是学案的核心，只有教师认真分析教材和有关资料，才有可能写好，不能把读书指导写成回答问题。一般用语应该是："回顾（复习）……""阅读……""精读……""欣赏……""浏览……""查阅……""抄写……""熟悉……""验算……""证明……""举例……""疏通……""理清……""注意……""关注……""找出……""观察……""记录……""检查……""比较……""讨论……""总结……""分析……""研究……""思考……""反思……""体会……"。少用和不用"记住……""理解……"（"记住"和"理解"应是学习目标中的词汇），反对用"回答……"，坚决反对概念的罗列和词汇的堆积。在读书指导中只写几个概念，那是不负责任的表现。读书指导一定要体现教师"导"的作用。 |

表2　学案课堂与教案课堂比较

| 项　目 | 学案课堂 | 教案课堂 |
| --- | --- | --- |
| 教师角色 | 导　演 | 演　员 |
| 学生角色 | 演　员 | 观众或听众 |

续　表

| 项　目 | 学案课堂 | 教案课堂 |
|---|---|---|
| 教师的活动 | 以引导为主 | 以讲解为主 |
| 教学设计 | 易体现教师集体思想 | 不易体现教师集体思想 易形成单兵作战 |
| 教师讲授时间 | 较短，不可能形成满堂灌 | 较长，容易形成满堂灌 |
| 学生注意力 | 集中在完成任务上 | 集中在听讲，易走神，挑剔教师 |
| 学生自主活动时间 | 较长（20分钟以上） | 较短（20分钟以下） |
| 课堂目标 | 强调一课一得或两得 | 强调一课多得，往往什么也没得到 |
| 师生沟通 | 课堂上沟通 | 主要靠课下 |
| 学生作业 | 课堂完成 | 课下完成 |
| 课程进度 | 整个年级进度统一 | 容易形成赶进度局面 |

## 学案课堂教师境界 20 条

**最高境界**　　　　　　　　**最低境界**

一、仪表端庄举止大方　　　不修边幅畏缩小气

二、微笑上岗有序紧张　　　愁眉苦脸杂乱松懈

三、学案教案有机串连　　　两案全无照本宣科

四、目标明确任务具体　　　胸无成竹抽象模糊

五、等级要求面向全体　　　层次不明只顾前排

七、学生读书教师细察　　　学生阅读教师清闲

八、学生有问师生释疑　　　学生有疑不闻不见

九、鼓励质疑把握全局　　　一家之言气氛沉闷

十、倾听见解等待莫急　　　刚愎自用急不可待

|  最高境界 | 最低境界 |
|---|---|
| 十一、启发引导耐心鼓励 | 任其发展心烦气躁 |
| 十二、围绕主题旁征博引 | 不讲主次离题万里 |
| 十三、循循善诱深入浅出 | 和盘托出陷入泥潭 |
| 十四、学生不会宽容理解 | 学生不懂冷嘲热讽 |
| 十五、学生失礼幽默化解 | 学生无礼教师失态 |
| 十六、完成任务决不拖堂 | 任务未完占用课间 |
| 十七、留下伏笔课下寻味 | 只顾课上课下无事 |
| 十八、教学相长永结情谊 | 学教分离无情无义 |
| 十九、关注生命和谐互动 | 践踏生命师生对立 |
| 二十、民主课堂公民诞生 | 专制课堂臣民遍地 |

注：本 20 条形成于 2005 年 12 月。

### 学案课堂学生境界 20 条

| 最高境界 | 最低境界 |
|---|---|
| 一、按时上课集中精力 | 迟到早退胡思乱想 |
| 二、自主学习先读后练 | 依靠他人不读不练 |
| 三、阅读教材把握主题 | 放弃教材题海乱转 |
| 四、根据学案突破重点 | 不据学案没有重点 |
| 五、学案提问认真思考 | 学案提问马虎对待 |
| 六、独立思考大胆质疑 | 人云亦云胆小怕羞 |
| 七、积极表达举手在前 | 不先举手随口发言 |
| 八、相互讨论畅所欲言 | 小组讨论拒不参与 |
| 九、同学发言认真听完 | 事不关己心猿意马 |

| 最高境界 | 最低境界 |
| --- | --- |
| 十、回答问题决不畏难 | 教师提问低头不言 |
| 十一、张扬个性尊敬师长 | 为出风头顶撞师长 |
| 十二、教师演示细心观察 | 教师演示视而不见 |
| 十三、教师讲解重点笔记 | 教师讲解不听不记 |
| 十四、总结思考不能忘记 | 知识堆积零散不齐 |
| 十五、A级题目当堂完成 | A级题目课堂不完 |
| 十六、若有精力再作B级 | 还有时间放过B级 |
| 十七、等级过关增强自信 | 越级过关灰心丧气 |
| 十八、保存学案留待复习 | 丢弃学案不备复习 |
| 十九、师生和谐定有效益 | 目无恩师毫无成绩 |
| 二十、青春焕发决战课堂 | 飞扬跋扈藐视课堂 |

注：本20条形成于2005年12月。

## 二、形成阶段（2008～2010年）

该阶段分三步走：第一步是再深刻理解新理念；第二步是围绕"学生展示"开展各种探索活动，改造课堂学习流程；第三步是构建半天授课制。

### （一）再深刻理解新理念

重温陶行知、苏霍姆林斯基的教育理念；召开了上百次会议，坚定了改革的信心，明确了改革的方向；组织全体教师再度感悟学案课堂的含义。"学案课堂"是一种思想，而不是一种机械的模式。这种思想就是学生在教师的引导下主动学习。学案课堂不是简单地为学生编制一份学案。学生课前就开始真正意义上的学习，课堂上去展示自己的成果，并在展示的过程中让学习得到提升。

## （二） 围绕"学生展示"开展各种探索活动，改造课堂学习流程

首先，我们围绕课堂上谁来展、展什么、怎么展进行了以下探索活动：（1）听课：每一位教师都是被听课的对象，每一位教师每一位领导都是听课者。（2）评课：对每位教师的课都进行评价，首先是自评，然后大家评。评价的标准是：是否落实了正确的教育观念。（3）总结：对课堂存在的问题及时总结修正，一般安排应是：早上听课，下午评课，晚上总结。（4）再学习：针对课堂中存在的问题，学习经典教育理论，理解教育新观念。（5）反思：每位教师对每节课都写课堂反思录以提升自己的课堂效率。

其次，确立了两种课型（自主课和展示课），并且实行环形座位以利于学生合作学习，最终创造了学习报告，消灭了课后作业。

## （三） 构建出半天授课的流程及其要求

为了保障半天授课制的有效运行，全体教师积极努力，总结出：用两种课型（自主课、展示课）作保障；用八字方针统领师生工作；使用设计的学习流程统一操作；用四个经文（学生自主经、展示经、导师引导经和点评经）规范师生行为。

### 1. 两种课型（自主课和展示课）

自主课上，学生在学案引领下读书、思考并写出学习报告。学生在第一天后半天自主学习，为第二天早上的展示课作准备。展示课上，学生多角度展成果、展问题、展思路，教师耐心倾听并对学生的展示作恰当点评。

### 2. 八字方针统领师生工作

> 教师力行"编、验、点、导"
>
> 编——科学编写学案
>
> 验——验收学习报告
>
> 点——科学点评展示
>
> 导——引导学生思考

学生践行"学、做、展、悟"

学——学案引领学习

做——做好学习报告

展——课堂尽情展示

悟——冷静思考感悟

### 3. 半天授课制学习流程保障师生正确操作

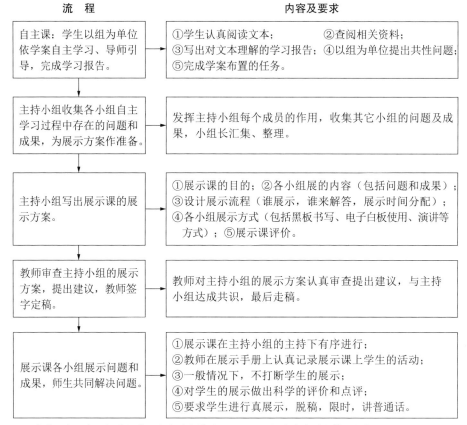

图1 半天授课制学习流程图

4. 四个经文规范师生行为

**学生自主学习经**

自主学，是核心，主动学，可提高。

依学案，先读书。读书时，广联想。

读书后，需感悟，得其意，忘其言。

听报告，要记录，看视频，需选择。

小组间，勤合作，自主后，写报告。

对教材，再创造，著文章，是论文。

探古今，索未来，论天文，说地理。

追科学，道人文，讲政治，析经济。

在教室，在书城，时时写，处处想。

去田间，去工厂，进社区，勤实践。

做中学，学中做，好儿女，走四方

**导师引导经**

为人师，重在导。因其势，利其导。

诲不倦，学不厌。愤而启，悱而发。

与学生，心灵通。与家长，勤沟通。

要耐心，要细心。要用心，多谈心。

谈人生，讲科学。谈行为，讲道德。

同劳动，共活动。同学习，齐探究。

最反对，一言堂。说教式，最无用。

是良师，是益友。师生情，放光芒。

**学生展示经**

谁展示，谁成功，要进步，快展示。

展示前，先合作，小组内，有分工。

谁来讲，谁来展，最忌讳，一人说。

展问题，有价值，最难得，说清楚。

展成果，不怕错，展示完，待质疑。

最精彩，是辩论，挺起胸，昂起头。

要脱稿，要限时，伪展示，要打到。

普通话，吐字清，身体动，思维活。

**教师点评经**

师之贵，在点评，满堂灌，要消灭。

学生展，莫打断，需倾听，要记录。

听问题，听观点，听思路，看态度。

点问题，要到位，点观点，找亮点。

点思路，需激励，点态度，不可少。

点评时，莫着急，情要真，语中肯。

## 三、运用完善阶段（2010年至今）

从2010年开始，全校全部班级实行半天授课制，在这一过程中，根据运行的实际情况设立导师制，教师做微课视频，小组运用互联网计算机学习，设计建造了新学校。新校区设计了与教室相连的导师室，建设与教室相连的三城（读书城、电子城、实验城）以保障学生能充分自主和展示，使半天授课制完善起来。

新绛中学经过九年的努力，借鉴苏联帕夫雷什中学的半天授课制，以苏霍姆林斯基"培养全面发展的人"的教育思想为指导，运用陶行知"为教而学"的学习方法，将自主、合作、探究的学习方式运用于教学实践过程中，构建出高中导师引领下的半天授课制（半天授课制结构见图2）。

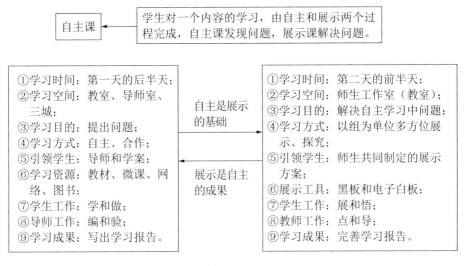

**图2 半天授课制结构图**

## （一）两种课型作保障

### 1. 自主课

自主课时间为前一天的后半天。自主课上学生在学案的引领和导师的指导下，读书、思考、查阅、交流、请教老师、观看视频并完成学习报告。教师了解学情，参与交流，答疑释惑，验收学习报告，收阅展示方案并完善教学设计。自主课与传统的预习、自习不同，自主课上学生真正的学习就开始了。自主课的学习成果是学生写出属于自己的学习报告。

### 2. 展示课

展示课时间为第二天的前半天。展示课就是问题解决课，是落实课，是提升课。展示课由主持小组主持，其间师生可以按照事先设计的展示方案有序进行：学生展问题、展成果、展学习报告，师生互相交流、质疑，教师主要以点评和引导为主，帮助学生解决问题并记录新生成的问题，问题解决了，不需要课后作业。

## （二）三城一室拓展自主空间

### 1. 导师室

20平方米的导师室与教室相连，师生可在导师室存放资料、开展一些导师活动。

### 2. 三城

全天开放的读书城为学生自主学习提供了广阔的空间；在电子城可以上网查阅资料，这样丰富了学生的知识，开阔了学生的眼界；实验城为师生提供操作实验的场所，方便了学生做实验。

三城设置在教学楼通道，与每个教室相连。面积均为2400平方米，与北京西客站通道面积相等，相当于30个教室面积的总和。读书城存放15万册图书，电子城可放置200台电脑。

## （三）导师引领自主方向

我们的导师与硕士生、博士生的导师不是一个概念。简言之，学校把每个行政班学生划分为6～8个成长小组，学校派一名学科教师或行政人员作为小组的导师，导师与学生一同成长。生活上，导师是学生的"父母"、道德的榜样；情感上，是学生无话不谈的朋友；知识上，是学生学习的楷模。在自主学习的时间里小组成员甚至可以到导师家里去学习。

导师可以是有专业知识的教师，可以是行政人员，可以是校长，也可以是门房的看门人。我们的导师可以没有学历,没有职称,我们的导师首先需要的是责任,需要高尚的道德和持久的热情。有专业知识的人如果没有高尚的道德和责任仍然做不了学生的导师。

教师与导师的区别很明显:教师的作用是教,导师的作用是导;教师给学生灌输知识,导师为学生指明方向;教师在教学中完成自己的任务,导师在帮助学生完成任务;教师的工作是备课讲授,导师的工作是与学生共同成长解决问题;教师让学生模仿,导师让学生创造;教师让学生循规蹈矩,导师让学生自主探究;教师的工作方式是说教,导师的工作方式是用身体语言去影响学生;教师只能教学生几年,导师的精神影响学生一生。

新绛中学的导师制强调导师与学生零距离接触,师生关系密切,导师的工作主要是引导学生自主学习,目的是师生共同成长,教学相长。

## (四)学习报告常态化

学习报告是学生对所学内容的理解和认识,是学生思想、观点、方法的文字体现,它甚至是对教材的再创造,其内涵远比"作业"要丰富得多,学习报告是学生主动学习的结晶,而课后作业是被动学习的产物。

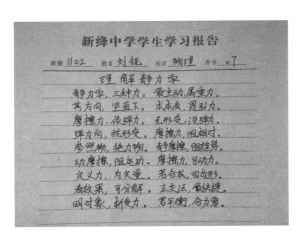

**学习报告片段**

学习新内容后写的报告称为"任务报告",对单元章节的总结称为"反思报告",对整个学科的认识与理解称为"学术报告"。

临毕业时学生们能写出《论高中物理》《论电场》《不等式的意义》《论台湾问题》《论萨科齐会见达赖》《生命起源》这样大的学习报告。

新绛中学的课堂用自主课上的学习报告代替传统的课后作业,减轻了学生的课业负担,使学习变成学生自己的事情。

### (五)信息技术拓资源、促交流

1. 教师微课视频拓资源

新绛中学的老师,把自己的讲授内容做成视频放到学校资源网上让学生随时调看。教师的一项重要工作就是做视频资源,教师在课堂上的重要工作是引导学生发现问题和提出问题,并帮助学生解决问题。传统意义上的讲授已不复存在,但学生可以在网上反复领略教师的"讲授风采"。我们的教师视频类似于美国可汗学院的"可汗视频"。

2. 组组通促交流

新绛中学把班级分成若干小组,每个小组至少配备一台电脑,组与组之间的电脑联网使用称为"组组通"。"组组通"有以下作用:

(1)分享教师视频。

学校把每位教师的"讲授"做成视频放在网上,学生们以组为单位或个人随时可以看到老师对某个问题的讲解,教师的讲解具有了重复性。这样既满足了教师"讲"的要求,又不浪费学生的时间。

(2)分享学习报告。

新绛中学的学生每天要写学习报告。学习报告是有关学生思想、观点、方法、问题的文字表述,学生们的学习报告内容与形式丰富多彩,如果能相互借鉴,有力于学生的合作精神和创新精神的提升。"组组通"后,学生们把自己的报告放在网上分享,学习兴趣大增。

（3）丰富展示方式。

在山西省教育厅张卓玉副厅长的倡导下，山西省专门为"组组通"学习设计软件，建立了一个强大的资源库。学生们可以很方便地通过小组电脑，把自己的学习成果和问题展示在大屏幕上，节省了展示的时间，提高了展示的效率。

（4）交流突破时空。

"组组通"下，学生将自己的问题放在网上，老师在网上解决学生的问题，师生之间的沟通可以不受时空的限制，大大降低了学生的学习成本和学校的管理成本。

（5）阅览电子化。

"组组通"后，电脑很大程度上替代了工具书，它的资源甚至可以说是无限的，电子阅览完全可以在教室里进行，传统意义上的"机房"可能不复存在。

信息技术在学校中的广泛应用带来很多新变化，它向班级授课制提出了挑战，并有可能以此打破班级授课制，而"组组通"可能就是打破班级授课制的前奏。

## 四、半天授课制的效果及反思

### （一）课改后的效果

课改后主要有以下几个变化：

1. 学校变乐园

将新课程所倡导的"自主、合作、探究"的教育理念细化为"两种课型"，为学生提供了展示自我的时空及平台。学生把学习当作享受来追求。半天自主，没有严格的上下课之分，导师制下的小组学习，提高了学生自主学习的效率。学生从自主学习走向自主管理，由专人管理学校事务变成人人关心学校发展，各项活动由学校组织变为学生举办。新的校区有与教室相连的三城一室，扩大了自主学习的空间和资源。

2. 学生变主人

半天授课制解放了学生作为人本身就应有的知情权、表达权、参与权及选择权等权利；激发了学生的学习兴趣；培养了学生的自主学习能力和终身学习能力；张扬了学生的个性；树立了学生的自信；消灭了学生课堂上看闲书、打瞌睡、开小差、盼下课等不良现象；同学间可以合作、互帮、信赖、欣赏。学生把学习当享受去追求，成为了学习的主人。

3. 教师变导师

教师由高高在上的讲台上的"统治者"变为学生学习生活的引领者，成为与学生共同成长的良师益友。导师充分相信学生的潜能，成为学生学习的组织者、服务者。

4. 家校一体化

广大家长理解并支持学校的课堂教学改革，半天授课制教育机制得到学生和家长的普遍认可，学校和家庭真正成为一个教育共同体。

（二）反思

自主合作探究是一种学习方式，更是人才标准，一个人可以没有任何能耐，只要有合作精神就可以生存，如果有自主精神就可以进步，若再有探究精神就可以创新。这三种精神越强就越是人才，而培养学生这三种精神的方法就是想尽一切办法让学生充分地自主、合作、探究，我们进行课改的最终目的是想在基础教育阶段探索出一种培养创新型、拔尖型人才的培养机制。

我们的高中半天授课制取得了一定的成效，部分地解决了学生为主体，教师为主导的问题。然而影响课堂教学改革的不仅仅是教师的观念，还有更重要的因素。其一是现行学校教育中的班级授课制，其二是现行的教材编写思想。如果能建立一种非班级授课制的新型机制，改变现行教材的编写思想，将会大大促进课堂教学的改革。另外，如果能将信息技术更广泛地应用于学生的学习，也会促进高效课堂的发展。新绛中学的导师引领下的半天授课制部分地打破了班级授课制，但与创新型、拔尖型人才的培养机制还相差甚远。只有更好，没有最好。我们将不断上下求索。

# 附 录

**半天授课制形成过程阶段步骤**

| 阶 段 | | 阶段性做法 | 目 标 |
|---|---|---|---|
| 探索阶段 | 1 | 2005年提出学案概念 | 教师把所讲内容编成学案，减少讲授时间 |
| | 2 | 提出"学案课堂"概念 | 课堂上使用学案，提高课堂效率 |
| | 3 | 提升学案质量 | 规定学案编写的要求，具体要求见表1 |
| | 4 | 比较两种课堂 | 比较学案课堂与教案课堂（传统课堂），详见表2 |
| | 5 | 制定学案课堂境界20条 | 师生遵守20条内容见169—171页 |
| | 6 | 2007年实行环形座位 | 部分实行环形座位，以利于合作学习 |
| 形成阶段 | 7 | 2008年围绕"展示"开展活动 | 听课、评课、总结、再学习、反思、提高效率 |
| | 8 | 设立自主课 | 为了学生展示得更好，部分学科设立自主课 |
| | 9 | 2009年半天自主 | 师生要求后半天自主学习 |
| | 10 | 设立四种课型 | 2009年设自主、展示、训练、反思四种课型 |
| | 11 | 合并成两种课型 | 自主、训练、反思统称为自主课 |
| | 12 | 提出学习报告 | 学生在自主课上写"学习报告" |
| | 13 | 消灭课后作业 | 学习报告代替课后作业 |
| | 14 | 制定八字方针 | 教师实行"编验点导"，学生践行"学做展悟" |
| | 15 | 设计半天授课制流程 | 2010年设计半天授课制学习流程，见图1 |
| | 16 | 2010年形成半天授课制 | 建构后半天自主半天授课制，见图2 |

续 表

| 阶 段 | | 阶段性做法 | 目 标 |
|---|---|---|---|
| 运用完善阶段 | 17 | 无线上网在教室 | 每个小组配一台电脑实现"组组通" |
| | 18 | 教师微课视频 | 教师做微课视频供学生随时调看 |
| | 19 | 2011年设立导师育人制，服务半天授课制 | 为每个学习小组配备一名导师，引导学生自主学习 |
| | 20 | 投资2.5亿元，2012年建成符合半天授课制的新学校 | ①读书城面积与北京西客站通道面积一样大，相当于30个教室面积，与每个教室相连，存放15万册纸质图书，学生可随时进去读书。②电子城、实验城面积均与读书城一样大。③每个教室相连一个20平米的导师室，方便师生交流。硬件到位，半天授课制趋于完善。 |

### 唐盛昌

上海市基础教育国际课程比较研究所所长、原上海中学校长。全国教育系统劳动模范,上海市首届教育功臣。上海市正高级教师、特级校长、数学特级教师。主持全国教育科学规划教育部重点课题"实验性示范性高中推进优秀创新人才早期培育的实验研究"等省部级以上课题研究10余项。在《教育研究》《中国教育学刊》等各类核心刊物与出版物上发表论文150多篇。主编和撰写专著合计超过80本,代表著作有《资优生教育——乐育菁英的追求》《中学教育的求索与超越》《高中国际课程实践与研究》等。

# 勇做教育思想的探索者与践行者

在教育岗位上工作 52 年，在上海中学这所百年历史名校担任校长 24 年，对学校发展的感悟有许多，若从校长治校的角度谈体会，最为深刻的一条就是：校长既要敢于做教育思想的践行者，更要勇于做教育思想的践行者。校长，需要有自己的教育思想，但校长的思想区别于教育理论工作者的一个明显特征是应充分考虑针对某一类型学校的实践性与可行性，将思想化为实践行动，并尽可能地取得成功。这种成功，来自自身的一种思想与知识的积淀，来自对时代发展脉搏的把握，来自对不同学生群体的教育规律的探索，来自终生的准备与超越。

## 校长的教育思想来自责任感，践行时需把握核心与关键

校长的教育思想来自立德树人的责任感，践行又需要对教育思想付诸实施的要点、核心或关键性问题予以准确把握，促进学生的精神生长就是其中一个重要方面。学校教育的根本任务是"立德树人"，因此学校德育是学校教育的重中之重。校长在德育方面，应针对不同类型的学生进行相应的思考，这样才能提升学校德育的针对性与实效性。上海中学的学生是在选拔性考核基础上择优

录取的,他们的共同特征是智商相对较高、成绩优秀、思维活跃、具有潜在的优秀特质。为此,我在 2003 年前后提出了"资优生德育"这一命题。我国资优生群体的客观存在,是通过现有办学和招生体制确认的,各种省、市实验性、示范性学校集中了事实上的资优生群体。我将"资优生德育"问题特别提出来,并不是将资优生本身特殊化,相反这一思考正是为扭转以往因将资优生特殊化而放松对他们进行德育的现实。

"资优生德育"这一首创性命题的提出,也是基于当前国际国内形势的变化对学生的影响。学校的资优生群体,他们中的一大批很有可能将成为国家发展所需要的拔尖创新人才、高层管理人员乃至政治领导,成为社会主义事业建设者和接班人中的中流砥柱。从基础教育领域开始,抓好资优生的思想道德教育,具有重要的政治意义、战略意义和现实意义。随着政治多极化、经济全球化、文化多元化、信息网络化的环境进一步显现,各种思想文化潮流间的相互激荡愈演愈烈,西方与我们争夺接班人的斗争也日趋复杂与尖锐。各种迹象表明,他们把争夺接班人的关注焦点,放在了学生中的菁英人群——资优生身上。他们正加大力度,从经济、物质、学位、研究条件等各个方面,在思想上、文化上、道德上影响资优生的身心发展。关注资优生德育,促进这些孩子的精神健康成长,就成了我国在激烈的国际竞争中立于不败之地的一个关键领域。

抓好资优生德育,需要做的事情很多,其中最为重要的是根据资优生的认知发展、主体发展的特殊性,在把握学校德育共性的基础上为资优生思想道德素养的发展"量体裁衣"。在资优生德育实践中,我认为资优生政治思想中的爱国主义精神、"四观"(人生观、价值观、道德观、荣辱观)中的社会责任问题、心理品质中的承受力问题是资优生德育需要着重解决的三个关键性问题,这需要我们从认知、体验与实践统一的视野来加以践行。

我校充分利用国际部与本部在同一校园的优势,对于国内外的一系列热点与焦点问题,通过组织学生聆听高水平的学术报告及中外师生、生生间交流探讨,开展文化交流与合作(如武术交流,举办由十几个国家学生参与的模拟联合国大会），进行各学科的德育渗透，以"润物细无声"的方式促进学生在多元文化交流碰撞中树立民族精神，提升对生命价值的认识，推进"两纲教育"（即民族精神教育与生命教育）。学校创设了资优生必修课——CPS（创造·实践·服务）课程，让学生组织一次创造性的社会实践活动，提升为他人与社会服务的责任感，实施六年来，产生了一大批创新能力强、社会影响大的实践项目（如"绘制上海首张残障人地图""邓贝西同学五上河南爱滋村帮助爱滋孤儿"），而且这些项目不约而同地以关爱社会、心系祖国为主题；LO 课程（领导与组织课程），发展资优生的领导与组织能力，关注认知指导下的实践与体验；双 I 课程（在自我意识的提升上发展自我认识智能与人际交往智能），推进学生在自我期望、家庭期望、社会期望上寻求平衡，在促进学生"思·能·行"和谐发展方面作出了探索。

对资优生而言，来自各方面的压力也较大，加上自身正处于发育期，心理承受力差，很容易产生心理问题，主要表现为焦虑、抑郁、韧性不足、抗挫折能力弱等，而且资优生的心理问题具有很大的隐蔽性，我们不容易察觉。如果资优生的心理问题没有得到解决、他们的压力不能通过有效的方式释放，就容易走向危险的道路，由心理问题引发其他的思想道德或社会问题。为此我们加强了对学生抗挫折的韧性与良好的心理承受力培养，创设了 48 小时适应性生存训练课程与建立心理卫生中心，开展资优生心理特点的前瞻性实践与研究，促进了学生的心理健康发展。

## 校长的教育思想来自对学校文化的分析，践行须选准方向

校长的教育思想，往往根植于对学校文化与历史底蕴的分析，对来自何处作出回应，在践行中又要考虑学校的办学资源配置，对走向何方作出选择。上海中学发轫于 1865 年的龙门书院，自强不息、鱼跃龙门是学校文化的标志，这也体现在 100 余位曾任与现任的党与国家省部级干部、54 位两院院士等杰出的校友群体身上。在对上海中学 140 多年教育历程的总结与延续中，我提炼并确

立了"乐育菁英"的办学理念。

"乐育菁英"与以前常提的"精英教育"有着本质的区别，后者是在教育资源有限的情况下，把有限的资源用于培养少数"社会菁英人物"的教育现象，前者是针对上海中学学生群体资质相对优异而提出的。这些学生具有完整的智能光谱，且优势潜能各异，我们要尽量增加每个孩子将来成为菁英的可能性，认识并尊重学生的个性、专长、私人空间、选择，挖掘他们最大的潜能。学生能不能成为菁英或者成为哪个领域的菁英，这主要还是取决于学生自己。作为教育者，我们所做的是，必须有把每个具有完整智能光谱与优势潜能的孩子培养成菁英的心，并且非常乐于去做，帮助他们打好、打牢成功的基础。"乐育菁英"也是符合国家培养"一大批拔尖创新人才、数以千万计的专门人才"的方针的。从一定意义上说，这一理念不仅适合于上海中学，也适合于许多学校。

从当前社会对"菁英"的要求而言，在"乐育菁英"的过程中对他们的创新素养与社会活动或实践能力的培养不能不重视。前者关系到创新人才早期培养的问题，与创新型国家发展战略相匹配，应突出创新思维（如学生批判性思维的突破，尤其是创新点子的发展与完善）、创新人格（尤其是坚韧的毅力与良好的心理承受品质）与专业发展（主要包括专业智慧、专业高度、专业执行力）三方面的基础创设；后者涉及学校培养人才参与社会实践的正确行为方式。显然，要培养这些有潜能学生的创新素养与实践能力，在践行中将面临诸多挑战，主要表现在课程构建、资源整合、平台创设与师资队伍建设上。

这些问题的解决与否，直接关系到"乐育菁英"办学理念的落实程度以及所培养学生创新素养与实践能力的可持续发展状况。为此，我校率先开展"高中生创新素养培育实验"，首创科技班、工程班与汽车工程、法学等若干个实验组，探索以聚焦志趣、激发潜能为突破口的创新人才早起培育新路；建构了"强潜能"学生数学、物理、化学、计算机、科技等校本课程培育纲要与学校课程图谱；推进以发展学生创新思维为核心的"高立意·高思辨·高互动"的三高教学；拓展学生基于数字平台的探究，如鼓励一些学生利用红外线探测器来确定河流的环保系数、利用遥感技术来监测和分析上海的水环境、利用网络收集分析资料等；开展与学科结合的研究性学习，培育学生严谨的科学探究精神，对学有余力、研究性学习能力突出、有发展潜力的学生，进行重点培养、追踪指导与课题研究的经费支持，锻造一支科技课题研究指导梯队等；引导学生关注社会实践与打下领导、组织能力基础，创设多样的平台（如前所述的 CPS 课程、LO 课程），提升他们的社会活动能力。

## 思想要与时俱进，践行要大胆创新

校长往往在实践问题的解决中不断拓展视野与提升思想境界，需要紧紧把握时代与社会发展的脉搏，广泛借鉴国内外改革的先进经验，分析趋势与抓住机遇，对学校自身优势加以提炼，建立一套有自身特色与核心竞争力的运行机制。当机遇出现的时候，谁敢做第一个吃螃蟹的人？当机遇被抓住了的时候，又怎样才能不让机遇变成遗憾？从某种意义上说，校长把握好了时代所给予的机遇，认真分析教育发展的趋势，就意味着找到了学校发展的新动力。在此谈谈公办学校进行"国际教育"的思考。

上海中学有一个在校生 3000 余名、规模比较大的国际部，有 60 个国家与地区的学生来校就读，而在 1993 年创办的时候有着诸多争论，其焦点是办公学要不要搞、能不能搞"国际教育"。当时并没有创办与自主管理国际学校的先例与文件规定，已经开办的国际学校几乎全部是外国政府或国外人士举办的。在创办上海中学国际部时，我当时的思考是基于两个方面：一是中国教育并不是世界的主流教育，但主流教育中必然有我们值得借鉴的要素，不能"关起门来办教育"。二是要研究主流教育，只有通过亲身实践才能深刻体会我们的优势在哪里，哪些还是我们的不足，需要学习与发展。通过多年进行国际教育的实践，我认为这是一个双赢的事业。一方面，如果办好的话，能提高学校的办学效益与改善办学条件，极大地释放公办名校的潜能，展示我们的优势。另一方面，办国际学校使我们对国外主流的教育思想、课程设置、教材结构、教学方式进行深入研究，找到中西文化交流的结合点，为我国本土学生的教育教学带来改革的启迪。

我们在实践中既没有完全沿用国内教育的做法，如果这样做就会与国际主流距离过大，也没有照搬西方欧美的做法，因为与西方人士举办的国际学校沿用别国课程相比，肯定处于劣势。只有符合"国际教育"主流要求，又体现中国特色，在国际性与民族性结合上创出富有新意的教育，才能具有真正的国际竞争力，主要表现在以下四个方面：首先是形成了体现国际性与民族性统一的办学理念，"博采人类先进教育的精华，吸取世界各国文化的精髓，传授当代科学技术的成就，培养21世纪的国际性英才与传播中国文化的友好使者"。其次是形成中英文两大系列四大类子课程体系（类美国课程、国际文凭课程、沪港组合课程、我国国家课程）。上海中学是国内最早同步推行汉语系列与英语系列课程的外国人子女学校，对于那些既想学好与国际主流接轨的英语系列课程，又想学习中文的境外人士子女，具有独特的吸引力。中英文系列课程在上海中学国际部1至12年级各段开设、各学科全面铺开，学生可以自由选择（111个行政班经选择组合成的教学班达1910多个，课时选择性超过95%），成为上海中学国际部发展的核心竞争力。第三是突显多维立体特色的教育教学，形成数学、化学、计算机、生物、中文等特点鲜明的教学优势，关爱每一个学生的优势与促进学生学业、语言、行为修养取得进步的效果优势，是外国人办的国际学校难以企及的。第四是建构了中西文化融合的、法理情结合的管理机制。在与国际主流教育相衔接上，我们通过加入国际文凭组织（上海最早的国际文凭成员校）与开展国际交流，得到了世界各国的广泛认可。

## 抓住本质来思想，寻找载体去践行

校长需要把握教育的本质特征与时代发展的脉搏并加以创造性地运用，而创造性地运用应充分考虑学校系统、整体的实施能力。古今中外的教育家，都强调"因材施教"的思想，落实到学校教育，就要坚持以"学生的发展为本"。在我看来，要切实贯彻因材施教的思想，坚持以学生发展为本，首先必须抓住学校课程建设这一核心。那么"因材施教"的学校课程如何设置呢？这就需要把以学生发展为本作为学校课程设置的价值取向，大力提升学校课程的选择性。同时，学生是处于现代社会中的发展个体，其接受的教学内容既要有历史性，也要根据时代发展的需要融入现代元素。从现有的课程设置来看，应突出课程的现代性思想。要使每个学生真正成为独特的个体，学校必须大力提高课程的选择性与现代性。没有课程的选择性与现代性，学校教育以学生发展为本就只能是空喊口号而已。

就增强课程的选择性而言，校长需要有智慧与勇气去解决随之而来的一系列践行问题，如要求学校课程的类型、科目、模块等越来越丰富，以满足学生多样的选择需求，那这些新增的课程类型、科目、模块应由谁来开发，怎样开发才能保证必要的质量？教师所持有的价值观与专业素养又能否适应高选择性的课程教学，校长应怎样推进教师的"一专多能"的素养发展？如何建立与课程高选择性相适应的学生学习与教师教学评价系统？在这些问题的背后，又隐藏着两个需要回答的实质性问题：其一是成本问题。课程的高选择性意味着学校的课程开发与实施成本（如由于课程选择性而带来的教学班增多与教学班人数变少，需要更多的教育教学设施与师资等）成倍增加，谁来为其"买单"。其二是实施操作系统的问题。学校原有的课程体系有比较完备的制度、体系来保证其实施达到预先的目标，而学校课程的高选择性目前没有完整的、可资借鉴的实施系统来达成目前人们心目中的高期望值。就课程的现代性而言，其落实涉及的范围也相当广泛，有内容的现代化、表述的现代化、教学手段与方式的现代化等，无论从哪一个角度切入，均需要考虑相应的条件支撑与资源匹配。

在课程的选择性与现代性探索方面，上海中学迈出了坚实的步伐，针对我国现有的高中课程远不够支撑创新素养培育的新要求，着力构建促进立志、激趣、挖潜的学校课程框架。自 1998 年至 2008 年，学校以学生可接受性、高选择性、学科现代发展为基点，经上百次研讨学习（特别是国际经验），系统规划初设科目，编写科目教材与教学计划，试教科目至反馈修改，学校组织校内外师资力量初审等环节，到 2008 年形成第一版校本发展课程纲目——课程图谱。该图谱显现学校课程中各模块、类型、科目等关系的分类结构，包含三个子图谱："资优生德育课程子图谱"，即无论哪一领域的创新人才早期培育，学校都将"立志"放在首位，面向全体学生的资优生必修课——领导与组织课程、"创新·实践·服务"课程、自我反思与人际交往课程等，促进他们社会主义核心价值观的树立；"学习领域课程子图谱"，即创设 7 个学习领域 500 多个科目供选学；"优势潜能开发课程子图谱"，至 2013 年学校在夯实学生全面知识与人格基础的同时，为对数学、科技领域感兴趣与有潜质的学生提供了数学、物理学、生物学、医学、计算机科学、化学、工程、通讯、环境、能源、海洋等 11 个领域专门课程（专门课程旨在培养高中学生的学科悟性与对某些领域的感觉，促进高中生专业指向性的基本明确。专门课程不同于大学专业课程，不需要完整的学术性阐述，但高于现行的高中课程，视野更宽，在某些点上有相当的深度，适合对某方面感兴趣与有潜质的高中生学习）。2010 年与 2012 年又更新了两版，其对于学生的兴趣激活、潜能开发、创新素养的提升发挥了良好的促进作用。

与学校课程体系相匹配，学校自主编写了 200 多本校本实验教材（其中公开出版 50 余本）。学校课程与校本教材开发、实施的一大亮点是关注现代性。学校针对学科内容现代化需要，创建现代仪器分析、数字逻辑电路、纳米材料基础、现代生物学导论、数字化物理等现代科技前沿类科目或模块；针对现行课程工程科目缺失，创建智能工程、机器人基础、自动控制基础、智能楼宇基础、电动机变频基础、汽车基本原理等工程类科目或模块；针对国际上高科技手段进入艺术类科目教学的趋势，创建影视传媒、视觉艺术、听觉艺术、数字图像设计等现代艺术类科目或模块；针对加强学生实践操作需要，创建非线性编程、数字视频创作与汽车模拟驾驶等技能类科目或模块。与之相适应的校本教材充分显现现代性的特点，如学校编写的《生命的透视》一书提供了与国家教材完全不同的新视野，以分子生物学为主线，涉及诺贝尔成就奖 13 项之多。为提升学生的实践操作能力与基于现代技术平台的创新素养，学校还建设了与现代科目或模块相匹配的工程、学科、艺术、技能等四类 30 多个现代数字化实验室。其中科技类、工程类数字化基础实验室，心理咨询实验中心，数字化音乐、美术中心等在全国各中学中均属首次建立，填补了学校实验教学的空白。

为推进课程的选择性与现代性实施，学校做到了"六大匹配"，即课程与科目的匹配，课程与教师的匹配，课程内容与校本教材的匹配，教材与现代实验室的匹配，课程系列与评价系统的匹配，课程教材内容与训练体系的匹配，极大地促进了学生个性发展与潜能开发。

## 思想要有前瞻性回应　践行需搭建平台

校长作为思想的践行者，还有一个重要的方面是最直接、真切地感受到科技的发展对学校发展的冲击与影响，须及时采取举措加以应对，对学校与学生的发展进行前瞻性的思考。教育的天职是为了学生在未来能得更好的发展，教育不根据时代与科技的进步来考虑学生的未来发展，就意味着落后。信息技术的日新月异的发展，使我深刻地感到：今天的中小学生明天踏进社会时，他们面临的将是信息时代数字化的工作环境，拥有先进技术与最新知识，尤其是具备创新能力的人才将成为最具决定性的生产要素。营造数字化环境，发展学生的信息技术素养，是学校迎接数字时代挑战不可推卸的责任，这需要学校用科学发展观为学生的终身发展打好坚实的基础，用超前的眼光来帮助学生规划未来，让他们准备好数字化生存、发展与创新的基本能力与本领。在此谈谈数字化学校的建构。

数字化学校的建设，就是凭借现代化数字技术，构建以网络技术为主、充分运用其他数字技术的数字化校园环境，落实数字化环境下素质教育对创新人才的培养目标，逐步实现学校由传统教育向基于数字平台教育的转变。我国的学校并没有像欧美等国那样，经历过较长时间的工业化时代的教育，无论是学校管理还是学校教学，工业时代的特征标准化程度都不高。这既是劣势，也是一种机遇，我们没有羁绊，完全有可能通过基于现代数字技术的教育改革，实现学校的跨越式发展。

然而要构建数字化学校，需要解决诸多难题。

首先，解决数字化学校硬环境建设的三大问题。一是硬件更新快与资金不足的矛盾。数字技术升级快、折旧率高，对于资金相对短缺的公办学校而言，应该改一次投资为多次投资，采取"按需配置、滚动更新"的策略。二是校园数字化硬环境建设中的优化与效益的矛盾。学校可以采取"科学规划、适度超前"的策略，这样能使学校在硬件上始终保持在技术发展的前沿位置。三是数字化整体环境的落后与局部优化的问题。在整个城市乃至整个国家的数字化大环境总体上落后于发达国家的情况下，一些公办学校小环境在一定条件下可以先期实现数字化环境的优化。

其次，对数字化学校软环境建设应采取怎样的方略。没有软件的支撑，再好的技术设备也只是摆设，数字化学校也就成了"空架子"。在我国学校发展标准化程度不够高的前提下，教育教学软件宜采用学校开发的模式。随着学校批准化建设步伐加快与现代信息技术的普及，产业开发的软件运用空间会越来越大。就目前而言，让教师制作高技术的精致软件不应是主攻方向，而应提倡教师在掌握基本的课件制作技术的基础上，凭借一定的专业系统软件，花 1~2 小时，制作促进学生学习、具备教师特色的个性化课件，并且借助校园网络，搜集下载各类有用的教学资料，丰富完善资料库，只有这样才能使数字技术应用于日常课堂教学。制作精致的课件对于研究课、展示课是可以的，但对于日常上课是不现实的。学校应采取各种措施激励教师开发与制作富有自身教学特色的专用平台、教学网站、教学资源库和个人教学资料库，同时也应集聚各类资源推进学校信息化管理系统的形成。

再次，如何积极推进数字技术与教育教学的整合。主要从两方面来分析：一是推进数字技术与课程教学的整合。学校要充分利用数字技术所创设的准无限性、时空准无限性、交流准无限性、探究的准无限性（我们提出的"四个准无限性"是从可能性出发，而非必然或实然状态，要达到必然或实然状态，需要长期的努力，故用了"准无限性"），实现技术在课程教学中的教学手段、认知工具、方式变革的力量等方面的功能。数字技术与课程教学整合好坏的标准不是量而是质，置课程教学目标于不顾，单纯追求技术使用的做法并不可取，应把握"五个有助于"标准：有助于学生对学科知识的全面、清晰、深刻的理解，有助于发展学生相关的学科能力，有助于促进学生探索研究的学习态度，有助于培养学生积极主动进取创造的情感，有助于教师教学工作的精益求精。二是推进数字技术与教育管理的整合，主要是解决"信息不对称"对学校发展的制约。美国乔治·阿克尔洛夫曾提出信息经济学中最经典的观念——柠檬市场，即"信息不对称"市场，当卖方对产品质量比买方有更多的信息时，低质量产品将驱逐高质量的产品。将这一启示运用到数字化学校建设中，可以通过建立学生档案系统、综合评价系统、在网站上设立招生快讯与校长信箱等，让学生和家长能够充分了解有关学生的学习情况、改善学校和学生之间的"信息不对称"；建立教师个人教学资料库、学科平台等，是为了让教师与教师、教师与学生之间相互交流与分享信息，减少教职工内部与师生之间的信息不对称；建立校园新闻通知系统，是为了及时公开管理信息和政策，改善管理层与师生员工之间的信息不对称……诸多不对称的解决，营造了数字技术与教育管理的和谐融合氛围。

最后，我想指出的是，校长教育思想的探索与践行力量，离不开自身文化修养的不断提升。作为思想的践行者，校长不断经历着思想→实践→思想→实践这一看似简单却又复杂的认识论模式。校长每一次经历思想→实践→思想→实践的螺旋上升过程，就是自身专业发展不断走向成熟的过程，就是推进学校、学生、教师获得新的发展与提升的过程。

### 杨瑞清

南京市浦口区行知小学校长，教育部班主任培训专家小组成员，中国教育学会理事，中国陶行知研究会赏识教育研究所副所长，江苏省陶行知研究会小学教育专业委员会理事长，全国"十大杰出"中小学中青年教师，全国十佳师德标兵，全国劳动模范，全国"五一"劳动奖章获得者，全国先进工作者。从事乡村教育20多年，潜心实践陶行知先生的生活教育理论，形成了富有活力的"学会联合"的办学模式，提炼了反响热烈的"学会赏识"的育人理念，践行了影响广泛的"学会成长"的师德信念，被《光明日报》等媒体誉为当代"陶行知式"乡村教育家。

# 坚持·感激·成长

我所在的南京市浦口区行知小学现有549名学生,是一所不大的小学,我们的附属幼儿园有九个班294名幼儿,却是一所不小的幼儿园。我们的小学和幼儿园在长江北岸,800多个孩子都是来自周边六个村的农家子弟。

2011年10月18日,是伟大的人民教育家陶行知先生120周年诞辰。这一天,我在北京出席了由民盟中央和中国陶行知研究会举办的纪念座谈会,荣幸地获得了第一届"陶行知教育奖"。在发言中,我用三个"1比99"回顾了自己30年实践"行知教育"的难忘历程:1分选择99分坚持,1分自豪99分感激,1分成绩99分成长;并表达了自己强烈的心声——行知路上,好好再"行知行"(陶行知先生晚年把"行"和"知"两个字合写成一个字,读"gàn")30年。

## 1份选择99分坚持

每个人都要对自己的人生道路作出选择。我曾经有过三次比较重要的选择。一次是1981年从陶行知先生创办的南京晓庄师范毕业的时候,我向学校递交了志愿书,选择回乡为农民办教育。第二次是1983年,我被调任江浦县团委副书记，四个月后，我选择回到学校，继续从教。第三次是20世纪90年代初。面临学校办学条件长期得不到改善，教师队伍长期得不到稳定等困境，有人建议我离开乡村学校，获得解脱，我犹豫过，但最终还是留了下来，选择了坚持。

在30多年的坚持中，有几个片段最让我难忘——

### （一）出席了四次陶行知先生整十周年诞辰纪念活动

1981年10月18日，江苏省纪念陶行知先生诞辰90周年大会在南京举行，我出席会议，并正式成为江苏省陶行知研究会会员。我在江浦县建设乡五里小学学陶师陶的行动得到了许多与会领导、专家的鼓励和指导。此后，在行知路上最初的十年里，我们艰苦奋斗，赢得了当地农民的信任，开办行知实验班，异地新建学校，并于1985年将学校更名为行知小学。

此后，在行知路上第二个十年里，我们千方百计探寻学校出路，特别是1994年，创办行知基地，开始接待城市学生开展农村实践活动，为学校发展赢得了活力。在农村学校布局调整中，行知小学被保留下来，获得上千万元投资，建成了徽州民居风格的现代化校舍，将周边五所村办小学陆续合并了过来。

2001年10月18日，陶行知先生诞辰110周年，我出席了江苏省的纪念大会。在那次会上，我被推选为江苏省陶行知研究会副会长。吴树琴先生在会上发表了动人的讲话，让我的内心再次受到强烈的震撼。

在此后的第三个十年里，我们把学校办成了国家汉语国际推广中小学基地，每年吸引了上千名境外师生来学校开展中华文化浸濡活动，并且赢得1.3亿元的投入，建成了占地300亩，建筑面积6万平方米，与晓庄隔江相望的南京江北最大、最美的校园，一所集幼儿园、小学、初中、基地于一体的多功能的新型乡村学校，成为实践行知思想、弘扬行知精神的重要阵地，成为中国乡村教育对外交流的重要窗口。

从2011年到2021年的这第四个十年里，伴着《国家中长期教育改革与发展规划纲要（2010—2020)》的实施，我愈发觉有太多的事情需要用心去做，有太多的机遇值得好好珍惜。实践行知教育，创办世界学校，培养全球公民，行知事业的黄金时代正朝我们走来。

### （二）陶行知先生之子陶城教授两次来访

1981年11月14日，陶行知先生之子，哈尔滨工业大学教授陶城先生来五里小学看望我们。2007年3月17日，陶城教授出席南京晓庄学院80周年校庆活动之后，再次访问行知小学。

陶城教授两次到访，间隔26年，学校发生了翻天覆地的变化，而所走的行知路没有变。我们发现一个有趣的现象：26年的探索历程，以1994年为转折点，刚好可以分成两个13年。

1981—1994年，第一个13年，是创建行知小学阶段。我们走村校联合之路，开办行知实验班，把五里小学办成行知小学，办成了江苏省模范小学。

1994—2007年，第二个13年，是创立行知基地阶段。

1994年7月18日，南京市关工委、教育局在行知小学举行隆重的挂牌仪式，宣告江苏省第一家中小学生农村社会实践基地正式诞生，学校从此走上城乡联合之路。

13年里，行知基地接待了近十万城市学生来体验生活，2007年被评为全国青少年校外活动示范基地，还极大地促进了小学和幼儿园的发展。2005年，行知小学成为江苏省实验小学、文明单位。2009年，行知幼儿园成为江苏省优质园。如果没有基地的创立和发展，小学和幼儿园极有可能会在布局调整中被撤掉。

从村校联合，到城乡联合，到国际联合，这两个13年的确很准确地描述了行知小学发展的不同阶段，不同层次。这个不同层次实际上是指对陶行知教育思想领悟和实践的层次不同。陶行知先生主张"生活即教育，社会即学校，教学做合一"，就是强调不能关起门来孤零零地办学，而是要和社会、和生活紧密联系，充分整合一切资源来发展学校，发展教育。而整合资源的机制不能只是

"依靠",也无法"统筹",更多的是"联合"。联合是互利双赢的合作行为,联合是自愿的、有效的、快乐的,因而是可持续的。因此,学会联合成为我们坚定的办学信念。

## 1分自豪99分感激

只有始终怀有一颗感激的心,前进才不会偏离航向,成长才不会缺乏动力,行知事业也才能越来越美好。

### (一)带着感恩,悉心培育祖国的"花苞"

我已经送走了31届小学毕业生,却也没有一点疲惫、厌倦的感觉。跟那些纯净得像清泉一样的乡村孩子在一起,教师培养了学生,学生也滋养了教师。小学生,也是小先生。我的那些学生,让我感恩不已。

有一个学生叫小周,特别聪明,就是有点顽皮,所以成绩总是忽高忽低。我们发现这个孩子喜欢画画,对色彩特别敏感,就鼓励他多画,偶尔给他送点蜡笔、纸张什么的。小周积极性越来越高,画得越来越多。我们又引导他把画中意思写下来,这叫"图画日记"。好多本"图画日记"画下来写下来以后,我就在班上给他办小画展,号召同学们向他学习。渐渐地,这个小孩自信心上来了,语文、数学成绩也上来了,后来,顺利地上了初中,又上了高中,最后还凭美术特长考上了西北轻工学院工业设计系。

2001年,他大学毕业了,以自己的自信和才华,应聘当上了南京工业大学的教师。有一天,他打电话给我,约我去他家聚聚。走进他的家,我的感觉和许多年前去家访时不一样了,原来的家里,看起来比较零乱,现在进入他家,感到有一种艺术的气息在里头。庭院里种了很多花,那鸢尾花还是当年我们鼓励学生从学校带回家栽的呢。屋子里面收拾得非常整齐,墙上张贴着小周的最新画作。小周把我引进书房,打开电脑,电脑上跳出一个新颖的图案来。他告诉我，这是他为行知小学设计的"CIS 形象标志"。他说已经为这个设计琢磨半年了，由于想法尚不成熟，一直不好意思向别人透露。他今天叫我来是想征求一下意见，再作进一步的完善。我当时特别感动，没想到小周还有这样一份用心！

小周设计的图案，很贴切地体现了行知小学的办学理念。后来，我们发动全校师生参与小周的设计，终于在2008年确定了学校标志——陶花，2010年又确定了学校吉祥物——陶娃。

陶花由一枚印章一朵小花组成，印章是陶行知先生当年刻制的，上面是"行"和"知"两个字合成的一个字。这个标志的寓意就是走在行知路上，创造精彩人生。全校学生人人能背出这样的顺口溜：行知苑，百花开，每一朵，都精彩。早也开，吃也开，天天开，更精彩。

陶娃的脑袋与众不同，是手掌的形状，寓意是"手脑并用，知行合一"。陶娃的名字是学生取的，一个叫"乐乐"，一个叫"淘淘"。在学生的心目中，陶娃是又会动手，又会动脑的娃娃，是快乐的娃娃，聪明的娃娃，勇敢的娃娃，善良的娃娃，是有时候也会淘气的娃娃。孩子们可喜欢陶娃了，创作了大量妙趣横生的陶娃故事，与人打招呼或者发言举手都喜欢五指叉开摇一摇，真可谓：你走来，我走来，伸出手，笑脸开；手脑齐，智慧在，讲和谐，乐开怀。

小周的成长故事，他设计的作品，带给了我长久的感动和启示，教育影响了很多人。恰恰是众多的学生，成就了教师的尊严和价值，造就了教师的快乐和幸福。赏识导向成功，抱怨导致失败，学会赏识，成为我们又一条最重要的教育信念。

（二）共建永远的精神家园

我的同事中，有21位调离，有28位退休，现在在职的小学、基地、幼儿园教职员工有107人。他们都是我的亲人，他们多年来对我的爱护、帮助、鼓励、包容，是我最宝贵的财富。

2005年5月，我从北京出席全国劳动模范表彰大会回来，看到同事们各就其位、各尽其职的忙碌身影，突然明白了，劳动模范和劳动者其实并没有什么本质区别，劳动模范也只是普通的劳动者，更多的劳动者默默无闻，幸运的劳动者被宣传后成了劳动模范。其实，劳动模范只是劳动者的代表，荣誉的背后是劳动者群体的贡献，光荣属于大家。

刘明祥现在是行知小学副校长，行知基地负责人。他比我年轻不少，却比我早三年来到这间学校。那是因为我1981年来五里小学工作的时候，他正在这里读四年级。后来，我带他到晓庄师范面试，他成了我的校友。1990年，他以优异的成绩中师毕业，放弃读大专的机会，放弃进城教书的机会，主动申请回到母校教书，成了我的同事。那时正是行知小学最缺教师、最困难的时期。刘明祥在行知小学工作已经20多年了。他带过一个大循环，出了一批优秀学生；分管行知基地工作18年，接待了近20万中外师生；主持了学校6万平方米校舍建设。现已获得硕士研究生学位，评上了高级职称，成为全国社会教育突出奉献奖获得者，被推选为全国营地工委会副主任。

学校70后、80后的青年教师有36位，他们中有30位在行知小学工作已经超过十年，他们恋爱、结婚、生子，然后把孩子带到行知幼儿园、行知小学上学，他们热爱学校，勤奋学习，努力工作，把青春献给了美好的行知事业，已成为行知事业的中坚力量。

作为国家汉语国际推广基地、江苏省华文教育基地，2005年以来，我们累计接待了5000多名境外师生，他们人均在行知小学住六天，开展中华文化浸濡活动，获得"江苏省教育国际交流合作先进学校"称号。完成这样大规模的国际交流工作，靠的就是我们的乡村教师团队。100%的教职员工成为接待境外师生的主人，小学51名在编教师中，有37人到国外做过汉语推广工作，幼儿园和基地的自聘合同制教师中也有13人去过国外交流。葛元老师在新加坡支教四年多，受到新加坡教育部表彰；邹云老师在菲律宾担任华文教学督导，原计划是一年，结果被一再挽留，整整服务三年，被称为"最受欢迎的督导"。行知团队，不仅是一支探索乡村教育的生力军，而且是一支汉语国际推广的志愿兵。

行知团队里还走出了苏教版小学语文教材副主编、省小语学会秘书长李亮，南京宝船小学校长、特级教师江和平，走出了江苏省总工会生产技术部副部长，区进修学校副校长。他们虽然离开了行知小学，但是他们永远是行知小学的自豪，也是行知小学发展的重要资源。

## （三）一片热土地

在2010年的上海世博会中国馆水景园里，从5月1号到10月31号，一直盛开着绚丽的荷花，令几千万人大饱眼福。很多人其实并不知道，负责世博会荷花项目的首席专家只是一个普通的农民。这个农民就是我们学校东面的艺莲苑的主人丁跃生。丁跃生高考落榜后，迫于生计，种上了荷花。2001年，他的几十亩荷花种植基地被政府开发区征用了，我们极力促成他租下学校东面的200亩地，扩大种植面积，他的事业开始起飞。

现在，艺莲苑里有超过700个不同品种的荷花。其中更有他自己培育的100多个新品种。他把荷花种苗通过自己的网站销售到世界各地，每年有二三十万美元的外汇收入，他本人也因此成为南京农业大学的兼职教授、研究生的指导老师。他还出版了四本有关荷花的专著。种荷花之余，他还研究荷文化，在园子里建造荷文化长廊。

如今，孩子们种荷花，画荷花，唱荷花，跳荷花，诵荷花，写荷花，赠荷花，算荷花，艺莲苑成了幼儿园、小学、基地"荷文化课程"的绝佳现场。他的人生历程也是对学生进行"创业创新创优，率先争先领先"的江苏精神教育的绝好典范。

2011年11月20日，在南京青奥会倒计时1000天之际，坐拥花园、茶园、果园的行知基地幸运地被确定为2014年青奥会文化教育场所。

深深地感激，感激所有关爱、扶持行知事业的人们。还特别要感激五里村的农民。1984年前，五里村农民就为学校无偿划拨八亩地，自发集资十几万元，建造了40间校舍，不仅满足五个班的小需求，而且还办起了三个班的完全幼儿园。农民的支持为学校的发展打下了坚实的基础，正是有了这个十几"万"的家底子，才有了2001年后的十几"百万"和2007年后的十几"千万"的投入。

深深地感激，感激这个无比优越于陶行知当年的伟大时代。当工作中碰到困难的时候，我们总是想，再大的困难和陶先生面临饥饿、面临战争、面临被捕相比，都是微不足道的。

## 1分成绩99分成长

如果说坚持是立足点，是扎根、接收地气，吸收营养，感激是平衡点，赢得源源不断的扶持、浇灌，那么，成长就是制高点，是内在不断的丰盈，是对关怀者最好的回报。

### （一）让成长的速度远远大于流动的速度

在我工作最初的十多年里，我最渴求的是志愿兵，最担心的是骨干教师的调离。记得在我和李亮毕业时写的志愿书里，第一个愿望就是要征集一批志同道合的志愿兵，一起到偏僻的地方办行知小学。我们并没有意识到，作为一个一共只读了十年书，在晓庄三年连个组长也没有当过的普通师范生，哪里会有志愿兵跟随？

随着行知实验班的开办、行知小学的命名，我们的事业有了一点起色，学校开始聚集一批年轻有为的教师。但是接着就是不断有骨干教师调离。有一年，我们有三位教师组队参加江浦县首届青年教师基本功大赛，总分超过人才济济的县城学校，得了第一名。可是，不到两年，三位教师都被调到城里学校了。

一次次地为调出的骨干教师开欢送会，就是一次次的纠结：都走了，我怎么办？有人建议我也调离，以便获得解脱。我不甘心。我一直在苦苦寻思，落后的农村教育究竟怎样才能组建一支好的教师队伍？

我开始反思感情留人、待遇留人、事业留人的问题。事实上，或者因事业需要，或者因生活所迫，教师的流动是完全应该理解的。而且，行知小学调出的老师，在新的岗位上大多数都很出色，也为行知小学争了光；他们又纷纷利用自己的资源，给予行知小学热情地帮助和有力的推动。

我终于认识到，乡村教师队伍建设只有一条出路，就是让成长的速度远远大于流动的速度！

成长是必需的。一些教师总是习惯于抱怨学生不聪明，不用功，谆谆教导学生要"好好学习，天天向上"，其实，真正的规律是：只有教师好好学习，学生才能天天向上！一些校长总是习惯于抱怨教师不敬业，不专业，其实，只有校长好好学习，教师才能天天向上。校长要带头成长。

学会成长和学会联合、学会赏识一样，已经成为我们最重要的办学信念。

## （二）读好三本书

教师成长，离不开读书。谈到读书，一些乡村教师总不免会有些自卑。我们读的书实在是不够多呢。十多年前，我和朋友在南师大听了一次学术报告，很受触动。那是一位著名学者谈由信息技术引发的学习和教育变革。教授旁征博引，侃侃而谈，听众醍醐灌顶，茅塞顿开。我的内心也久久不能平静，我非常感激教授让我受到启发，非常佩服教授那么有学问。

其实，早在20多年前，这位教授就曾经考察过行知小学。他当时就认为行知小学开展不留级实验，开展村级大教育研究，已经触及了教育的本质，他嘱咐我要多读教育理论书籍，还要破格收我做研究生呢。我终究没有做成他的研究生，终日忙于学校的生存，好像也没有抓到什么教育的本质，书读得也不多，连电脑也几乎还没有碰过。

一连几天，我都在回味那场报告，心情复杂，似乎有些压抑和失落。我想我可能是意识到自己辜负了教授的期望，虽然我也在读书，可是和教授比起来，实在是太少了，我们的差距越拉越大了，看来我是更没有希望做他的研究生了。而且我还意识到，如果我不改变我的乡村教师角色，我就永远也没有希望能像教授那样有学问了。

我和一起听课的朋友谈起了内心的波动。朋友倒不以为然。他认为，读书、做理论研究，是教授的长项，也是教授的责任，而把理论运用于实践，直接面对课堂，面对学生，则是我们的长项，是我们的责任。朋友的话，引起了我的深思。既然选择了乡村教育，选择了教育实践，就要理解自己的定位，发现这个定位的专业价值。我们既要尊重理论蕴含，又要尊重实践智慧。走行知路，就是走理论和实践相结合的路。社会评价目前似乎是偏重于理论的，但是自觉的实践者需要有所超越，要学会自己看中自己的专业价值，相信乡村学校也是教师成长的沃土。仅从读书这个视角来看，我们也有自己的优势，有下面三本书，我们不是读得挺多、挺认真吗？

——读好行知这本大书；

——读好生命这本天书；

——读好实践这本活书。

——读好实践这本活书，就是投身于教育教学工作并不断反思、寻求创新的专业实践。这个实践应当是全部的农村教育的实践，包括扫地抹桌子，包括忍受贫困，承受孤独。

——读好行知这本大书，就是以陶行知著作为引领的专业阅读。认真研读《陶行知全集》，阅读《生活教育》杂志，阅读能够收集到的所有关于陶行知研究的文字。陶行知教育思想博大精深，他的语言表达却深入浅出，如涓涓清泉。陶行知的书不是读过一遍就放过去了，而是要结合工作实际的需要，不断地找来相关篇目重读、细读。阅读陶行知，不仅让我们获得全面的教育启示、人生启迪，而且影响着我们对其他书籍、报刊和网络资讯的阅读。

陶行知先生反对死读书，说："读死书，死读书，读书死"，主张"用活书，活用书，用书活"。我越来越感到，在信息爆炸的时代，读多读少已不是主要问题，关键是读什么，怎么读。多年来，让我获益很深的有杜威、苏霍姆林斯基、马克斯·范梅南的书，还有朱小蔓、杨东平、孙云晓等国内学者的书，《江苏教育》《人民教育》《教育研究》和《中国教育报》我也会常看。最近比较关注《校长》杂志和一些教育网站。

——读好生命这本天书，就是与生命共成长的专业协作。我真真切切地体会到，和学生、家长交流，不只是工作，和同事对话不只是共事，这个过程也是极为宝贵的专业提升的过程，这里面有课程资源的整合，有课堂教学的改进，有道德品质的提升，有一系列教育学、心理学问题的讨论。抱着敬畏、感恩之心，学会阅读这本天书，会让我们受益无穷。

躬于实践，勤于读书，善于交友，在读好活书、大书、天书的同时，还要强调"乐于动笔"，多进行专业写作。我感觉到这些年我个人的成长，与"乐于动笔"是有密切关系的。到2003年，我的教育笔记已经写了150多本，六七百万字。我的那本由高等教育出版社出版发行的书《走在行知路上》，就是这些教育日记的浓缩。之后，我改用电脑写日记，又快有十年了。写多了以后，就会促进自己思考。

只有去一点点地积累，才能够不断地想到许多新的问题，不断地产生灵感。乡村教师的存折本上积累的物质财富也许是很有限的，但我们完全可以在笔记本上积累一笔丰厚的精神财富呢。

（三）实施良师成长工程

2008年1月1日，我在北京。早晨，我赶到天安门，第一次亲历那里的升旗仪式。2008年，是北京奥运年，也是学校腾飞年。当国歌响起，当大号国旗飘起，当万只和平鸽飞起，当新年的太阳升起，我的心也激情飞扬了。

这一天最让我受到触动的是在清华园里看到的一张海报。那是我第一次走进清华大学，很多学院的醒目位置都贴有"2007清华大学第十届良师益友评选活动"海报。这张海报在我内心引起了强烈的共鸣。最高学府清华大学已悄然开展了十年的"良师益友"评选活动！

回到学校，我和同事们分享了自己的感受，经过大家的反复讨论，我们开始在学校实施评选良师成长工程。

多年来，我们一直把教师队伍建设的目标设定为"打造名师"。而事实上，名师的名额很有限，多半教师会在名师的目标下失去信心，迷失方向。但是没有人能够拒绝做良师，这个定位能够感召每一个人。而且，真正的名师也一定是良师，都是良师的学校一定会出名师。从这个意义上讲，良师也是一个顶级目标。

在这样的价值观引领下，我们成立教师发展中心，开展专业发展评估，开展"行知苑笔会""行知苑论坛"等活动，保持了教师主动、快乐、高速成长的态势。

我们的价值取向是成长而非成功。超越成功，关注成长；关注成长，走向大成功。2008年和2009年，我们学校的朱雅婷、余庭玲两位老师分别荣获全国第五届和第六届中小学教师演讲比赛一等奖。她们俩都是从南京晓庄学院中师毕业以后直接来行知小学工作的。良师成长工程使她们在平凡的岗位上一有机会就脱颖而出了。

## 结　语

"坚持，感激，成长"——经过多年的体悟和沉淀，我们将其确定为学校的教风。

2008年暑期，我们为四川绵竹地震灾区的学生举办了夏令营活动，四川籍的原南京军区司令员向守志将军来我们学校亲切看望他的小老乡。这位91岁高龄的军旅书法家欣然为行知小学题词：还能更精彩。大家都非常喜欢这句话，并将这句话作为我们的校训。

"坚持，感激，成长，"风雨兼程 30 年，快乐充实 30 年。是行知精神指引我走上了幸福的教育之路、人生之路。在这条风光无限的行知路上，我们坚信：一心坚持，诚心感激，全心成长，再"行知行"30 年，还能更精彩！

张建平

河南省开封市求实中学校长,创办了河南开封市第一所民办学校。力主学校教育应还原到自然状态,实施快乐教育和人性化管理。实施"吃大锅饭"的薪酬制度,被专家称为市场经济环境中学校管理的"世外桃源",求实中学也因此被媒体誉为"中国的帕夫雷什中学"。

# 简单管理下的理想教育

理想教育是通过教师科学的教学实践实现的。因此，所有的教育管理都是对教师的管理。老子说国家治理有四个层次："太上，不知有之；其次，亲而誉之；其次，畏之；其次，辱之。"(《道德经·第十七章》)意思是说，最高的管理境界首先是让被管理者在没有感觉到自己被管理的意识状态下，接受了你的管理；其次是人们感受到你杰出的管理，衷心地赞美你管理的成功；再次是让被管理者感到敬畏；最失败的管理是遭到被管理者反抗攻击辱骂的管理。

我追求的管理就是让所有处于管理下的人们感受不到管理压迫、束缚，却能够积极主动愉快工作的管理。我的管理很简单，很人性化。在很多大家看来，似乎有些"小资"。然而，我坚持！因而，我取得了成功。

求实中学刚刚开始办学的时候，穷得连办公桌都买不起，但是，第一批中几乎所有的老师都跟着我走到了今天。因为求实让他们感到了做老师的价值，我的真诚和求实的事业留住了教师的心。

## 让人才"倒流"进求实

从 2008 以来,求实中学参加了河南大学历届毕业生就业双向选择人才交流会。求实中学的招聘接待站是最为热闹的。众多研究生的应聘,让我感慨万端。

求实中学刚刚成立的时候,社会上流传一个说法:求实有一流的校长,二流的学生,三流的老师。说求实的老师是三流的,我是不认可的。但是,每年招聘老师,的确是异常艰难。端着铁饭碗的公立学校的优秀老师是绝对不可能到一个民办学校应聘的。而资质平平的老师我又不想接受——当初我从公立学校走出来的一个主要原因,就是无法忍受一些尸位素餐的老师让学生饱受"晕课"的煎熬。我不可能允许在我自己创办的学校里再有这样的老师。

因此,在 2000 年以前,求实中学基本都是请优秀的公立学校教师临时代课的。我似乎是钻了公办学校工资待遇问题的"空子":现阶段,公办中小学教师的工资报酬是无法给予他们质量良好的生活的。我用自己的真诚和高出公办学校的课时费吸引他们为求实代课。这些教师的品质还是令人钦佩的:只要面对学生,他们都有一种强烈的绝不误人子弟的信念。因此,虽然是临时代课,却绝对不会影响求实的教学质量——因为他们是优秀的教师。

尽管办学之初,我们也是在创业的艰辛和清贫中度过的。第一届学生每生每学期仅交 160 元,老师每节课仅 8 元钱的课时费。让我备感欣慰的是,我的第一批老师中,除了一位外语老师因被某大学聘为教授离开求实外,其余老师在清贫困苦中无一人半途告退,一直与我合作至今,他们是求实的创业元勋和我最为知己的朋友、亲人。

每天我都会看到这样的情景:上课铃响了,我们的外聘老师才匆匆赶来。他们从自行车后架上取下作业本,几乎是跑步冲进教室的。下课了,他们夹着作业本又冲出教室骑车匆匆而去。他们必须在短时间内赶回原学校,因为那里还有他们的课,同时还承担着被批评与处罚的危险。从 1993—1999 年,我们学校 70% 的老师都是这样工作的。而我们学校的升学率,却从第一届毕业生开始直至今日一直保持着开封市遥遥领先的地位。70%以上的毕业生考上省、市重点高中，许多人以为这是一个被夸大了的数字。

一年冬天，天下大雪，我担心兼职教师会误课。早读时，我就告诉学生做好先上自习的准备。自己冒着大雪站在学校大门口迎接每一位老师。银装素裹的世界异常美丽，但是我的心情却十分沉重。我在雪中站了一个小时，迎接每一位顶风冒雪来校的老师，当我把老师一一迎进班级时，听着从每个班里爆发出的热烈掌声，我感觉风雪都是温馨的。代课的老师们说：孩子们给他们端来了热茶，送上了问候，孩子们那赤子般的眷恋和爱戴，让每位老师都深受感动。他们还说，面对雪中校长的亲自恭迎，面对孩子们那么纯洁、信任、依恋和爱戴的目光，他们心中涌动着人性至善的感动，真是"累死也值！"

走进求实的这些公立教师，站在求实讲台上授课的同时，也在用心感受着求实独特的文化内涵，以及我这个校长的情感的温暖。丰富的校园文化生活，求知若渴的学生，简单纯洁的人际关系，良好的教研合作氛围，相对优厚的待遇，浓郁的尊师氛围，都让这些怀揣着教育梦想却在公立学校无法施展抱负的教师情动于衷。终于，第一批公立教师舍弃稳定的公立待遇加盟求实，成为求实的中坚力量。

2000年后，名校办民校如暴风骤雨般席卷全国。民办学校纷纷倒闭。而求实却因为优秀的教师资源使得学校在2000年后由每年招收4个班级，发展到2013年每年招收38个班级，成为在校学生超万人的热点学校。"梧桐树"根深叶茂，"金凤凰"更是一批批地飞来。

求实现在的各总校校长、分校校长、教学骨干大多来自公立学校的校长及中层领导和优秀教学骨干。这些优秀人才放弃了原来单位舒适稳定的工作，放弃了升迁的机会，来到求实。这种人才"倒流"现象，让我感到自己人性化简单管理的成功。

随着学校和教师队伍的壮大，我越来越注重文化氛围的打造：逼着老师穿名牌衣服，扮靓自己的形象；逼着老师读书，学哲学，写博客；逼着老师集体合作教研；逼着老师搞文娱活动……老师们看似疲于奔命，却乐在其中。因为他们在求实收获到了他们最宝贵的东西——自信、涵养和能力。这些将成为他们一生享用不尽的财富。

情感留人，待遇留人，环境留人，事业留人，说到底是以平等的人格待遇留人。只要老师感到在这里是一个平等的人，收获了做人的尊严，即使条件差强人意，他们也愿意留下来。中国的知识分子自古就有"士为知己者死"的传统理念。

## 爱的"投资"

曾经拜读过许多管理者的成功经验，常常可以看到的是他们"大刀阔斧"的改革，力挽狂澜的魄力，让人感受到一种强者的威严、勇者的刚猛、智者的圆通。那种与生俱来的与众不同，不仅让人肃然起敬，更令人望而生畏，甚至诚惶诚恐。

我不是这样的英雄、圣哲和"大家"，我有太多的"妇人之仁"。熟悉我的人大多认为我是个很感性的人。我在做任何牵涉人的感受的事时，常常会站在对方的位置上去思维，去设身处地地思考，而不是首先确定一个改革的宏伟目标，然后排除一切"干扰"，一往无前地去披荆斩棘，去过五关斩六将。

我崇尚人与人之间的真情和大爱，我渴望工作、生活、学习的环境是一个充满温情和爱的自由天地。我期望我的学校不仅秩序井然，而且温馨和谐，生机勃勃。

当我看到一些私企的雇员因为得病而被管理者解雇，除了对这个管理者的唯利是图和冷漠无情感到不屑以外，还有对他管理者事业的担心：试想其他未被解雇的员工看到自己的同事如此悲惨的下场，还会真心实意地为你拼搏吗？

"感情投资是所有投资中花费最少、回报最高的投资。"感情的天平是平衡的，你在天平的一边付出多少，那边也会回报多少，保持了情感天平的平衡，就会打造出一个和谐的学校。

私立学校的老师是一个流动的群体，有些老师称自己是到处流浪的吉普赛人。但是，这些流动的人群在求实凝固了。留住他们的是事业，是待遇，更是学校家园一样温馨和谐的氛围。

君子获得滴水之恩，便当涌泉相报。在我的心中，老师都是于我有恩的人。平时心存感激，一到寒假，就想着如何"犒劳"一下这些与我同甘共苦的老师们。1995年，学校没有经济实力，年底的账面上只有第二学期的工资。我就拿出家里的存款，给每个班主任买了一瓶茅台酒。骑着自行车走访班主任，每到一家，我总是真诚地对家属表示感谢："因为有了你们的支持，×××老师才能在家成为'脱产'人员，全心全意为求实服务，求实的辉煌史册上将记载你们的功劳。"有的老师舍不得喝这瓶茅台酒，康荷云校长的爱人把这瓶茅台酒一直保存着。

发点奖金和发点物品是一种福利，不过仅仅停留在物质层面。当学校经济状况稍微好转后，我开始带着礼品去老师家里串门，这不仅是我对教师的一种尊重，而且彼此都可以享受友谊带来的愉悦。这是我第一次家访的感觉。

1996到1999年，学校成立了工会。学校的经济实力进一步增强。我和工会主席齐老师带着几个彪形大汉跟随汽车，给所有班主任送去了年货。我们扛着几十斤重的年货爬无数阶楼梯，有人计算了一下，我们一天爬楼的高度达到了600米。到了晚上送到最后一家的时候，所有的人都累得不想动了，只有望楼兴叹的份儿。但是，看到家属们热情的目光，亲切的话语，真情在彼此心中荡漾，涌动。有的家属热情地为我们泡茶，有的家属干脆加入我们送年货的队伍，有的家属知道下一个地址而自愿带路，有的家属把我们送出很远很远的路口……

我们听到家属说得最多的一句话是：一般过年都是下级向上级"进贡"，求实却倒过来了。确实，每年春节，我们家除了我教过的学生到家里来聊天，求实的老师很少登门拜访，比起一些热点人物，我家真的是门庭冷落车马稀。但是我很自豪我在求实创造了一个没有社会潜规则的清白之地。

2000年以后，求实的教师队伍迅速壮大，我们已经很难逐户登门拜访了。于是，我们把家属请到学校来，与老师联欢，宴请这些求实的功臣。并且把礼品送给家属，我很认真地对家属说："这些东西都是学校专门给你们的，向你们表达谢意，没有他们（指求实老师）的份儿。"

求实中学的老师不是苦行僧，不是只会工作的机器，不是道貌岸然的学究和修女。他们兢兢业业、很有成就地工作，健康愉快、浪漫幸福地生活。教师就应该这样工作，教师就应该这样生活。

我对自己说：为了我们求实的每一个家庭的幸福安康而努力，这个目标比起共产主义的伟大目标显得太小了。但我能力有限，就让我先实现小目标，再冲击大目标吧。

常常听一些私立学校的校长抱怨师资困难，大多数老师都是这山望着那山高，没有长期工作的意识。有的老师在进学校的第一天起，就开始寻找下一个目标学校。

其实，这些问题只需要一份"真情"就解决了。让老师感受到你对他的真情实意，你这个校长身边就会云集起一群打不散、赶不走的精英。而且这样的"情"会扩散，会传染，它会在教师的心中生根发芽，会让教师也成为感情真挚的人，这样，校园就不会冷清孤寂，教师彼此之间就会不经意间生发出许多感人的真情故事。

在求实中学，老师生病了没关系，课由同事帮带；红白喜事，都有校长和同事的关怀，鼓励，安慰；孩子入学困难，同事找人给你帮忙；生日有同事送来祝福，簇拥着你去聚餐；过节时手机上少不了同事发来的祝福的短信……这一切，都让我们的老师切身感受到：每个进入求实校园的人，都是情同骨肉的一家人，大家和谐地生活在一起，创造温馨，享受幸福！

和谐带给每一位老师信心和快乐、勇气和智慧。在事业拼搏的征途上，没有什么比一个团队的和谐更让人有一种安全感、归属感和幸福感的了！和谐是集结号，是一首可以让天地增色的交响曲……

## "秘密"账单

对金钱的态度考验着每个人的人生观，更考验着私立学校创办者的价值观。在这个问题上，我可以无愧地说：我经受住了我们这个物欲横流时代金钱拜物教思潮的诱惑。我是一个被求实老师、被所有熟悉我的朋友公认的把金钱看得很淡的"老板"。我常常为此感到荣耀。

相对于公立学校旱涝保收的工资，私立学校老师的工资完全来自学生交费。而这个费用是由私立学校的创办者支配的，支配者的权利极大。对一些人来说，这是一个敛财的机会；而对有些人来说，这却是一个沉甸甸的负担和责任。如何对待这笔财福，是私立学校能否成功的分界线。

2002年以后，由于开封市区的优秀生源向求实倾斜，每年中考的高分区比例中，求实中学占开封市所有中学的45%左右。这引起了一些人的不满，开封网上出现了一个指责求实的帖子，或支持或反对的跟帖，把这个帖子炒得沸沸扬扬，一家开封市相当有影响的机关报还用一大版的篇幅讨论求实招生现象。一时间，我感到有一种令人窒息的感觉。这时，浏览网页中，我看到了一个来自求实老师的帖子《求实，踩住谁的脚了？》：

今年求实迟迟没有招生消息时，有人骂"牛B"；求实终于招生了，有人叫"违规"；求实成绩好了，有人指责"填鸭"；求实偶尔有了失误了，有人幸灾乐祸"早看出来了，活该"；求实上了报纸，有人讥讽"显摆"；求实发展了，有人诬陷"贿赂的结果"；求实不扩班，有人预言"求实到头了，不中了"；求实报考者盈门，有人跳脚怒斥"霸道"……

求实，踩住谁的脚了？

我是求实教师，在求实工作近11年。

要我对求实学校下个定义，她是由家长兑钱给自己的孩子办的一所学校。十多年来，我是一个由家长发工资的老师，我用自己的劳动、自己的情感赢得家长和学生的承认，是他们给我尊荣，他们是我工作的最大意义。

这让我在黑云之间看到了阳光，在窒息中嗅到一股清新的空气。我感动，尽管社会上一些人不了解我的为人，不能用平和的心态对待求实的发展和壮大，但是，我们的老师理解我，知道我是一个光明磊落的校长，这当然是对我人格最高的评价。我紧缩的心释然了。

2002年以来，求实发展的规模迅速膨胀。住校部从两个班100名学生的小分校，发展成60个班3000多名学生的大型学校，建筑面积也从2000平方米发展到20000平方米。学校的经济出现了亏空，我常常感到入不敷出。而老师的群体也在扩大，原有的教工宿舍远远满足不了需要，看到老师三人挤在一个不大的房间，我很内疚。这些老师白天忙碌一天，晚上，多么需要安静的休息环境。在教工会上，我向大家宣布，今年为大家盖一栋公寓楼，班主任可以住单元房了。大家自然是欢呼雀跃。

宣布过后，我才发现账面上的钱所剩无几了。于是和建筑商谈判，到银行交涉，为了早点盖好这栋楼，我放下清高的架子，到处求人。2006年4月份教师公寓准时开工，2006年8月竣工，接着开始对32套房子进行装修。整整一个暑假，我都在为教师公寓的装修而忙碌着。我有一个计划：要把这座公寓楼装修成星级宾馆式宿舍。于是设计图纸、买装修材料、找装修工人……我都亲自过问。

9月10日教师节，我亲自到郑州为32套房子购买窗帘、沙发、家具等。这32套公寓是我给老师们最好的节日礼物。

后来我又为走读部的老师的每个办公室配备了两张折叠床，让中午离家远，不能回家的老师尽可能休息得舒服些。

求实的老师有病住院，我总是第一个赶到，送去问候的同时也送去住院费。

我当时的想法是，反正早晚要报销，早送晚送这笔钱都要花的，与其晚了可能给有些平时经济拮据的老师带来困难，不如及时送去。没想到却引起了老师们很大的反响：在求实工作，再累也甘心，因为它让我们感到安全、安心——自己再也不怕得病了。

这些在我看来是举手之劳的事情，为什么得到这么大的反响，原因有很多。但是，主要的原因应该是老师在这里找到了归属感，有了家的感觉。

校长就是一个为老师服务的"仆人"。只有把教师当成人才来赏识、当成朋友来尊重、当成亲人来关爱，"事业留人、情感留人、待遇留人"才不会成为了一句空洞的口号。

## 建立"情感磁场"

一个优秀的单位像一个磁场，所有进入磁场的分子不由自主地围着磁场做规则运动。私立学校的老师是一个个活性极强的自由分子，如何凝聚这些自由分子？建立一个情感磁场是最明智、最有效的举措。

建立情感的磁场，首先应该摆正的就是校长的位子。把老师看成是雇员还是事业合作的伙伴、生活学习的朋友、人生旅途的知己，这些都决定着校长在老师心目中的形象、信誉、亲和力和凝聚力如何，都直接影响到学校这个磁场的能量。

我并没有刻意去追求高效能的磁场，我只是用我的发自内心的感动让老师感到了感情磁力线的威力。每次新学期集中学习时的第一次报告，我总是深情地向老师表达我的谢意。2007年第二学期开学，我的讲话《新学期最想说的一句话——感谢！》让很多老师流下了眼泪：

……

我们学校从来不考勤。然而，求实老师的出勤率最高，特别是我们班主任老师，不到万不得已很少请假。有好几次都是我用强制性的手段用车把有病的班主任老师送到医院的。在东校我与班主任见面时常说的一句话是"回家看看"；在南校常说的一句话是"放学早点回家"。因为他们太需要与家人团聚的时间了。

……

心中常常涌动着许多感人的故事。东校有两个男老师，每天正常上班，谁也没想到他们家里有临近预产的爱人在等着他们。我直到听说他们的爱人已经生了，才知道了事情真相，于是就打电话让他们在家多待几天。但他们第二天就返回了学校上班，基本上没耽误工作。看着他们兴奋而疲惫的身影，在敬佩感激之余，心中还有一种挥之不去的酸楚——他们太辛苦了。

……

东校一个班主任的母亲在暑假里病逝，去吊唁时我才知道这位母亲已经瘫痪了九个月，一直在医院住院。这位东校班主任老师没向任何人透露一点风声，常常在学生睡了以后，才匆匆忙忙地离开学校去医院看望母亲。

……

我感谢学校的全体班主任老师，尤其是寄宿部的班主任老师，每天辛勤工作16个小时，与孩子朝夕相处。现代家庭两个大人领一个孩子还感到力不从心，而他们的"单亲"家庭中，却是一个"父亲"或者"母亲"带着五六十个孩子。他们把自己博大无私的爱平分给这么多孩子，谁能量出他们有多宽广的胸怀？有多深沉无比的真情？

……

我感谢求实的所有任课老师。谁都知道学生很看重班主任的课，班主任的形象是不怒自威，而任课老师没有这方面的优势。他们只能凭借自身的魅力去引导课堂。综合学科任课老师更是面临着巨大的挑战——每人要面对八个班、十个班，认识学生和让学生认识、认可自己，都是一个比基础学科老师更大的难题。但是，求实的综合学科成绩，在历届的中招中，都遥遥领先。是你们用铁的事实，证明了你们平凡中的伟大，默默无闻中的了不起。谢谢你们！

……

我感谢所有求实的工作人员。你们如同一颗颗永不生锈的螺丝灯，在求实这个大机器中默默无闻地尽职尽责。虽然普通但一颗也不可或缺！谢谢你们，求实成功大路上最忍辱负重的铺路石！

……

一声声感谢，一次次深深鞠躬，一阵阵经久不息的掌声，让我和每一个老师的心紧紧地连接在了一起，砰然有声地跳动。一个讲话，数十次热烈的掌声，老师们还情犹未尽。

求实学校已经像一个巨大的磁场，把所有的老师紧紧地吸引在她的周围，快乐而有规则地运行着。这种磁场绝对不是一次讲话的"煽情"，而是我和老师相处的分分秒秒里的亲切和愉快、相爱和相知。

## 纵情山水间

我喜欢旅游，看到哪个地方景色优美，就一定要带着老师们过去……

只要我感觉到美好、幸福和快乐，一定会和所有求实老师一起享受。潜移默化中，我们的老师也像我一样把自己感受到的美好、快乐和幸福，千方百计地和学生一起享受。学校的温馨、和谐与欢乐就这样形成、延续着。

一个校长的价值观就是一所学校的文化。我总是把我喜欢的东西在第一时间里介绍给我的老师们，让老师们快乐着我的快乐，幸福着我的幸福，分享我们共同的成功。能够与人分享的成功才是有意义的。

2006年我们去山东杜郎口学习，整个旅途中热闹和欢乐把老师平日的紧张、辛劳都化为了乌有。乐上加乐，多才多艺的求实老师竟然在客车上也能组织起一个小联欢会。

"下一个节目是李玲玉和武海涛的对唱《夫妻双双把家还》，大家欢迎！"主持人话音刚落，李老师和武老师已经在掌声中走上"舞台"，一句开场白激起了所有人的热情："今天是我们的结婚纪念日。天赐良机，这个'天'就是我们要感谢的学校，让我们在这个难忘的地方度过难忘的日子……"两人的话还没有说完，车子颠簸了一下，两人拥在了一起。在掌声、笑声、吆喝声中，新版本的《夫妻双双把家还》飘荡在车窗内外：

> 树上的鸟儿成双对
> 
> 绿水青山带笑颜
> 
> 今日是我们结婚四周年
> 
> 全校的老师陪我们去游玩
> 
> ……

50多位老师，演出50多个节目。从上高速公路一直演到山东境内，老师们还意犹未尽，真可谓是一路欢笑一路歌。

晚上住在聊城水域旁的宾馆。湖边微风拂面，湖面波光粼粼，远处的船上传来阵阵欢笑声。老师们旅途狂欢后，都酣然入睡。我在思考着我们可以从杜郎口学习些什么。

第二天，一整天的参观学习，让老师们感到深受启发。他们在车上叽叽喳喳地议论、争执，面红耳赤、互不相让，和学生们讨论差不了多少。

我没有引导讨论，却在次日带领全体老师登上了巍峨的五岳之尊——泰山。毕竟是一群文弱儒生，登上极顶，很多人已经疲惫不堪，领略了那"一览众山小"的豪情后，许多老师脚步便踉跄起来。我喊工会主席小齐，请大家坐缆车下山。正打蔫儿的老师立即一阵狂欢，小齐马上装出严肃的样子喊口令，让老师们迈着整齐的步伐，像小学生一样，大声唱着《打靶归来》来到缆车旁。路人向我们投来惊讶的目光，我们老师说："一群几十岁的人这么排着队、唱着歌，人家别再以为咱们是精神病院跑出来的吧！"

坐缆车凌空而下，四个女老师的手紧紧地握在一起，她们按我的要求，眼睛向上看，故意大声说话，我还带头唱起了《真心英雄》，那是一次有惊无险的刺激体验。随行的老师说，校长今天唱歌第一次跑调。他们哪里知道，我自己有恐高症，心里比谁都害怕。可是，为了让胆小的老师分散注意力，我还装模作样地狂唱，不跑调才怪呢。

每次旅游，我和老师们之间都有说不完的开心故事和欢乐场景。老师们说这是求实特有的场景，很像"我"。

快乐是一条河，能滋润人们渴望愉悦的心田。老师在旅途的疲惫与劳累中，你拉我一把，我帮你一下，一起进餐，一起小憩，玩笑与幽默，被良辰美景陶醉时心旷神怡的共鸣……让老师们在平时相处中发生的些微芥蒂与不快都烟消云散了。老师旅游也如学生的游学，同样可以开阔眼界，丰富知识。更重要的是，老师们心与心零距离的亲密接触和轻松交流，增强了求实团队的凝聚力，无形中促进了教师的协作精神，增强了学校发展的强大推动力。因为教育者的精神状态对学生的影响，将远远超过教育者本身的知识水平对学生的影响。

## 让年轻教师脱颖而出

袁老师是求实众多班主任中的一员，一个个性鲜明、朝气蓬勃而又常常出点"状况"的年轻教师，一个很善于走进人心、赢得人心的人才。一次到周口讲课，他被听课老师包围了半个小时问这问那，无法脱身。

他的眼睛明朗清澈，透着智慧之光，用"快"字形容他可谓名副其实——快人、快语，连走路都感觉是在快跑，瘦弱的身板掩藏不了热气腾腾的青春气息。他常常创造奇迹：2007年暑假，他骑车从安徽出发，经过七天，行走700多公里到达上海——这不能不让我刮目相看。

袁老师是个很有争议的教师。大学毕业后受聘于求实中学，两个月就受到了学生的喜爱，引起了我的注意。四个月后，因为求实一位毕业班班主任老教师手术住院，急需一个教师顶替。没有任何富余人员的求实中学，一时没有合适的教师。他毛遂自荐，请缨做这个班的班主任。校长办公会上，大家一致否决了他。求实的毕业班，是不能开玩笑的。凭借了解到的第一手资料，我力排众议，让他走上了班主任的岗位。

但是，次日到校，我就听到一个关于他的"爆炸性"新闻——他以生命铸"诚信"的故事。我立即找到他那个班的几个好学生，调查情况。从孩子们你一言我一语的叙述中，我了解了真相：

那天，他走进教室，一下就蹦到了讲桌上。站在制高点上，他指着几个大个子男孩：你，你，你……上来。几个孩子莫名其妙地走上了讲台。他让孩子站成两排，手拉手，形成一个网状。然后，他背转身对着这个由几个孩子稚嫩的手臂结成的"网"，从一米多高的讲桌上直着身子倒了下去。在全班孩子一片惊呼声中，那几个大男孩儿竭尽全力接住了他……

孩子们的叙述生动、富有传奇色彩，却听得我一身冷汗——如果孩子们承受不了他骤然倒下的重力，一个失手接不住，让他平摔在硬邦邦的楼板上，会是什么结果？我问他："你想干什么？你不怕吗？"

他一脸的憨笑中透出一丝狡黠："不害怕，有点担心。但是，我坚定地认为：当我把生死存亡的权利交给学生的那一刻起，我就能立刻和学生建立起一种生死至交。学生为我而感动，这个见面礼会使学生和我的心紧紧联系在一起。赢得了学生的信任，是我做好班主任的基础。"

他说的不错，我从那几个孩子绘声绘色的叙述中，能体会到孩子们对他追星般的敬仰之情。

果然，他很快赢得了学生的喜爱，成了他们亲切的"袁哥"。

但是，没过多久，就开始有学生告状：袁老师体罚学生。甚至有学生说，袁老师打他！

不久又发生了一件严重事件，他们班级的两个女生留下一封对他工作方法不满意的信，离校出走。

这是我最难以接受的事实，一个私立学校，最害怕的是孩子出走。茫茫人海，我上哪里去找，一旦找不回来，学校将面临生存危机——曾经看过一些报道，某些私立学校因为学生离校出走迟迟找不回来而倒闭。

体罚学生，用强制方法胁迫学生认错、请家长等行为，是求实老师不可触摸的雷区。

深夜，我和他驱车100公里到学生可能去的地方守株待兔，3月的夜晚冷气袭人，站在路口，狂风肆虐着，我的心也难以平静，我在想象着最坏的结果——也许她们出了门被坏人盯上了，现在已经被限制了人身自由；也许她们已经离开开封市区，今后的寻找更加困难；也许……

我们俩沉默着，我知道当时任何语言都是多余的，他那一刻的心情一定比我更糟糕。夜里12点多，我们总算找到了孩子。回到学校已经凌晨一点多了，把孩子送到家长手里，我才如释重负，终于喘过气来了。

第二天，他找到我，诚恳地要求在教师会上做检讨，我拒绝了。原谅他，是因为我知道他会接受这次教训。我也知道，他可能还会犯错误，因为工作中的人，特别是从事教师这个特殊工作的人，犯错在所难免。但是，我相信，他不会犯同样的错误，他可以很快成长为一个优秀的班主任的。

逐渐地，他成熟起来。他没有了年轻人的焦躁，却多了男子汉的成熟和睿智。在现任班主任的两年时间里，他给家长和学生写了20万字的"情书"——这是一个年轻的求实中学老师以真情实感为笔，以对学生的爱为墨，写成的20万字实实在在的"情书"——将近40封给家长的一封信。而且，这"情书"还一直在续写……

《道德经》有语："天下之至柔，驰骋天下之至坚……不言之教，无为之益，天下希及之。"意思是最温和的方式，往往可以战胜最强硬的对象……不用语言的教化，不用管理行为就收到理想的效益，天下都很少能做到的。

我做到了！我用不言之教，收获了无为之益。让所有老师焕发出了极大的工作热情，我们共同为自己钟情的教育事业创造、奉献、收获着。

### 张菊荣

男,1968年生。江苏省汾湖高新技术产业开发区实验小学校长、党支部书记。苏州市学术带头人(教育科研类),苏州市吴江区名校长、名教师,吴江区课程指导委员会成员、课堂教学改革指导委员会成员、教育科研指导委员会成员,华东师范大学教研员研修中心特聘讲座教授,人大复印资料《中小学学校管理》编委,《教师博览》杂志签约作者。主要研究领域:学校文化、课程建设、教育科研等。著有散文集两种,与朱永新教授合著教育文集《行走新教育》,与沈正元副局长共同主编《观课议课问题诊断与解决》(17册),主编或参与编辑教育著作多种。在《人民教育》《中国教育学刊》《江苏教育》《江苏教育研究》《中小学管理》等发表教育类文章一百多篇。在省内外开设学术报告几十场。

# 过一种饶有兴致的专业生活

作为一个校长,我非常乐意讲述学校里发生的那些故事,揭示这些故事背后的意义。朋友们在听说之后,有赞好的,但也往往会在最后带上一笔:"你这些做法,放在我们学校肯定不行的。"然后,分析我们学校的条件,分析他们学校的条件,说明我的做法放在他们学校是肯定不行的。对此,我总是笑笑:"我说的本来就是我们学校的做法,如果我在你们学校做校长,我不会这样去做,至于我可能会怎样做,我也不知道,因为我以为,校长从来不是手握真理的先知,校长的办学思想不是先在学校外面想好,然后进去实施的,而是要在学校的现场,在此时此刻、此情此景中,与这样的一些人,合作、互动、尝试、提炼,然后才慢慢地形成的。"——我想说,本文所述,都是我在我的学校、在那样的一段时间里、与这样的一批人一起做的事,以及由此带来的体会,而不是要告诉人们学校必须怎样做之类的普遍真理。

校长虽小,但是他要面对的事情,其实是极其庞杂的,所以他的思想所涉及的领域也是极其庞杂的,如果一定要用一种极其严谨的、极其全面的框架来展开的话,一旦把握不好,很容易失去思想本身的鲜活。思考再三,我决定在庞杂的思想中选取一角,努力真实地呈现这一角思想的风景,供同行参考与批评。我说的那个所谓的"一角",就是:如何与老师们一起过一种饶有兴致的专业生活。

## 校长首先要过一种饶有兴致的专业生活

要让学生拥有成长的感觉,得先让老师拥有成长的感觉,一个不知何为成长感觉的老师很难理解学生的成长感觉;一个有志于帮助老师过一种饶有兴致的专业生活的校长,首先得过一种饶有兴致的专业生活。我一直以为,校长的生活应该是一种专业生活,校长固然具有行政职责,固然是一种行政角色,但他对学校的影响更应该是一种专业影响。与没有专业兴致的老师容易产生职业倦怠一样,没有专业兴致的校长也是非常容易产生职业倦怠的。校长如果能够把学校管理当作一种学术去研究,当作一些课题去琢磨,他就能过一种饶有兴致的专业生活。

校长要饶有兴致地规划学校发展。2009年暑假,我们面临新校开办的压力,后勤工作极其烦琐,但我的主要精力始终在学校的长远规划上——当然,我十分感谢我的行政伙伴们,他们的努力让我能够相对超脱地思考长远问题,而我以为,一所学校的校长如果只做眼皮子底下的事,而没有长远思考的眼光与习惯,这所学校很快就会面临危机。2009年8月12日,我们借开发区会议室召开第一次"学校发展咨询会",系统思考学校发展大计,《从现实基础出发,向理想境界迈进——吴江汾湖经济开发区实验小学办学框架的初步框架》为学校的高位起步奠定了良好的基础。之后,每年暑假,我们学校必做的一件事情就是召开"学校发展咨询会",就下一阶段的学校发展思路进行规划。而每一次,我们都要综合地考虑诸多的问题,都要进行调查与座谈,可以说,规划本身,就是校长要过的一种专业生活。这是说大规划,还有各种各样的小规划——简而言之,就是"想好了做",那就更是校长日常生活的一部分。校长不能只做眼前的、琐碎的事,必须整体地、长远地、关联地思考学校,这样,学校才能少一些折腾,教师才能多享受些专业生活的兴致。

校长要饶有兴致地思考事情背后的意义。所有事务的背后，所有细节的背后，一定都藏着意义，如果没有意义，我们就该放弃。思考并揭示事情背后的意义，应该成为校长的专业生活。校长应该具有一定的抽象思考能力，或者说，涉及学校最核心的东西，校长必须具有建立在形而下的基础上的形而上的思考能力。2009年暑假，面对极其忙碌的开学，我们在第一时间提出"让每一位师生拥有成长的感觉"，及时提出不拖拉、不推诿、不等待、不抱怨、不放弃的"五不文化"主张，并不断地通过师生们的故事来阐释文化的意义。2011年12月，我起草的《学校文化建设纲要》在教代会通过，学校文化建设的核心问题基本被厘清。在教代会上宣讲这个报告前，有朋友提醒我说，教师会不爱听。但事实上，由于这个报告有"形而下"的基础，又有"形而上"的思考，老师们觉得这是我们的共同创造，可以说每一行文字的背后都有无数的故事，结果报告引起了强烈的共鸣。反复地思考学校的文化问题，反复地思考各种事情背后的意义，这是校长的工作，也是校长的生活，是抱怨着还是饶有兴致地去过，取决于校长的认识。

校长要饶有兴致地"引领"课程与教学的方向。这种"引领"是一种专业行为，而不是一种命令："老师们，大家这样去做吧。"对教室里的事、课堂上的事，如果教师没有真正建立理解与信仰，仅仅依靠行政命令规定这规定那，是不能奏效的。而教师要建立理解与信仰，就需要校长与老师们一起在"前沿阵地"作研究。我的校长室，常常会变成研究室，与老师们一起研究课程与教学的问题时，我常常会感觉我正在享受专业生活的兴趣。当然，在与老师共同研究的基础上，校长还要善于提升，通过提升去更好地引领。几乎在每一届"成长课堂研究会"前后，我会撰写关于课堂教学的研究论文，我的那些研究论文不仅仅是为了去发表的，更是为了促进学校的课程与教学，《教学目标：一个老生常谈而又时被忽略的话题》《促进学习的课堂评价：从任务设计到效果反思》《基于学习视角的课堂评价信息》《教—学—评一致给我们带来了什么》《课堂教学中的"核心任务"：有效教学的视角》《"表现性评价"："点式课堂"突围的一种路径》《如何成就好课：一致性地思考目标、评价与教学》，这些课堂教学的论文，同样是我在没有经历那么多的专业研究之前所写不出来的，在引领课程与教学中，进行这样的专业写作，本身就是校长过专业生活的一种兴致。

校长要饶有兴致地琢磨学校管理的现象与细节。学校管理本身也是一种专业，学校管理中的很多现象与细节都是可以琢磨的。琢磨与不琢磨，就是不一样。有一天，华东师范大学课程与教学研究所十多位教授来我校，与一线老师进行对话，为了便于交流，我们为每一位教授准备了席卡；同时，我们也没有忘记，为每一位老师准备席卡。就这个细节，让教授与老师都很感动，这是学校管理中很小的细节，但这个细节折射出尊重与平等的理念。之后，有兄弟学校来进行座谈交流，我们通常也会准备彼此的席卡与简介，也常常会得到兄弟学校的赞美，其实，这个细节背后折射的是"他人意识"。

在学校办学满五年时，我又与老师们一起系统梳理五年来的成果，计划编印一整套系列丛书，包括《故事与印象——汾湖实小的校园文化》《风景与意蕴——汾湖实小的校园解读》《课堂的盛宴——汾湖实小的成长课堂》《最初的五年——汾湖实小的大事沿革》《名著怎么读——汾湖实小的名著课程》《整学期备课——汾湖实小的课程纲要》《反思与收获——汾湖实小的研究论文》《恒园的书香——汾湖实小的阅读生活》《庄严的承诺——汾湖实小的教师宣誓》《缤纷的回忆——汾湖实小的毕业纪念》《梦幻的童年——汾湖实小的校园生活》《教学评一致——汾湖实小的教学方案》《他人眼中我——媒体笔下的汾湖实小》等。在整理的过程中，有沉甸甸的收获，有更明晰的发展方向，这让我们又一次享受专业生活的兴致！

## 帮助老师过一种饶有兴致的专业生活

离开了自己的经历谈自己的思想，常常会找不到这个思想的根，因此，谈思想必须谈经历。一个人的经历，会深深地影响一个人的思想，尽管我们在经历这些事情的最初，有时候并不知道这个道理。也正因此，在我担任校长之后，我更加明白我今天与老师一起经历的事情对于明天的他们是多么重要。

我是1986年参加工作的，中师生，毕业分配时没有被分配到乡镇中心小学，而是去了一个湖边村小，虽然条件差一些，但环境非常好。春天，蔷薇花开遍湖岸，几乎每天下午，我会与孩子们一起在野花香中漫步，后来，我想，我至今仍然不改的教育浪漫主义情怀，或许跟职初的环境有关。两年之后，我被调到中心小学，逐步成长为学校骨干，后来担任学校副校长，在此期间，我极喜欢写作散文，后来，我想，这段散文写作的生活培养了我对生活的热爱与敏感，狂热的散文生涯能够让我在平淡的生活中发现趣味。2002年是我生命中重要的一年，那一年，发生了两件深刻影响我专业生活的大事：一是认识了朱永新老师，走进了新教育实验，朱永新老师与新教育实验让我看到教育的博大，我当时完全像一只跳出井底的青蛙一样看到了世界本原，这激起了我的教育情怀，即便到了今天，我的身上仍然流动着新教育的热血；二是我调到了吴江市教育局教科室，在那里，我开始把研究作为工作，我也有幸广泛地接触到省内外的"高人"，从他们身上领略到专业研究给人生带来的意义。在市教育局教科室工作了六年，我去了城区的一所小学担任党支部书记，我与那里的校长并肩努力，从"小课题""小团队"着手，迈"小步子"，很好地推进了教师的专业发展，丰富了教师的专业生活，这也使我相信，专业研究可以改变一个人的生活态度，专业研究本身就是一种生活。在那所小学工作不到一年，汾湖开发区要建一所新学校，当地领导诚邀我去加入这种创业。于是，2009年6年5日的谈话之后，我就来到了当时还只是一片工地的新学校——汾湖高新技术产业开发区实验小学（下文简称"汾小"），一直工作到今天。

一所全新的学校，一个叫"创业"的事业。那是很能够打动人的，那是很能够让人产生丰富的梦想的。我去的时候还没有老师，但我已经知道，这将是一所完全由年轻人组成的学校。我相信他们都将怀揣梦想，但我担心的是：几年之后，他们还会有梦吗？我相信他们都将满怀激情，但我担心的是：几年之后，他们还有教育情怀吗？——我经常会有这样的"提前忧虑"，就像今天，我一方面告诉年轻老师们："年轻人犯点错，上帝都会原谅他！"一方面又在校报《汾帆》上写文章《很快，你将不再年轻》。

我的担心不是多余的，因为教师的职业是很容易产生职业倦怠的。职业倦怠，那是一个多么可怕的现象啊。而预防职业倦怠的"疫苗"，就是教师永不停歇的专业成长以及由此带来的源源不断的成长感觉。我忽然觉得，我到这里来，第一使命就是要帮助老师过一种饶有兴致的专业生活！——尽管在当时，我还没有这样明确地表达，一直到2010年年底，我才写了一篇叫作《过一种饶有兴致的专业生活》的随笔，这篇短文发表在2011年第1期的校刊《汾小教育》上，后来又发表在2012年第4期《中小学管理》上，后来《教师博览》杂志记者采访我们学校，2013年第9期发表了记者的长篇纪实，文章名即为《过一种饶有兴致的专业生活》，或许，这个观点引起了大家的共鸣。

当一个人的职业不能给他带来快乐，只能给他带来厌倦的时候，这个人其实是很不幸的；当一个老师陷于职业倦怠时，他的整个人生就会黯淡，一个黯淡的人生又如何去照亮他的孩子们呢？一个教师，要摆脱这种危险，只有一个方法，那就是通过研究，使自己过上一种专业生活；通过专业生活的不断丰富，让自己的精神世界不断丰富，从而使自己的人生饶有兴致。而一个校长的第一使命，就是尽他最大的可能，帮助老师过一种饶有兴致的专业生活。

我与老师们的第一次接触，就是一种专业的接触。我希望以专业者的身份来开启这所学校的文化。2009年7月21、22日，我们借了三个地方，老师们分三组，将参加"学校愿景描述会"——老师们说，从来没有听说过这种会议。大家展望想象中的学校、期盼中的学生，我们从各自不同的角度，描述汾小应有的教师形象，描述汾小学子的形象……一个老师，站在学校愿景的高度思考教育的问题，站在办学哲学的高度思考学校的发展，站在顶层设计的高度思考长远的问题，这不是一种专业行为吗？这种深深的思考，不是很能让人产生兴致吗？一直到今天，当他们回忆起"愿景描述会"的场景时，依然兴奋。或许，汾小老师所要的饶有兴致的专业生活，就此拉开帷幕了。

开学之初，我们确立了学校的核心价值追求："让每一位师生拥有成长的感觉"。我暗暗告诉自己：让每一位师生拥有成长的感觉，首先是要让每一位教师拥有成长的感觉！一直到今天，我越来越深切地认定：帮助老师过一种饶有兴致的专业生活，让每一位老师拥有成长的感觉，应当成为校长的第一使命。——关于学校以"成长"为核心价值的实践探索，可参阅《江苏教育报》2013年12月6日、11日的深度报道《"成长的感觉真好！"——从江苏省汾湖高新技术产业开发区实验小学看新办学校的文化发展之路》、2014年第3期《江苏教育》（学校管理版）的案例《站在学校文化的源头上》以及前述的《教师博览》的纪实报道。

## 过一种饶有兴致的专业生活就要做专业的事

饶有兴致的专业生活，是生活内涵的变化，是生活品质的提升，而不是在教师生活之外额外的一种生活。不要把专业生活与日常生活割裂开来、区分开来，否则，我们将苦不堪言。我们倡导过一种饶有兴致的专业生活，绝不是从我们的生活中特意辟出一个板块来，说这就是专业生活。比如说，好像我们在进行"教研活动""课题研究"的时候是专业生活，而我们的备课、上课、批作业、测验、组织学生活动反而就不是专业生活了；比如说，我们的"公开课""研讨课"是专业生活，而我们平时教室时、课堂中的事情反而就不是专业生活了。——如果您这样来看专业生活的话，您一定很难拥有专业生活的兴致。过一种饶有兴致的专业生活，就要做专业的事，那种生活应该是一种智力生活，一种精神生活。如果你的生活没有智力的挑战、没有精神的激荡，就很难说你进入了真正的专业生活。

"愿景描述会"上，我们还给每位老师赠送了一本苏霍姆林斯基的《给教师的建议》。后来在学校先期建起的"汾小论坛"上，我发出了一份倡议书：《浸润在苏霍姆林斯基的思想光辉中》。倡议书最开始部分，我规定了具体的阅读方式:"7月25日,学校在'汾小论坛'发出了《浸润在苏霍姆林斯基的思想光辉中》,以此迎接新的8月。由此,每周进行的'共读苏大师'活动拉开了帷幕,浸润在影响世界的伟大教育家苏霍姆林斯基的思想光辉中,老师尽管还不互相熟悉,甚至互不相识,但已经因为这些共同的阅读而拥有了共同的话语。"这是一次历时一年的"长征",每个双休日,我会贴出思考题,老师们可以根据我提供的思考题进行选择性回应,也可以根据自己的阅读心得发表体会,所有的老师加入"读苏"的队伍,这本书,我们读了将近一年。从2009年7月27日正式启航,到2010年5月23日结束,300个日子,我们形成了共同话语,我们能够明白什么是一个人的智力背景,什么是一个人的精神世界,我们并不是为了记住苏霍姆林斯基的名言才去这样阅读这本书的,我们的阅读,本身就是一种专业生活,一种饶有兴致的专业生活,有智力的挑战,有精神的享受。读完这部著作,老师们感慨万千,很多人说:"从来没有这样读过一部教育书籍!"在总结这段"阅读史"的时候,每个人的感言都令人感动。我这样写道:"对于我们来说,以这样的方式,以300个日子的方式,尽自己最大的努力去走进一个伟人的灵魂,其意义远远不是为了'读苏'——虽然仅仅是'读苏',我们做得还远远不够——而是为了我们整个的教育人生!这只是一种开启!接着的路,该怎样去走,每一个人都会作出自己的选择,而每一种选择都会造就不一样的人生!"之后,新加入汾小的老师,会被要求以每周跟进的方式"重走读苏路",这似乎有些"游戏"的色彩,但经历这个过程的甜酸苦辣,老师们更会懂得什么才是真正的阅读,也更会懂得什么才是真正的学校文化,什么才是专业生活的兴致!——专业阅读,是教师本来就有的生活;但有没有把专业阅读当成专业的事,就事关专业生活的品质。

课堂教学,更是教师每天要做的事。每天的上课,如果我们把它作为一种劳作,那么师生的生活注定不会饶有兴致,教师的专业生活也注定不会饶有兴致。可是,如果我们去研究呢,去琢磨呢,去推敲呢,去咀嚼呢?那就可能会成为饶有兴致的专业生活!然而,课堂是一个多么复杂的现场啊,怎样追求专业的品质呢？怎样才算是专业的品质呢？我知道，在很多学校，有"开课节"，教育行政部门也会要求学校开展类似的研讨活动，怎样把这些活动做成专业的事呢？我们设计了"成长课堂研讨会"。一般学校的开课活动是一年一次，而我们的"成长课堂研讨会"是一学期一次；一般的开课活动，几年可能一个主题（甚至没有真正在课堂上深刻回应的主题），而我们每期一个主题，每期主题之间紧密相关；一般开课活动，盯住开课那天，我们则盯住整个一个学期，我们的"成长课堂研讨会"要到临近学期结束时才举办，我们要总结一个学期的研究心得，一学期的课堂研究要绕"主题"去转。就这样，"成长课堂研讨会"，只是一所学校的研究活动，但我们硬是提高它的"规格"，将之弄得像正式会议一样，包括课堂教学展示、课堂观察报告、研究成果发布、高层专家指导。2010年6月3日，首届成长课堂研讨会，主题为"探索成长课堂的基本特质"，当时我们提出反对"顺畅课堂"，追求有超越的课堂，显然是受了苏霍姆林斯基的影响。

从第二届开始，我们的"成长课堂研讨会"得到了华东师范大学崔允漷教授的直接帮助，我们的"主题"也越来越显现出"专业色彩"：教学目标的设计、观察与分析，促进学习的课堂评价，"教—学—评一致性"的课堂教学，基于学习视角的课堂评价信息，评价任务的设计与运用……帮助老师过一种饶有兴致的专业生活，校长的专业能力也终究是有限的，我们可以依靠外力。一开始，崔老师跟我们谈有效教学，讲基于标准的教学，说促进学习的评价，论述课程的要素与原理，我们其实只是似懂非懂的，我可能比老师们稍懂一些，就经常会做一些"翻译"的事。崔老师几乎以每月一天的频率进入我们的课堂，以课说理，帮助我们过一种饶有兴致的专业生活，慢慢地，老师们也用不到"翻译"了，老师们越来越"上路"——走上了专业之路，琢磨课程、琢磨教学的兴味越来越浓。

因为深恶于文山会海，我们平时不开教师会，只有每月最后一天中午开一小时的"月末会"，就是这一小时的会议，我们还安排一至二位老师以故事的方式讲述"微型报告"——我们希望把学校里的事做得"专业"一些。学校文化是通过做"专业"的事显现出来的，而不是说教出来的。这天，放学了，该是潘洁琴老师送校车，可是找来找去不见她的人影，她的手机在办公室里。最后才在潘老师的美术工作室里找到了她，找到她的时候，她大梦初醒一样！原来，她为了琢磨这个"微型报告"，竟然把整个世界都忘记了！——这就叫沉浸，这就叫专注，这就叫"饶有兴致的专业生活"！她的沉浸给她带了巨大的专业成长与精神成长。2013年12月，第八届成长课堂研讨会上，她为我们呈现的《猜猜我是谁》堪称"教—学—评一致性"的典范，《江苏教育研究》（实践版）很快就在2014年第1期发表了她的案例。而她还在不断地往前走，最近，她的一个博客又引发我深深的感慨。在外出听课之后的那晚，她满脑子的"教—学—评一致性"，于是就试着为这节课重构教学设计，一直到完成重构之后，才安然休息。——没有人要求她这样去做，是"兴趣"本身催着人向前走，她说，她"上了瘾。""饶有兴致的专业生活"，乃是对专业生活本身的兴致，这种生活，因为去功利，而成为一个人精神生活的重要内涵！《中小学管理》沙培宁主编有语云"专业养人"，我深深地认同！

这种饶有兴致的专业生活也带来了很多"额外的奖赏"，"教—学—评一致性的实践探索""基于学习视角的课堂评价信息"两组论文在《中小学管理》（2013年第1期）《江苏教育研究》[（小学教学版），2013年第6期]"隆重"推出，让我们得到了意外的喜悦，这些"做出来"的学术成果、这些"在做的之前肯定写不出来的"的总结得到认可的时候，也是能够为我们的专业生活添色的。

专心致志地做专业的事，专业生活也就五彩缤纷。

## 过一种饶有兴致的专业生活就要专业地做事

专业地做事，是说做事的方式。专业地做事，才能过一种饶有兴致的专业生活。如果都是"行政思维"，全部是在"规定—执行—完成"的框架下做教育，就很难获得专业生活的兴致;如果违反专业规律去做,更可能导致生活的痛苦。

专业地做事,要求我们能够研究着去做。苏霍姆林斯基说:"研究是一条幸福的道路。"可是,如果我们不是用专业的方式去帮助老师研究,那么可能这种"被迫的研究"也会成为通往痛苦的道路。教育研究不要为难老师们,要帮助老师们寻找其中的"兴致"——我们的"土书著述"就是汾小专业生活的重要载体。

2009年开学后的第一次教师会,我提出了"学期结束每人写一本书"的倡议。但我没有把这个"写书"说成是"科研成果",我是说:用文字的形式,记录这段历史,以后可以给我们的孩子、给我们孩子的孩子看,告诉他们,爷爷(奶奶)年轻的时候,也曾经这样努力过,曾经参与过一种叫创业的生活!——不要把"研究"单纯地看作"研究",而要从生活、人生的高度来看待这些事,要认识到研究背后的精神价值。

这就是后来我们的"土书"。当时,老师们也不是很在意,后来,我才知道当时老师们还压根儿觉得这不可能。一直到放假前一个月左右,要正式汇集的时候,有老师还说:"啊,我们还以为是我们一起写一本呢。""我们,行吗?"

事实上,每个人都交了卷。因为其实我们在平时工作中,早就安排了伏笔。我们的教学反思啊,我们的小课题研究啊,我们的评课意见啊,我们通过学校论坛开出的那些栏目,已经为老师们的"土书"做好了最基础的积累。于是,他们一整理,发现自己还真是厉害——当他们捧着平生第一本"土书"的时候,那种兴奋与激动溢于言表!

但这只是一个开启,作为一种生活,不能停止。于是,"土书生活"成为了"汾小专业生活"的一种方式,这种方式丰富了我们的人生。后来调离了汾小的闵荣生老师想起我跟他的关于写作的约定,他说,那是"一生的约定";吴晓亮老师因为一个每天写博客的寒假承诺,从此远离了曾经热爱的麻将;张丽老师的老领导看到她的"土书",惊讶地问:"就是这个张丽吗?"体育老师朱旭东的第一本"土书"是与夫人一起合作的,在写第二本的时候,我说:"朱老师,你还是合作吧。"谁知他自豪地告诉我:"张校长,我一个人编一本,已经编好了！"原来，当一个人开始过一种饶有兴致的专业生活时，他的能量是无法想象的。

专业地做事，还要善于不断地铺设合适的台阶，不断地迎接合适的挑战。当大家都"有"的时候，我们就要发动大家向"优"的方向走。于是，在"有"的基础上，逐渐地有了"土专著"：顾嫣宏的《为发展而教》、吴晓亮的《促进学习的课堂评价》、徐兰的《我和名画有个约会》、蒋银华的《绘本课程故事》……是"帮着做"，而不是"管着做"；是在理解"事情背后的意义"的前提下去做，而不仅仅是"为完成任务而做"。用专业的方式，做专业的事情，才可能过一种饶有兴致的专业生活。

专业地做，是"一起做"。一种饶有兴致的专业生活，是学校老师们的共同生活。一般地，我们应该对校长的专业能力有一定的要求，当然校长也不可能什么都强，但校长应该具有一些基本的能力，比如"一起做"的能力。校长的思想、校长的专业能力，更多的时候是在与老师们一起做的过程中生长出来的。当然，老师们的智慧，也会在与校长、与同伴一起做的过程中生长出来。这种生长的过程，就是专业生活的重要内涵。

与语文组老师一起，研究顾颖颖老师执教的《小稻秧脱险记》一课"三上"的经历，是非常典型的"一起做"的故事。第一次上下来，大家提了不少建议，老师的评课喜欢从细节入手——细节是应该关注的，但必须将细节置于系统思考的框架中。我一直在呈现结构性课堂观察的方式，比如说，从研究目标开始，在学习目标没有讨论之前，不讨论其他的细节；比如，将细节研究放在框架设计之后，一定是先讨论教学的整体框架，再讨论具体的细节处理。第一节课，学生学得蛮开心，但"语文性"不强，我们建议要设置"语文性"明确的学习目标。于是重设，几天后的下午第二次上课。这个"二上"，把整个语文组老师的脸都上得铁青——在议课的时候，大家都板起了脸，为顾老师担心——明天就是北京市房山区教研员高级研修班四十几位教研员来校观课，现在这个课，简直上砸了。这也不对，那也不是，建议这样，建议那样。我请大家一起分析，不要急于进行细节分析，依然是先分析目标，其实已经有进步了，"一上"是依照课文内容设计目标，"二上"是依照课程性质设计目标，进步很大了，但问题是还要考虑到学生的学习可能性——太难与太易都不是好的学习目标，现在的问题是目标过高，那么我们怎样来设计目标。目标初步确定之后，我又举例子说细节的处理，但我仍然强调：细节处理，只有在目标确定、框架确定的前提下，才是有意义的。——共同的专业生活也是带着情感的，你看教研组的老师们，完全是把这节课看成是自己的课。教研组组长叶雪娟，更是一路陪着，每一稿修改都付出巨大的心血。——专业生活，就是这样一帮人"一起过"！

这个"一起过"，还在继续。过了几天，我请她与几位老师一起来校长室，一起讨论怎样把这段故事写出来让人分享——这也是"共同的专业生活"啊！后来，就有了她的《走向有效教学：我的一次教学历练》，月末会上，她作了专业讲述。过了几天，我又请她与几位老师一起来校长室，这次讨论的是怎样把这些体会与教训写成论文。后来，就有了她的《语文教学目标从何而来？——〈小稻秧脱险记〉课例研究的教训和体会》，主要观点是："教学目标必须从教材中来，但仅有教材是远远不够的""教学目标必须从课标中来，但仅有课标是远远不够的""教学目标必须从学生中来，但孤立地研究学生是不够的，教学目标的研制必须对教材、课标、学情进行整合思考"。这些观点，没有经过这节课，是写不出来的；当然，仅有这节课，而没有后续的讨论与提炼，也是出不来的。

这就是专业成长的快乐与困惑，这就是"专业地做"，这就是在过一种饶有兴致的专业生活！

老师如果真能过一种饶有兴致的专业生活，学校就必定是幸福的殿堂，最终必然会造福孩子。与老师一起过一种饶过兴致的专业生活，我将孜孜以求。在谈论"校长办学思想"这个宏大话题时，我所说的这些事情并不惊天动地，不是什么教育改革的"大动作"，没有发出什么"大响声"，但我相信，真把这件事情做好了，我们的教育也就好了。

### 章建平

现任杭州萧山区银河实验小学教育集团理事长、银河实验小学校长。中学高级教师,曾被评为杭州市优秀教师、杭州市教坛新秀、萧山区优秀校长、萧山区"十大杰出"青年。2006年初任杭州市萧山区德意实验小学校长,到任后积极践行新教育实验,努力让师生"过一种幸福完整的教育生活",短短两年使这所生源枯竭、濒临倒闭的民办学校走出困境。后又创建公办的银河实验小学,六七年时间使一所新办学校迅速完成品牌突围,成为一所示范性窗口小学。2014年2月起兼任衢州市常山县第一小学校长,开创浙江省内跨地市兼任校长之先河。

# 让每一颗星星在"银河"中闪光

杭州市萧山区银河实验小学还只是一所年轻的学校,算上她的前身德意实验小学,也只不过才建校短短十年。作为银河实验小学校长,我远未达到"著名校长"这种高度,创校至今和同事们一起所作的思考与实践,也还不能称为"教育思想"。

很荣幸受邀写一写银河的办学思考与实践。既然定下来要写,免不了要整理一些思路。这个思考的过程是艰难的——这种回顾与整理的艰难其实来自阅读、思考、理解和实践的匮乏。当我的整理与思考,逐渐向更深处漫溯的时候,我发现银河实验小学的发展坐标,凝结在一个个愈渐清晰的事件中……

## 空降"德意"

我是心怀着教育的梦想到这所学校任职的。那是2006年的2月20日,一个校长任命的非正常时间。按我自己的话说,我被"空投"到了一个陌生的环境——陌生的办学体制,陌生的管理模式,陌生的同事。我面对的是一所只有5个班级,13位老师,75名学生的学校。

这是一所民办学校。2004年7月，萧山著名企业德意集团决定兴办一所高端私立学校，起名为德意实验小学。当时面向社会招募优秀教师，并确立了小班化、全寄宿、双语制的办学特色。创办之初，学校发展曾一度红火。但由于种种原因，仅仅一年半时间，学校便难以为继——当年只招到19名新生。

由于当初承诺的种种条件无法兑现，家长义愤填膺，教师人心涣散，各种负面评价如潮而至。为保证学校的正常运转，维护家长权益和社会稳定，教育局接管了这所学校。

当时，教育局的态度是：重新委派校长，学校以国有民办方式继续办学。若一年之内没有转机，则全校师生就地解散，另行安置！

初到德意实验小学，学校面临内忧外患，招生形势非常严峻，我非常迷茫与困惑。学校出路何在？工作如何展开？我百思而不得其解，深入骨髓的忧虑每天袭上心头。许多个深夜，我铺开一叠白纸，一盏灯，一支笔，一杯茶，一根烟，一坐就是几个小时。那几个月真是非常痛苦，我在三个月内体重减了15斤。慢慢地，在全校师生共同努力下，我们定下工作思路——"蹲下去精细管理，站起来充分展示"，学校各项工作渐有起色。越来越多的人，通过走进德意、了解德意，最终认同了德意。半年之后，学校招生形势喜人，学校规模从5个班扩大到13个班。

2007年，萧山区人民政府发文成立银河实验小学，投资5800万元，占地56亩，建筑面积20000余平方米的新校舍开始兴建。

## 我能成为一个好校长吗

任校长第一天，我就对自己说，每一天都要作好准备重回课堂。但我又告诉自己，每一件事情都必须全力以赴。那段时间，我总在思考，我不能成为学校发展的短板。我总在自问：我的存在，是促进了这所学校的发展，还是阻碍了这所学校的发展？

我给自己定下规矩：要求老师怎么做班子成员必须做到，要求班子怎么做校长必须做到。每一次课堂展示，我先上；每学期的《观点报告》，我开头；课题研究，我以身作则；教育博客，我率先垂范。那段时间，我总在行政会议上说：同志们都看着我们呢。

为了使这种所谓的榜样作用不那么"盛气凌人"，我也会去听听课，找老师谈谈话，去每一位老师家里家访，并以平等的倾听者的身份，推心置腹地交换意见。我在行政会上说：当你听遍了每一位老师的课，你的头脑中会出现全校老师的"业务图景"；当你坐在老师家里，你会感觉到什么是亲密无间、什么是坦诚相待。

为了更好地做好校长工作，我还给自己定了三个目标：寻访十佳名校长，研读百部管理书，日撰千字反思文。

我通过各种途径虚心向熟悉的每一位校长求教，他们丰富的管理经验给我很多的启发。通过各种途径，我结识了江苏卢志文、上海郑杰等一大批知名校长。教育局也多次安排我外出学习，尤其是赴杭州学军小学学习期间，我结识了杨一青校长和汪培新校长，与他们的交流，使我开阔了视野。

刚做校长那几年，是我阅读强度最大，也是专业化程度最高的一个时期。我大致以一到两个月通读一本，每半年精读一本的速度，在对自己结识结构的否定与对自身底蕴不足的惶恐和不安中，如饥似渴地阅读着大量的书籍。内容涉猎也很广，涉及教育管理、哲学、经济学、历史、法律、文学艺术，甚至还有企业经营管理等方面的书。

"不能让自己成为学校发展的短板"，正是这种自省，让我每天不敢松懈。所以，几乎每一天，我都在思考自己的工作；几乎每一天，我都撰写工作日记，成败得失一一随录；几乎每一周，我都会写下对学校当下的思考和未来的谋划。

每周五的全校教师会，我都会做一次主题发言，提炼一句"语录"式的话语，期望全校同事达成共识。

几年来，我挑选自己所写的部分文章挂在我的博客上与全校老师共享，已经超过几十万字了。现在去看，那一篇篇文字，其实就是我和同事们风雨兼程一路走过的印记。

从任校长开始，读书、思考、写作成为我生命中不可缺少的习惯。而且这种阅读与写作，使我始终对自己的言行保持清醒，对这所学校的现状保持清醒。我清醒地意识到学校的办学行为与我们的理念之间还存在着很大的距离，我们才起步不久，我们必须每天都要进步。也是从"空降"任职开始，我将发现问题、解决问题作为日常的思维方式和工作方式。

那段时间里，我经常自问："我是一个好校长吗？""我具备短时间内扭转局面的管理才能吗？""我能与我的同事们带着学校走向光明吗？"正是在这样的追问中，我和我的同事们，一步一步把这所濒临倒闭的学校，拉到了正常发展的道路上。

## 在这里工作，我一点都不孤独

这句话，是我在每个学期开学的第一次教师会上反复讲的话。

我深深地知道，没有一种业绩能够一人撑起。我告诉全体同事，学校发展需要全校教师群策群力，没有大家的支持和配合，我们必定一事无成。那段时间里，如何调动和激发全体老师的使命感和责任感，成为我经常思考的一个问题。

每一个学期末，放假前的最后一次教师会上，我都会给每一位教师布置假期作业——给我这个年轻的校长写一封信。字数可多可少，切入口可大可小，有且只有一个要求：情真意切地对学校的管理工作提出意见和建议。

从老师们的来信中，我高兴地看到，老师参与的热情很高，有的老师甚至有上万字的思考和建议。信中所提建议，有的详实理性、操作性很强，有的立意深远，对学校饱含深情。所有的建议都很中肯，也很实用，这让我非常感动。

听取意见和批评是需要胸怀和勇气的，因为有的来信会很尖锐。但我们不仅虚心听取，而且在每个学期前都召开专题会议，根据老师们的来信，努力寻找管理中的漏洞和不足。我们反复研读，努力作出调整、改进和修正。几年来，老师们的来信给了我们许多的鼓舞、鞭策和启发。让人高兴的是，许多当年提出的意见和建议，现在看来都已经成为银河教育的亮点。

每个学期的第一次教师会，我都会认真准备，对每一位教师的来信给予总结与评点。正如我曾经在一篇博客中写的：

我读着老师们的来信，深思之余心里始终暖暖的，而且随着老师们陆续来信，这种暖意伴随我度过了整个春节。我感谢和欣赏大家不用发牢骚的方式，而用符合逻辑的方式去发现问题，阐明问题的严重性，并且仔细地寻找问题的根源，为最后解决问题寻找最佳的方法和途径。大家的来信给了我很大的启发，对我的工作也是一种触动。我感觉在这里工作，我一点也不孤独。

## 只有珠穆朗玛，不是喜马拉雅

在银河小学的发展初期，我经常讲这句话——只有珠穆朗玛，不是喜马拉雅。

我们都知道珠穆朗玛是世界上最高的山峰，它以8844.43米的海拔被称为世界之巅。为什么要说"只有珠穆朗玛，不是喜马拉雅"？我是想和老师们一起注意：喜马拉雅山脉被称为"世界屋脊"，并不仅仅因为它的主峰珠穆朗玛峰海拔世界第一，而是因为在喜马拉雅山脉海拔7000米以上的高峰有40多座，

8000米以上的高峰有11座！

一座山脉如此，一所学校也是如此。

我校现有的名优教师，他们理念前瞻、学术精湛、课堂教学炉火纯青，指导的学生成绩斐然，在一定区域范围内享有很高的声誉，就如珠穆朗玛峰高耸入云——蔚为壮观。

但是，一所学校仅有几位名优老师是远远不够的——喜马拉雅山脉被称为世界上最雄伟的山脉，并不仅仅因为它的主峰珠穆朗玛峰是世界第一高峰。

那段时间，银河小学正迅速发展壮大，学校规模已经达到36个班级，学校教师数也迅速增加到90多名。我跟老师们讲，如果占基数绝大部分的年轻老师得不到发展，仅仅只有一两座"珠穆朗玛"，那么银河的发展将是一句空话。对于学校的发展和教师自身的发展，我们每一个人都要有理性且深邃的思考；对于自己的精神状态和业务状态，我们每一个人都要有警醒的省查。

我很喜欢看电视剧《亮剑》。主人公李云龙关于精神有一段非常精辟的言论："一支具有优良传统的部队，往往具有培养英雄的土壤，英雄或是优秀军人的出现，往往是由集体形式出现，而不是由个体形式出现。理由很简单，他们受到同样传统的影响，养成了同样的性格和气质。……任何一支部队，都有自己的传统，传统是什么？传统是一种性格，是一种气质。"

其实学校也需要灵魂，或者说需要一种共同的价值取向，需要一种信仰。当一所学校具有了独特的气质和性格，她也就具有了培养英雄或者说是优秀教师的土壤。当一所学校拥有了这种灵魂，从此，不管岁月流逝，人员更迭，这所学校灵魂永在。

我常常与老师们分享"不做第一，要做唯一""只有珠穆朗玛，不是喜马拉雅""您的光辉决定银河亮度""被银河需要是一种骄傲更是一种荣耀""没有一份事业可以一个人担起"等等。当这样的话，不断地被达成共识并被付诸实践的时候，每一位同事都清晰地看到自己存在的价值，看到自己发展的方向，并最终认识到个人专业成长的愿景对于自己意义之重大。每一位同事都认识到自己的重要，并朝着理想前进的时候，我们能看到的是每一位老师在自己的舞台上从容练达，纵横捭阖，我们甚至能在空气中"闻到精英的味道"。

## 银河，需要一轮太阳

当全校教师的精神状态被重新激活，当社会上开始流传"在与不在银河，老师的状态就是不一样"时，我们开始思考银河的文化架构和精神内核。

任何一所誉满社会的名校都是靠文化站立的。只有靠文化站立起来的教育才充满力量，并且深入骨髓——当文化站立起来时，所有的努力都变成自觉、自动和自发。

关于银河学校文化的内核与灵魂，我当初有一个很粗浅的认识：学校文化应该像一个太阳，它照耀教室内外，照耀校园里的角角落落，学校的一切都应该源自那里。但是当时我们不清楚，光照银河的这轮太阳应该是什么？只是隐隐感觉到，银河的教育改革不能仅仅满足于技术、手法或者某一方面的变革，而需要有更加清晰的价值取向，需要在价值观指导下开展学校教育的整体改革。

按我们自己的话说，那段时间，是在寻找银河的"教育哲学"。虽然我们还不能清晰地知道银河需要什么样的教育价值观，但是，我们已经意识到，没有文化的引领，我们只能永远忙于事务和技术操作。我们需要清楚地知道自己在秉承什么，知道自己想要用怎样的一种理念去贯彻学校的方方面面，去影响全体师生的生活。

凡曾致力于学校文化建设的校长都知道，确立学校文化的核心理念，是学校文化建设中最为困难的一件事。因为它是最根本的，它的偏颇或者浅陋，将使得现任校长和老师们辛辛苦苦的努力，在不久之后被斥为"不合时宜"或者"目光短浅"，或者因为没有个性，没有自己的特色而不得不被全部抛弃。而对它的抛弃，将使得依附于它而得到阐释的全部学校生活失去存在的理由与证据，而被后任校长全盘否弃。

我和我的同事们是幸运的——不是每一位校长都能创建一所新的学校并赋予她精神内核，也不是每一所学校都能经历一个崭新的校园拔地而起的过程。

当我们协助着基建办的同志，把学校从一片平地建成校舍，把图纸变成校园的时候；当我们发现自己在学校建设、校园规划、环境景观打造方面有了一些自己的思考的时候；当我们意识到，其实学校的真正现代化，并不是由豪华气派、富丽堂皇来决定的时候；当我们真正认同"决定教育品质的，不是我们拥有怎样的教室和设备，而是谁站在讲台上"的时候，我们开始意识到，真正的学校文化并不会凭空积淀并留存。特别是当我们重新品读"只有珠穆朗玛，不是喜马拉雅""世界其实就是我们自己""银河，以集体的方式站立"这些达成共识并付诸实践的句子的时候。我们意识到，其实银河的精神和文化之魂，在那个时候已经开始萌芽。

2008年，我们正式提出银河的教育理念——"让每一颗星星在银河中闪光"。全体银河人认为，对这句话解读的深度和高度，决定了未来银河办学的深度和高度。

现在，我们从三个层面解读这个教育理念。

首先是"闪光"。"闪光"意味着卓越和优秀，而这种优秀应该是基于每一个个体差异之上的进步，更多的是一种基于生命价值的自主成功和自我实现，是一种源于生生不息的创造的幸福，是一种自主、自信、自然的生命的叙事状态。因为"闪光",我们的学生才能学业有成,个性灵动,涵养丰厚;因为"闪光",我们的老师才能专业发展,自信淡定,尊严体面;因为"闪光",我们的学校才能声名远播,光彩照人,众所瞩目。

其次是"每一颗星星"。要使"每一颗星星"都闪光,意味着我们要无限相信,无限期待。作为校长,我无限相信每一位教师的爱心、仁慈、情怀、品格,无限相信大家的专业水准和对教育的理解,无限相信大家都是独一无二的,无限相信每一位教师的光辉终将在未来某一天照耀整个银河;作为教师,我们无限相信每一位孩子的潜能,他们都是人类整个种族的延续,他们都是种子,必将在银河这片土壤里享受甘霖,淋浴春风,最终在岁月里实现我们对他们的承诺。

最后是"在银河中"。每一位教师,每一个学生,每一个家长,都将在银河这个家园里成长。"在银河中",意味着我们要以集体的方式站立——我们有共同的情感、态度、价值观;"在银河中",需要我们对银河有认同感和归宿感,能齐心协力,荣辱与共;"在银河中",要求我们相互影响,共同生活,彼此照耀,彼此温暖;"在银河中",意味着我们有一个共同的名字,意味着我们有责任和义务共同遵守共识,共同维护秩序。

学校精神,说到底就是一种团队精神。学校精神一旦形成,就会像一面迎风招展的旗帜,展示出强大的内聚力,它能够把学校所有成员都团结在这面精神的旗帜下,真正发挥鼓舞士气、凝聚师生力量的作用。

这几年,银河小学从5个班级,13名老师,75名学生,发展到现在38个班级,120多名教职员工,1600多名学生。虽然学校变大了,人员增加了,构成复杂了,但是在"让每一颗星星在银河中闪光"核心理念的指引下,学校的每个成员都有一种精神的认同感和归宿感。

所有熟悉银河的人都说:在银河,每一位教师是星星,每一名学生是星星,每一位家长是星星。群星闪耀,成就璀璨银河。

## 抵达标杆的行走

当学校文化确立起来之后,我们开始思考教师的专业发展。

调入银河的老师,大多比较优秀。有的课堂教学游刃有余,有的教育科研成果斐然,有的班级管理很有一套。他们很多人在原来任教的学校中已经是鹤立鸡群的业务骨干,所以来到银河,个个都怀着满满的自信。

但是到银河一段时间后,许多老师发现,银河这所新学校里,光杭州市教坛新秀就有20多位,还有一些浙江省里知名的教师。于是很多人突然就有了一种挫败与迷茫:我如何在高手如林的银河站稳脚跟?我如何在这里找到属于我的职业幸福?

我们想到了新教育实验里朱永新老师提到的一句话:共同体,让教师飞翔。我们提出一句话:抵达标杆的行走。这里所指的标杆,即顶尖,或最优。抵达标杆的行走,指的是以实现教师个体与教师群体两大"标杆"为目标的摸索与探究。我们期望通过菜单式专业发展选择,使教师能根据自己的潜质与特长确立自己的优势项目,集中心力进行"点"式研究,帮助教师个体实现某一领域的最优发展,确立标杆地位。同时,通过专业共同体成员间的双向建构与整合,使具有共同愿景的教师群体实现某一领域的最优发展,能以团队的力量打造学校特色或者解决教育教学中的核心问题。比如群体精进档案评价技术,群体攻克问题学生转化等等。

于是,根据教师现状,学校初拟了学校专业发展共同体菜单,下分七个项目组:个案诊疗、教育博客、电子档案、专业阅读、儿童课程、有效课堂、班级管理,每个项目组拟定了发展目标。

**学校发展共同体菜单**

| 项目类别 | 专业发展指向 | 终极愿景 |
| --- | --- | --- |
| 个案诊疗 | 学生个案研究 | 让特殊学生有尊严地成长 |

续　表

| 教育博客 | 专业写作与反思 | 反思并改进教学 |
| --- | --- | --- |
| 电子档案 | 学生成长评价与班级管理 | 真实记录学生成长，生动反映教育现象 |
| 专业阅读 | 更新与丰厚本体性知识 | 在经典中获取力量，改进教学 |
| 儿童课程 | 课程研究，寻求两套大纲的和谐推进 | 为学生铺展广阔的智力背景 |
| 有效课堂 | 执教能力 | 提高教学效率，打造生命课堂 |
| 班级管理 | 班级管理能力 | 编织有意义的班级生活 |

我们把项目组菜单下发到每位教师，由教师自由选择。全校教师划分成了七个项目组。每个项目组，都指定一位骨干教师作为负责人，一位行政为项目指导者。每个项目组制订了详细的计划书，确定了活动的方案。为了获得更加高位的项目引领，我们还外聘了省市专家担任项目顾问，依托网络线上线下进行专业指导。

教师专业共同体，敦促着教师发现自己的潜质，自信而坚定地行走在最优发展之路。这些共同体的打造，使得教师们学会了合作，学会了沟通，学会了在与"尺码相同的人"的一起行走中，吸纳整合，重塑自我，实现自己特长领域的最优发展，获得职业幸福。

2010年5月，银河小学承办全国新教育开放周。在整整一周的时间里，学校以项目组为单位，从儿童课程、专业阅读、有效课堂、电子档案、个案诊疗等方面，全面呈现教师成长，受到了朱永新老师和来自全国各地500多位新教育同行的高度评价。一位山东的老师说：银河的教师团队，让我们看到了集体飞翔的高贵。

## 阅读，为生命奠基

在银河有一句话：牛奶强壮身体，经典滋养灵魂。银河小学致力于打造书香校园，为学生铺展广阔的智力背景，为孩子的生命奠基。

银河校园处处书香。学校的校门，被设计成一幅徐徐展开的"卷轴"。它告诉每天进出校门的老师和孩子们：走进银河的校门，阅读就像呼吸一样自然；走进银河的校门，从此一生与书相伴。

我们还把校园十条主干道，以十本经典著作命名，比如小王子路，犟龟路，花婆婆路等。学校除了购置四万多册馆藏图书，还充分利用社会资源，为每位学生办理了萧山图书馆的借书证，并且与杭州市少儿图书馆合作，成为他们的分馆，分批次共享杭州少儿图书馆的精美图书。

为了更好地发挥馆藏图书的效用，我们提出"每个教室都应成为图书馆"，精心打造每个教室的班级书柜。这些书柜有一些共同特点：书目高度契合学生年龄特点；书目由所有任课老师一起制订，以确保"营养均衡"；每个学期学校举行班级书柜交流与展评。

每天都是读书日。我们把阅读排进了课表，把最好的时间留给了阅读。学校将每年的4月确定为"银河读书节"。整整一个月的读书节活动精彩纷呈，"书香班级""小小藏书家""小小书虫""亲子共读优秀家庭"均受到隆重表彰，新华书店里，也专门开辟了"银河小学推荐书目专柜"，学校还邀请国内外著名儿童文学作家来校做客，极大地激发了孩子们的阅读热情。

除了狠抓孩子们的阅读，我们也意识到教师的专业阅读对教师专业发展的重要性。我们强调，专业阅读是需要有规划的，对于职初教师或者平时不太看书的老师来说，我们建议循着教育故事、教学案例、随笔、经验总结、文史哲……这样一条阅读阶梯使自己不断往前走，直至拥有相应的人文和科学素养，掌握教育学心理学的基本知识和所任学科的必需的专业知识，能比较熟练自如地开展日常教育教学。

学校制定了"教师专业发展之五年阅读规划"。《静悄悄的革命》《学校是一段旅程》《给教师的建议》《第56号教室的奇迹》《在与众不同的教室里》……一本本贴近教学的书渐次摆上书桌，成为银河小学教师阅读的教育教学根本书籍。而阅读史解读、阅读沙龙、主题研讨等共读活动也相继展开……

学校里越来越多的人，逐步养成了阅读的习惯。工作暇余，茶余饭后，总能听到老师们谈论着阅读。"你最近在看什么书？"成为相互交流时的一个常态性的问语。我还注意到，校内有许多老师存在着"天然"的阅读渴望，除了学校推荐的教育名著，许多老师的阅读面开始不断延展，教育、人文、政治、经济、文艺、法律……一个阅读底蕴丰厚、知识结构合理的教师群体在银河的校园里逐渐形成。

"一个人的阅读史，就是一个人的精神发育史。"作为新教育实验儿童阅读的发起者，民进中央副主席朱永新教授先后四次莅临我校，对学校推进阅读的举措予以了高度评价。回顾书香银河的打造之旅，我们感到充实而幸福。因为阅读，孩子们的笑容生动迷人；因为阅读，老师们的成长蓬勃迅猛。岁月更迭，时光穿梭，对于银河人而言，阅读，写作，已是一种习惯，一种必需的生活方式。阅读，使我们的人生与众不同！

## 新教育，擦亮银河星空

朱永新老师说：教师的双肩，一头担着生命，一头担着课程。

与新教育在一起的时间愈久，我们就愈发深切地感受到：新教育，无法模仿；新教育，只能是一种朝向，一种信念，一种坚持。我们知道，银河新教育怎么走，取决于银河具有什么样的文化，想要培育什么样的人才。

2010年，我们提出一句话：如果说过去的几年是新教育在银河共鸣与实践的过程，那么接下来将是新教育被银河内化与创造的过程。我们的对策是：创建与学校文化高度契合的具有"银河"特质的课程体系。

学校不断甄选、统整经典，并以校园十大主干道为载体，创生了符合儿童需求的德育校本课程《十品性编织润童年》。该课程贴近小学生的年龄特点及心理需求，也与学校培育人文科技兼备的银河学子的理念高度契合，实施五年来成效卓著。

该课程旨在依托显性的校园文化，承载隐性的德育目标，通过品性解读、儿童课程、电影鉴赏、主题午唱、习惯养成以及德育实践等途径，使型塑学生人格的美好品性以六年螺旋递升的方式，不断敲打孩子的生命，并最终成为孩子生命的一部分。

校园内十大主干道，以十大经典著作中的典型形象命名，依托这十条路，学校择取了十个关键词作为品性培育的基点，每个关键词的提炼均来自世界经典，每条路都对应着学校对孩子们的期待。比如彼得潘路，寓意享受童年；小王子路，寓意无论何时，都要记住自己承担的爱与责任；犟龟路，寓意心有梦想，行有坚持；花婆婆路，寓意要让世界因自己的存在而更加美好；萨哈拉路，寓意我是唯一的，我是最棒的。

每一个走进银河的孩子，从跨入校园开始，每个月经历"十品性"主题月活动。孩子们在晨诵中感受金子美玲、谢尔、顾城、金波等的经典童诗，在午读中阅读与每月主题配套的经典作品，观看相关的经典影片，使每个孩子在其相应的年龄阶段，在儿童课程之旅中净化心灵，在德育实践中茁壮成长。该课程将德育教育和儿童课程有机整合，编织成一张美丽的品性之网，让孩子感受到置身银河，便是置身故事，置身人性的美好之中。这个课程，后来被评为浙江省首届精品课程。在校级课程的基础上，老师们根据学生年龄特征及身心发展规律，努力打造年级课程。

课程的丰富性决定着生命的丰富性，课程的卓越性决定着生命的卓越性。这些校本课程，是对国家课程的重要补充，是对生命发展的主动应和。这些课程的实施，呼应了学校"让每一颗星星在银河中闪光"的办学理念与文化愿景，使全体银河人认识到：教育就是发展学生，丰盈生命，诗意生长，幸福生活。

## 课程，学校的核心竞争力

银河小学是一所年轻的学校，创校八年多来，我们主要做了三件事：2006年到2008年，主要抓凝聚队伍；2008年到2010年，主要精力在文化提炼；2010年开始，我们提出要通过培育"卓越课程"打造"完美教室"。

为什么把课程作为学校发展的战略改进领域？因为课程是学校的核心竞争力，因为它触及"教什么"，始终是检验一所学校的教育改革是否淌入深水区的标志。

任何一所学校总是以课程为载体实现其育人目标。怎样高位实现国家课程目标，又体现学校育人特色？我们走了一条从校本课程开发到国家课程改革的技术路线，取得了较好成果。

当银河小学在新教育实验的过程中，用四年的时间较好地构架了校本课程体系的时候，我们开始将目光投向国家课程。

一个很重要的原因，是我们发现当前国家课程实践中存在许多问题。比如说，模块重合，内容重叠；功能交叉，序列交错；门类过多，自主缺失。另一方面，我们注意到国内已经有先行者开始尝试对国家课程进行改革。比如说，罕台新教育小学的"全人之美"课程，北京海淀的"自主排课"实验，重谢家湾小学的"小梅花课程"，山东的"主题教学课程"等。而且我们注意到，教育行政部门对地方上"大胆"改革国家课程这事，还是支持和容忍的。

2014年4月，我给全体行政布置了一次颇有分量的作业：学习了解当前国内课程改革动向。具体要求是用文献综述的研究方式，阅读从中国知网上下载的近五年公开发表的、关于国家课程改革的上百篇文章。想法很朴素，既然开始要做这件事，我们总得知道前行的目标，必须明白国内的先行者已经走到哪儿了。

暑假末学期初，银河课改的基本思路成形，在反复请教了省、市、区专家的基础上，我们决定对银河的国家课程进行一次校本化的改造。不谋而合的是，9月12日，浙江省教研室几位主任带领各学科教研员，来到银河召开了一个会议。原来，省里的专家也在谋划如何在浙江省内全面铺开义务教育国家课程改革。这次会议，给予了银河"试水"的勇气与力量，也校准了全体银河人未来的奋斗方向。

9月26日，在周五的"银河论坛"上，我以"课程的力量：银河实验小学课程实践再思考"为题，把近半年来思考和反复讨论酝酿的课程改革方案向全体教师作了阐述。接下去，所有的工作都按预案展开。教师以教研组为单位，进行头脑风暴，充分呈现每一位学科老师对课程的思考。确定学科详细方案后，是"走班选课"双向申报：孩子们填写课程意向表，每一位老师根据自己的潜能与长项，申报自己可以开设的课程。

10月初，学校整合所有意见建议，拟定了初步的课程改革方案——

秉持"让每一颗星星在银河中闪光"的办学理念，以培养银河学子应有的"人文情怀、科学精神、强健体魄、艺术修养"四大基本素养为课程目标，坚持"国家地方课程统整化，校本课程个性化"原则，以三年为建设总周期，一年为阶段周期，分三期逐步推进课程改革。把国家课程与地方课程统整为"人文与社会、科学与思维、运动与健康、艺术与审美"四大类基础课程。我们还开发了大量促进个性化发展的拓展性课程，包括舞蹈、合唱、器乐、书法、国画、篆刻、射箭、跆拳道、天文社等60多个校级、年级社团。这样的课程结构，既遵循儿童在基础教育阶段的普遍认知特点，又提供更富"银河特质"的个性发展空间。

从具体实施策略看，主要是"课程整合""长短课""大小课""走班课"。其中"走班课"分必修课的走班和选修课的走班，分层次的走班和分类型的走班，还有学生的走班和教师的走班。以必修课走班中的体育课走班教学为例，学校对原来每周三节40分钟的体育课进行了时间上的调整，将原来的课改为一节短课一节长课，再延长每天的大课间活动时间。其中体育大课，每个年级统一时间同时上课，20分钟的统一大课之后，有八个不同的小课班，按学生兴趣和爱好，进行分班教学。这里面，学校还对教师的特长以及场地的分配进行了综合的考虑。

10月底，一张张全新的课表出现在孩子们面前。

原先上午三节40分钟的基础课，变成了四节35分钟的基础课。

周一下午是全校68个走班课程：电影、编织、木工、演讲……丰富的课程，让校园一下子多了许多笑声。

而周二至周五下午的70分钟体育长课，更是深受孩子们欢迎。在上完全年级统一的20分钟体育大课之后，他们终于可以依据自己的喜好，去选择自己中意的体育小课了，包括篮球、乒乓球、足球、射箭、武术、跆拳道、排球、趣味体育游戏等。

2014年11月底，学校承办浙江省"高位均衡 轻负高质"现场会。浙江省教育厅韩平副厅长对学校四年多来的课程改革给予了高度评价，尤其表扬银河小学提前启动了对国家课程进行的整合与优化。他说："浙江未来三五年要做的事，没想到银河小学已经开始尝试了。"

## 学校，因何而美

打造一所不留遗憾的学校，一直是我们全体银河人的追求。什么样的学校可以不留遗憾——除了用我们一生中可能是最旺盛的精力和体力，全身心地投入和付出外，还应该是怎样一种可供表达的形态？

这么几年来，一个问题不断叩问着全体银河人，那就是：学校因何而美？随着办学地不断深入，答案也在不断清晰……

一所美丽的学校，应该有自己的文化。

学校应该有一轮"太阳"，这轮"太阳"，应该能够照耀教室的各个角落，能够统领学校围墙内的所有教育教学行为。这是学校办学的核心，是学校的

"教育哲学",是一种根植于学校所有成员心灵深处的精神诉求——为了所有的儿童、为了教育、为了社会,它是凝聚学校一切的根本。如果没有这样的精神指引,我们每天的工作除了形而下的劳作,就是不知所措的茫然。从这个意义上来说,一所学校只有拥有了自己明确的价值追求,才有可能摆脱"分数至上"的影响,从而真正彰显教育的超然。

一所美丽的学校,应该有卓越的课程和完美的教室。

学校应该把课堂和课程作为学校发展的战略改进领域。课堂,是真理呈现之处;教学,是知识散发魅力之时。课堂高效了,教育才会高效;课堂优质了,学生才会卓越;课堂改变了,学校才会改变。只有当我们的老师们,能一切从孩子出发,突出学生的主体地位,成为"学习共同体"内"平等中的首席",教室才会成为师生互动、心灵对话的舞台,才可能有知识、生活与生命的共鸣,才可以听见生命之花次第开放的声音。

一所美丽的学校,教师应该成为"教育家"办学的主角。

课程开发的过程,也极大地激发了教师的生产力——他们可以专注于自己感兴趣和擅长的领域;如果感觉不适合转化"学困生",那就重点关注"学有余力"的学生;如果不会教"演讲与口才",也许可以承担书法或写作教学。只有当教师们有足够的自主、自由时,他们才有足够的自信和自觉。只有当老师们做自己喜欢做的事情时,他们才有可能"在自己身上装一台发动机"。只有当一所学校的大批优秀老师,以"教育家"的情怀、"教育家"的境界、"教育家"的心态和"教育家"的教育艺术,来影响学生成长、推动学校发展的时候,这所学校才有可能实现"教育家办学"。

什么样的学校最美?这样的追问让我们心生遐想。

如果银河小学能够朝着既定的方向步履坚实,如果银河小学在文化的润泽之下,课堂成为汇聚伟大事物的中心,课程成为培育独特生命的路径,教师们个性舒展地行走在"教育家"办学的最后"一千米",我坚信:

当银河百年校庆的时候,银河真正的标志,并非校门口"相信种子,相信岁月"的日晷,而是银河学子脸上洋溢着的自豪与幸福;银河真正的历史,并非校史馆内几十年的记录,而是每个银河学子心中难忘的故事;银河真正的成就,并非林林总总的奖项与荣誉,而是在天地间站成"人"字的每一个银河学子。

学校如斯,大美无言。

### 赵桂霞

教育管理硕士。山东潍坊广文中学校长,中学正高级教师,山东省特级教师,潍坊市人民政府督学。历任潍坊一中教师、潍坊市教育局基础教育科负责人、潍坊市教科院副院长等职。兼任全国初中课改联盟理事长、全国新学校行动计划研究中心常务理事、中国教育学会初中教育专业委员会常务理事等。山东省劳动模范、山东省富民兴鲁劳动奖章获得者、山东省首批齐鲁名校长建设工程人选、山东省2011十大教育创新人物。获第二届全国教育改革创新杰出校长奖、首届明远教育奖提名奖。系国培计划专家、教育部基础教育课程教材专家工作委员会委员。

# 适才教育，为每个学生提供适合的教育

一所新学校必有一个发展的新开端。潍坊广文中学是 2006 年 7 月 12 日在潍坊市区教育资源调整过程中，由两所学校的初中部整合成立的。我们在首先对学校进行发展定位——"建设一所学生喜欢、教师幸福、家长满意、社会认可的初中理想学校"的基础上，倾听学生、教师、家长、社会各界的声音。"您心目中的理想学校有哪些关键要素？请写下来，从最重要的开始"，确立了达成理想学校的基本路径——"建设适合学生的课程，构建高效愉悦的课堂，创设学生自主发展的舞台，关注教师的生命质量，塑造积极简单的学校文化"，最终提炼生成了"为每个学生提供适合的教育"的适才教育办学思想和操作体系。

"适才教育"包括两个基本要义："因材施教"，全力提供适合每个学生成长的教育；"因需而教"，全面奠定适应各类人才发展的基础，具体操作体系包括学生适学、教师适教、全员适位、家庭适导、学校适所。

# "学生适学":用心成就每一个学生

世界上没有两片相同的叶子,也没有两个一样的学生。"学生适学"就是在正视与尊重学生个体独特的"这一个"的基础上,全力助推每个学生自身的可持续成长与进步。它是"适才教育"的核心。

## (一)从"分班而教"到"选班而学"

"我的孩子小学挺优秀,怎么到了初中成绩就下滑了呢?"孩子进入初中的家长,常常有这样的困惑。调研发现,初一学生学年结束时已有10%难以跟进课堂教学,至初二时接近20%。究其原因,传统分班已经难以满足学生个性成长需求。当我们用数据呈现每个学生的"学业基础和学习动机诊断分析报告"时,其汉语阅读与写作能力、计算与逻辑推理能力、英语听说读写能力的发展水平以及背后的学习动机差异,会明白无误地展现出来。

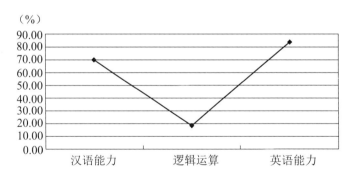

图 1 学生 A 学业水平综合分析图

学生 A 的汉语、英语能力在全体学生中分别高于70%、80%的学生,但是其逻辑运算能力却处于最低的20%的学生群体里。很明显,这是一名数学弱的学生。

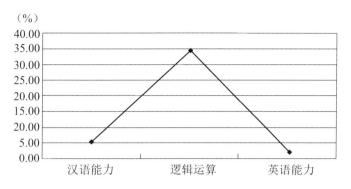

图 2 学生 B 学业水平综合分析图

学生 B 的汉语能力与英语能力在全体学生中处于最低的 10% 的群体里,最强的逻辑运算能力相对于全体学生也处于后三分之一的群体。学习动机诊断分析报告显示,他需要提升的是学习情态。

把这样的学生放到同一个班级里,显然很难满足每个学生的成长需求。于是,我们设立不同类别的班级,由学生自主选择。如 A 生选择了"数学加强班",这个班由最优秀的数学教师任教并担任班主任;B 生则进入了"情态强化班",心理学知识丰富、极富耐心的"妈妈老师"任班主任,重在培养孩子的学习情感,进而提升其学习能力。

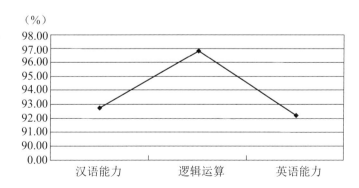

图 3 学生 C 学业水平综合分析图

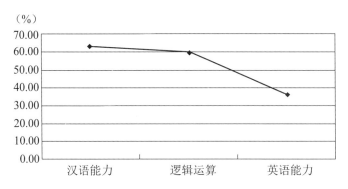

图4 学生D学业水平综合分析图

C生、D生则选择"自主学习班",这个班学习方式多元,学生自主学习和讨论的时间更充足;而英语学科偏弱的学生往往选择"英语加强班",强化英语学科的学习。

"选班而学"的实践已经证明,这种"因材施教"的班级组合有利于将学生的全面发展与个性成长相统一。2010年6月,首批施行自主选班的2008级学生地理、生物学业水平考试A等率高达50%(平均15%),特别是加强班和情态班的学生不仅考出了成绩,更考出了信心!

"适合的就是最好的",自主选班,让每个学生找到了适合自己发展的学习环境。

## (二)从"教教材"到"用教材教"

面向师生调研影响课堂高效愉悦的关键要素显示,"学习内容"被列入四个最为关键的要素。于是,按照"学习内容要适合学生"的理念,带领各学科教师对学科课程进行生本化建设,从"教教材"走向了"用教材教"。

要适合学生就要研究学生。2007年,第一届毕业生离校前夕,我们面向所有毕业生做了"初中各学科知识点难度值"调研。英语学科显示:在初中英语102个知识点中,男生学习所有知识点的"平均难度",全部高于女生。男生英语学科学习遇到了普遍性障碍，必须破解！化学学科的调研发现，高踞难度值榜首的，竟然是"棉、羊毛、合成纤维的区分"，46.7%的学生认为难。物理学科的调研也出现了类似现象，排在最高位的"力臂的画法"，让物理老师感到"不可思议"。地理学科的调研显示出，"国家区域地理"难度值最高。"可是，这个知识点没有多少思维含量啊？"地理老师困惑不解。

……

通过多种途径捕捉背后的原因。英语老师发现，男女生生理、心理特点不同，导致语言基础和语言兴趣不同，使得男生学习英语遭遇"发音障碍"。英语组决定，解决男生发音，破解男生英语学习难题。于是，英语组开发"学前引桥"课程，对小学教材中的内容进行梳理，并将之与初一教材内容（Starter 部分）进行整合，系统讲授，音标教学是其重要内容。终于，男孩张开嘴了，他们语言流畅，口齿清晰，学习英语的积极性大增。

物理、化学老师研究发现，学生"缺乏生活经验"是其出现物理、化学学习困难的主要原因。于是，开发"难点引桥"课程，引入生活实践，帮助学生建立经验，为学习新知识建立停靠点。"力臂的画法"难度值因此下降了15.4%。

地理学科则通过"整合教材"，解决了"国家区域地理"的难题。不再是根据教材按一个一个国家顺次学习，而是按照低纬度、中纬度、高纬度特征分类，进行"小模块整体教学"。难题破解了，学生们掌握得更扎实。

如今，学科课程生本化建设的途径有：整合教材，含不同版本的教材整合、同一版本的结构调整和超越教材的内容扩充；引桥课程，包括"学前引桥""难点引桥"和"发展引桥"；适量练习，研究"习题训练知多少"，以满足不同层次学生的需要。

"适合的就是最好的"，学科课程生本化让学生更加喜欢学习。

### （三）从"活动"到"活动课程"

2006年12月31日，广文中学举行首届艺术节闭幕式暨2007年新年联欢会。学生发展处选定了两男两女四个主持人，还没排练，其中一个男生妈妈坚决不让孩子做主持，理由是"主持能让我们上高中吗？"

但这个不做主持的学生，并没有因为增加了学习时间而考入理想的高中，相反，初三复习期间成绩不升反降，最后以择校进入了市区的一所普通中学。

在孩子眼里，活动到底占什么位置？对学生进行"你心中的好学校是什么样的"调研，结果惊人的一致：活动位列第一。

学生希望有怎样的校园生活？进行"幸福感的来源"调研，"丰富的文体活动活跃了课余生活，锻炼了自身素质""各种活动让学生自主举办，给学生充分展示自我的舞台"位居前两位。

学生希望过一种完整的校园生活，学校必须从机制上予以保障！那么只有走"活动课程化"的路子。

所谓"活动课程化"，就是将学生的各项活动纳入课程管理，使活动具有课程的意义和价值，并以学分予以保障。为此，我们梳理一年中学生的大小活动，反复研讨，围绕育人目标，确立了十个类别的"活动课程"，具体包括：入校课程、班会课程、国旗下讲话课程、主题教育课程、综合实践课程、社团课程、"广文节日"课程、"阳光60"课程、演讲与口才课程、离校课程。每类活动课程都有明确的课程目标、课程内容、实施方式、课程评价等。

学生个性多元、需求多样，因此尊重学生的差异性、发展学生的自身个性，成了活动课程的又一定位。于是，在将"活动课程化"的同时，确立了"活动课程个性化"的理念，并通过"主题引领，模块推进"的策略予以实施，即每月一个主题，主题下有若干模块，学生自主选择模块参加。

"适合的就是最好的"，活动课程给每个学生提供了个性发展的广阔舞台。

## （四）从"先教后学"到"先学后教"

课堂是学生的，从一定程度上说，学生喜欢的课堂才可能高效。调研全校5000名学生"你喜欢怎样的课堂"，汇总统计，"师生互动、生生互动的开放式课堂""实践体验类课堂""能激发学生自主学习的课堂""学生参与面广的课堂"等排在了前十位。

学生的期盼与新课改倡导的自主、合作、探究的学习方式要求一致，课堂教学必须改革！但传统的"教师讲、学生听"的课堂因为习惯使然，力量太强大了，改革课堂教学必须改变"先教后学"的课堂结构，并提供给教师"先学后教"的基本教学流程。

对优秀教师的课堂进行跟踪调研，剖析共有规律，形成了"先学后教"的新流程：自主学习，小组合作，展示质疑，精讲点拨，反馈矫正。

在"首届课堂研讨月"期间，学校举行了入职教师、青年教师、成熟教师新课堂教学大赛，结果显示，三类教师都在执行新流程，但存在部分教师"表面"执行导致目标达成度低的现象。

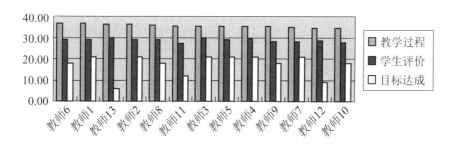

图5 "首届课堂研讨月"青年教师展示课三维度评价数据表

必须引导教师透过流程把握"先学后教"的真正内涵！

"先学后教"，本质是追求课堂的高效愉悦。于是，面向教师、学生两类对象，从高效、愉悦两个层面，正向、反向两个角度，进行"高效愉悦课堂的关键要素"调研。大量数据明白无误地显示出,教学环节、学习内容、教学方法、师生配合等四个关键要素决定着"先学后教"能否落到实处。

于是,根据美国学者的研究结论(一个人学习时,能记住读的10%,听的20%,看的30%,说的70%,做的90%),我们设计开发了"课堂流程效益"表格,用于教学环节的研究,各学科形成独具特色的《学科教学基本规范》,学科教学规律得以彰显。

**课堂教学流程效益**

| 课堂活动方式 | 时间 | 听20% | | 说70% | | 读10% | | 做90% | | 辅导他人80% | | 看30% | |
|---|---|---|---|---|---|---|---|---|---|---|---|---|---|
| | | 参与率 | 有效时间 | 参与率 | 有效时间 | 参与率 | 有效时间 | 参与率 | 有效时间 | 参与率 | 有效时间 | 参与率 | 有效时间 |
| | | | | | | | | | | | | | |
| | | | | | | | | | | | | | |
| | | | | | | | | | | | | | |
| | | | | | | | | | | | | | |
| | | | | | | | | | | | | | |
| | | | | | | | | | | | | | |
| 有效时间合计 | | | | | | | | | | | | | |
| 学生活动效能 | | | | | | | | | | | | | |
| 总效能 | | | | | | | | | | | | | |

每学期评选"学生最喜爱的老师",征集其"共有特征";汇总学生"你最不希望老师说的话""最不希望老师做的事"为《教师忌语十条》《教师不得逾

越的十种行为》，越来越多的教师得到了学生的认可。倾听教师"最希望学生的课堂行为""最不希望学生说的话"，形成《广文学子十要十不要》。

各学科展开"头脑风暴"，寻找学科发展基因，寻找优秀"教学方法"。学期末调研学生学习难点、围绕难点开发课程已经形成机制。寒暑假，老师们带着开发任务回家，带着课程成果回校。

在"用数据管理课堂，对流程微格研究"的探索中，形成了广文"54321自主课堂"。"5"即五步教学流程，"4"即上述4个关键要素，"3"是知识与技能、过程与方法、情感态度与价值观等三个维度的课程目标，"2"是高效、愉悦的课堂价值追求，"1"是学生实现自我探索、自我建构、自我创造的"阅读文本"。这样的课堂，"真正把课堂还给了学生，尊重了学生自主学习权，体现着老师在课堂上的引领作用，是高效愉悦的好课堂"。

## （五）从"单一学科评价"到"综合素质评价"

2002年教育部《关于积极推进中小学评价与考试制度改革的通知》中早就指出，建立以促进学生发展为目标的评价体系，主要包括基础性发展目标和学科学习目标两个方面，将基础性发展目标的内容设定为"道德品质、公民素养、学习能力、交流与合作、运动与健康、审美与表现"六个维度。自此，对学生的评价从"单一学科评价"走向了"综合素质评价"。

具体到学校，综合素质评价应该涵盖什么内容？又该如何评定？

每年新生入校，我们面向班主任调研新生状况。"好动、坐不住、上课心不在焉"等不良学习习惯排在首位，"行为养成不够"位居第二，"加强新生学习习惯和行为习惯的培养"位列工作建议第一条。看来，除了教育部规定的基础性发展目标以外，还应结合实际增加新的内容。

另外，评价必须尊重学生差异的存在，体现学生发展的差异性和独特价值。

经过多次集中研讨并反复实践，形成了一个全新的"339综合素质评价体系"。第一个"3"指三个评价层次，即针对"学习习惯"和"行为养成"每月进行一次的"常规性评价",针对六个基础性发展目标每学期进行一次的"主题性评价",针对学生个性特长发展每学期登记认定一次的"标志性成果"评价。第二个"3"指三个评价主体,即"学生自评""同学互评""教师评价"。"9"指三个评价层次中包含的九个评价维度。

《教育部关于基础教育课程改革实验区初中毕业考试与普通高中招生制度改革的指导意见》中指出,"评价应该以实证性材料和数据为基础……力求做到客观与公正。""常规性评价"采用量化写实评价法,随时记录,每周汇总,每月以等级形式呈现,学生自律意识增强,走向了自我管理。"主题性评价"和"标志性成果评价"在学期结束时集中进行,前者采用个人展示,本人、同伴、教师多主体评价的方式;后者采用登记认定公示的方式,均以等级形成呈现。

合并每个月的"常规性评价",形成一个学期的常规性评价等级;汇总一个学期中"常规性评价""主题性评价""标志性成果评价",就得到一个学期的综合素质评价等级;汇总六个学期的综合素质评价等级,就形成了每个学生毕业的综合素质等级。

"339"综合素质评价,有力地保障着对学生评价的真实、公正。

## "教师适教":让每一位教师都获得发展

教育大计,教师为本。一所对学生成长负责任的学校,必定要首先承担促进教师专业发展的责任。"教师适教"就是最大限度地创造条件、提供平台,让教师获得最大程度的发展,目的还是满足学生对教师、对课堂的需求。适才教育的核心是"适学",关键在"适教"。

### (一)"学术引导",帮助教师转变理念

发展教师,首要的是提升其教育理念。转变教师理念,不靠灌输,更不靠

行政干预，而是"学术引导"，即用数据说话，新理念自然走进教师心中。

在课堂改革的过程中，教师突破传统习惯并非易事，最主要的原因是教师担心学生，"我不讲，他能会吗？"

我们没有靠说教，而是带着教师走进课堂验证。

走进初一（1）班，听了这个班的全部六节课，六节课都是学生课前自主学习。老师让学生在上课前和上课后，分别做当堂达标检测题。结果发现，学生自主学习后的平均达标率为64.5%，课后达标率为89.6%。

再走进初二（1）班的课堂，用同样的办法进行验证，预习后的达标率为65.3%，课后达标率为96.3%。

不间断进行的研究告诉我们，学生有自主学习的能力。越是高年级的学生，其自主学习的能力越强。

当然，转变理念还不够，教师生活在制度中，学校必须改变相应的制度。

改变教师考核制度。把过去的三个维度评价（过程评价、结果评价、发展评价）中的结果评价，分解为教学质量、育人质量两个部分，两个部分的分数比值相当。

改变课堂评价标准。从过去的只注重过程评价和达标情况，改变为教学过程80分、达标10分、课后反思10分。教学过程包括基本课堂流程、学科特色、课型特色40分，学生活动20分，教师活动20分。

在评价的指挥下，教师们转向了。

## （二）"教师发展学校"，实现教师自我成长

2008年10月，值全市教师发展工作会议在广文中学召开之际，"广文教师发展学校"挂牌成立。

学校以"促进教师专业成长，铸就教师幸福人生"为办学宗旨，把"自觉参与，自主选择，自我发展"作为办学理念，开设了必修课程、选修课程和满足教师身心发展的社团课程。

必修课程主要用于开拓教师视野，提升教师理念，解决老师发展的共性问题，全员都要参与。具体包括：专家月报告，读书工程，课堂教学研讨月，学情会商等。

选修课程基于教师的兴趣，帮助教师解决自身问题，助推个性发展与成长。具体包括：周四沙龙，青蓝工程，名师工作室，课题研究，广文讲坛等。各种娱乐、体育、健身、美容、着装、养生等社团课程，成了促进老师们身心发展的重要平台。

一旦选择了课程，教师发展就被纳入学校管理，学校将按照《教职工学术积分管理办法》实施奖励。

如今，教师群体中已经发展出很多自组织机构，这些机构成了教师自我发展的最好平台。"教师发展共同体""青年教师联合体""新学校行动研究团队""时空坐标系研究团队""工作流程研究团队""课改联盟"等，一个团队带动一批人，"教师发展学校"红火起来。

### （三）"关键因素"，提升教师生命质量

人的最高境界是追求幸福。调研发现，教师的幸福感源自成就感，而影响教师成就感的"关键因素"有关键事件、关键人物、关键书籍、关键期等。

归拢名师发展的关键事件，一般包括两类：一是参加课堂大赛获奖，一是参加教育科研取得了丰硕成果。

影响教师发展的关键人物有两类：一类是中外教育家或者教育教学专家，另一类是对自己的成长给予具体帮助和支持的人，比如校长、当地教研员等。

影响名师成长的关键书籍也有两类：一类是专业书籍，另一类是教育类书籍。

创设关键因素，成了提升教师生命质量的重要因素。于是，每年一届课堂教学研讨月，或入职教师汇报课、青年教师展示课、成熟教师示范课，或新授

课、习题课、讲评课、或同课异构、同课同构、或教研组长亮相课、特色教师特色课。各种课堂大赛历练着教师，成就着教师，也创造着属于他们的关键事件。

每年征集教育教学中的问题，建立问题台账，面向全体教职工招标，使人人都能参与课题研究。学校通过评选教育教学成果奖、金点子成功案例奖，为老师创造着另一类关键事件。

每学年，对于教师成长甚为重要的关键书籍，如学科《课程标准解读》《给教师的建议》等，学校组织过关考试，测试结果纳入对教师的考核。坚持"馆内书籍定期配送"制度，图书馆的书流动到教师办公室，教师借阅量由42%提高到95%，年阅读量从人均不足三本上升到现在的人均十几本。

设立"名师工作室"，实施"青蓝工程"，组建教师发展共同体等。对于发展中的教师来说，关键人物随时就在身边。

## "全员适位"：调动全员参与办学积极性

学校里的所有人都应该各得其所、各安其位、各司其职、各尽其才，共同发挥育人作用。机构设置、内部运行机制、内部管理，都要让每个人感到自己重要。这是"适才教育"的保障，它决定和影响着"适才教育"是否被落实。

### （一）"我的岗位我选择"

今天在广文中学，只要有学生集中的地方，必然有"大发"老师。

上学的时候，他在门口；放学的时候，他在主干道；学生有外堂课的时候，他在办公楼前；午餐的时候，他又出现在餐厅。自从选择了到学生发展处，他就像变了一个人，那份快乐、自信，弥漫于整个校园。几乎所有人都说，这个岗位就是为他准备的。

被孩子们称为"大发"的，是现在主管学生常规工作的李振发。

在广文中学，每个岗位都是双向选择。三年一次大调整，学年结束后小调整，岗位职务一聘三年，三年后职务自动解除，重新竞聘。2012年岗位竞聘过程中，李振发报名要任职于学生发展处，并如愿以偿地走进了这里。虽然只是平级的岗位调整，但因为适合自己，所以他迸发了极高的工作热情，刚一上任就风风火火地投入到学生常规管理中。很快，他找到了常规管理工作的突破点，将常规工作的"面"分解为几条"线"，再把每条"线"具体化为几个"点"，从"点"入手推动各项常规工作的落实，果然见效很快。

很多人说，今天才知道"大发"这么有点子。而用他自己的话说就是，"通过自己选择岗位，找到了干工作的新感觉"。

"我的岗位我选择"，最能发挥人的主观能动性。每个人在选择岗位的时候，对自己的专业背景、兴趣习惯、优缺点以及岗位的客观条件都会反复比较和斟酌，"因为是自己选择的，也就愿意投入百分百的精力去做，遇到问题时总能想方设法找解决办法，而不是将问题向上、向外推。"

### （二）"满意度是重要的工作业绩"

为了推动建设学生喜欢、教师幸福、家长满意、社会认可的理想学校，从2006年开始，学校面向学生、家长进行满意度调查，并根据调查结果，表彰"学生最喜爱的老师"和"家长最敬佩的班主任"。连续两年，贾老师榜上无名。

评价结果刺疼了他，他开始了深刻反思：我布置的作业有没有经过深思熟虑？对学生的态度是否简单粗暴？我和家长谈话的口气是否适当？我有没有把学生和家长反映的问题当回事？……反思引发了自我改变。如今，他成了家长最敬佩的班主任，被评为"广文年度人物"，主动请缨领衔青年教师联合体工作。

当倡导"满意度是重要的工作业绩"后，全校教职工都像贾老师一样，自我反思，自我改变。

"54321自主课堂"把学生对课堂的满意度作为评价要素之一，教师主动调查学生：你喜欢怎样的课堂？哪个环节最高效？从而不断改进。

任教班级学生的学业质量乘以作业满意度系数，才是教师的工作业绩，这个业绩会被纳入教师的年度考核，于是，教师主动研究，不断提升作业的质，压缩作业的量。

学生对学校餐厅的满意度，决定着餐厅的去留；群众对干部的满意度，影响着干部是否继续聘任；家长对各块工作的满意度，制约着部门是否获评优秀。

"我们的岗位是服务对象提供的"，广文的每个人都种植了这样的理念。"满意度是重要的工作业绩"，已经成为广文的文化。"倾听服务对象的声音""寻找提高服务满意度的金钥匙"，成为教职员工提高满意度的两大行动。

### （三）践行民主管理的"8个关键词"

商量。"制度是商量出来的"，凡涉及全校教职工利益的重大规章制度，提交教代会；涉及部分教职工利益的重要规章制度，由教代会选举产生的教职工委员会商量。办公会只通过一些一般管理规章。

计算。"优秀是计算出来的"，大大小小的评优事项，都是根据教代会或教职工委员会研究通过的办法评选出来的。用数据评价，由高到低依次确定。这样产生的优秀，令人心服口服。

倾听。学年结束，倾听教师的苦恼和问题；平时工作，倾听教师的声音，就连请专家作报告，也是在倾听中确定专家和报告内容。每学期两次倾听学生和家长的声音，寻找改进工作的金钥匙。

沟通。校长与学生间的"成长有约"、与教师间的"课程对话"，教师与学生间的"漫步心灵花园"等，拉近了师生间、干群间的距离。书信、邮件、电话、面谈等，都是沟通的好方式。

公开。将师生和家长关注的招生、收费、评优、提干、党员发展、物资采购、教师发展、学生成长、资源建设等内容，全部公示出来。所有重要事项实现阳光操作，接受监督。

监督。在实现文本公开、网络公开的同时，学校教职工委员会对重要制度、政策的出台，工资职称的变动，财务支出，招投标项目等实施过程监督。

服务和满意度。人人寻找自己的服务对象，并将服务对象的满意度纳入考核。一线教师为学生和家长服务，二线职员为一线教师服务的意识深入人心。

## "家庭适导"：放大家校合育的力量

学校必须和家庭教育结合起来，才能发挥育人的合力。为此，学校开办家长学校，开设家长课程，创新家长课堂模式，坚持开放办学等。"家庭适导"，是"适才教育"的支撑。

### （一）创新家长课堂模式，让家长学校成为家长的乐园

"中小学生家庭生活质量现状调查"的结果令人震惊：学生的生活质量随年级的升高而下降！对家庭和父母的满意度，初中生只有17.6%，最低。开办家长学校成了学生健康成长的必需。

家长学校设立了三个年级，每学期四次常态上课。

怎样的课堂，最有吸引力？实践中，我们探索出十种家长课堂模式，吸引了家长。

"沙龙互助式"，实现家长之间的交流分享。"专家访谈式"，让家长与专家对话交流。"成果展示式"，通过学生展示发展成果，意在告诉家长，学业成绩不是成长的全部。"学生主讲式"，则是让组长向组员的家长汇报每个学生的表

现情况，家长获取更多的来自"一线"的信息。"案例剖析式"重在用故事传递教育方法。"团体辅导式"则采用团体心理辅导的形式，解决亲子沟通中的共性问题。"亲子远足式"是通过亲子远足感悟亲情，融洽亲子关系。"三元互动式"则努力营造一种温馨的氛围，家长、教师、学生共同参与，亲、子、师三方共鸣。"恳谈咨询式"以优秀教师、优秀班主任和心理专家组成座谈或咨询团队，提供现场咨询。"专家讲座式"则是邀请专家做报告或现场答疑，传递科学的家庭教育理念。

多元家长课堂吸引着家长积极参与，推动着家长素质的提升。

### （二）组建家长委员会，让家委会成为家长的家园

设立班级、年级、校级三级家长委员会，帮助其承担起家校沟通、参与办学、组织学生活动等职责。家委会下设活动部、义工部、轮值部等，多层面开展活动，创造了家校合育的力量。

驻校轮值的"5420工作机制"，成了学校发现问题的另一双眼睛。每天5名家长驻校轮值，做4件事情：当面与20名学生交流，电话访谈20名家长，巡查校园20个地点，走进20个教室听课。

服务学生的"家长义工机制"，成了推动学生发展的重要力量。"家长义工团"包括实践活动义工团、助教义工团、爱心互助义工团、安全监管义工团。每项活动，都有家长义工们忙碌的身影。

助力成长的"参与课程开发机制"，为学生架设了更加广阔的舞台。家长积极参与社团课程和特色课程开发，特别是在家委会支持下，综合实践课程常态开设，每个学期学生有四次外出参与社会考察、社会实践、社区服务、研究型学习的活动。

"聚焦课堂，辅助成长"的家长进课堂机制，有力地支持了学校课改。家委会倡导"孩子的课堂，我的课堂"，每天有一名家长走进课堂，随时反馈听课感受和意见。

"家长沙龙"机制，带动了家长队伍素质的提升。家委会于周六晚常态举办"家长沙龙"，还不定期地开展其他沙龙活动。年内组织"家长沙龙"61 期，每次一个专题，2300 余人次参与。面对面交流分享，家长素质提升很大。

## "学校适所"：全力打造初中理想学校

基于广文的传承和发展需要，我们将学校发展定位于办一所学生更喜欢、教师更幸福、家长更满意、社区更认可的初中理想学校。这是"适才教育"的根本所在。

(1) 建设学生更喜欢的学校。一所能给学生带来幸福感的学校，一定是学生心中的理想学校；而学生所期盼的理想学校，也一定能最大程度地提高学生的幸福指数。调查"学生幸福感的来源"，开启"提高学生校园生命质量"系列行动：自主社团，成长引桥，和谐家园等，并逐步完善，学生幸福指数不断上升。

(2) 建设教师更幸福的学校。研究教师幸福感的来源，相继推出：倾听教师抱怨，把抱怨转化成"十事实办"工程；成立"爱心基金会"，打造"温暖学校"；筹建合唱团、舞蹈团、时装表演团等 14 个教工活动社团；举行赞美同事演讲比赛。老师说："不幸福的教师都是相似的，我们的教师各有各的幸福！"

(3) 建设家长更满意的学校。倾听家长的声音，把家长的意愿变成学校发展的动力。向家长开放学校，把家长发现的问题和建议变成学校不断提升的载体。开设家长课程，帮助解决孩子成长中的困惑和问题。

(4) 建设社区更认可的学校。向社区开放办学，凡学期之初、教师节或学校文化艺术节等重大时刻，邀请社区代表前来座谈，共商学校发展大计，影响社区、回报社区。建立学校与社区联席会议制度、社区参与校务会议制度、社区参与学校考核制度、学校与社区教育资源共享制度。学校从传统走向现代、从封闭走向开放、从开放走向成功，师生的胸襟更广博、境界更高远、能力素养更全面。

在几年的实践中,我们不断发现、靠拢、遵循教育规律,探索出了有益学生身心发展的"适才教育"体系,为每个学生提供适合的教育,助推每个学生走向成功。《国家中长期教育改革和发展规划纲要(2010—2020)》中"关心每个学生,促进每个学生主动地、生动活泼地发展,尊重教育规律和学生身心发展规律,为每个学生提供适合的教育"给了我们充分的肯定。

### 郑 杰

现任职于上海师范大学中小学教育实验研究所。曾任上海市新沪中学副校长,上海市北郊学校校长,上海外国语大学实验学校校长。曾荣获上海教育十大新闻人物、上海市优秀教育工作者、上海市十佳青年校长等称号。任校长期间致力于学校变革,在学校文化、制度建设、质量管理等方面颇有建树,著有《给教师的一百条新建议》《顾此失彼》《谁是教育的敌人》《给校长的建议》《忠告中层》《从校长到幕僚》《没有办不好的学校》《首席教师》等十多部专著,因其观点新锐独特而被誉为"另类校长"。现主要从事学校发展研究,并投身于教育培训和咨询活动中。

# 我当校长时的那些事

我曾经在三所学校任职,其中最刻骨铭心的就是在上海市北郊学校的那段时光。在当校长的六年中,我主持了大大小小十一项变革,主要是:合并一所初中和一所小学,使之成为九年一贯制学校;为提升学校教育服务质量而引入全面质量管理体系;实施服务战略,进行全覆盖的满意度调查;变革学校机构,取消了教导处和政教处;人事制度改革,分步实施全岗位竞争上岗;干部制度改革,实行中层干部任期制、评议制、选举制;分配制度改革,使教师收入结构更为合理;实施依法治校与民主管理,尤其是教代会的改革;课程改革,使学校课程更具学校特色;引入人力资源概念,变革学校内训与骨干、名师培养方式;学习共同体建设,创建高效绩团队等。

教育领域内的变革非常复杂,而人类的理性是有限度的,也许只可以明确变革的方向却无法控制变革的步骤和节奏,我希望每一个变革都是自然发生的,对每一项变革都希望是静悄悄的、付出最小的代价。虽然所谓变革就是利益调整,小变革是小调整,大变革是大调整,但这不应成为暴风骤雨式的教育大革命的借口。因而,这十一项改革都仅有开始而未见终结,甚至有一些改革根本未见成效,而有一些则是失败的。

变革的目的不是变革，尽管变革在北郊学校常常会重新开始，变革是因为人们有梦想，因为有梦想，所以对现实存在不满，正是现实中的教育的普遍问题和北郊学校所在区域、北郊学校存在的特殊问题，使变革有了动机。至于人们问起，因为变革，我们学校培养的学生到底有些什么特别的不同？学校业绩或升学率有何长进等等，此类问题，我都难以确切回答，因为虽然课题研究已临近终了，可变革的成果却很难评估。我下这样的判断并不是为了逃避责任，作为校长和这些改革的策动者、设计者，我有充足的自信，确信变革已有效地阻止了北郊学校沦为"薄弱学校"，确信这些变革可以为其他向往变革的学校提供真实的经验。

我2000年8月到北郊学校任校长，那是一所由三所招生困难的薄弱学校合并而成的九年一贯制学校，历史文化资源几乎是零，占地面积才九亩，服务半径内的居民素质也不很理想。虽然办学条件差，但老师们工作却非常勤奋，他们待人很热情，这成为激励我改造这所学校的理由。有一次，我在教工大会上动情地说：我是在最好的创业年龄到这里来的，我愿意将自己的青春贡献在这里，希望我能带给学校未来。

我是个梦想家，我和老师们经常讨论的问题就是学校往哪里去，为什么往那里去。总认为校长应该在办学思想和教育理念方面与教师达成一致。有许多人问我：你的那些理念什么时候成为现实？我一般不和他们争论，我们需要理想和理念，但未必都能将之变为现实，教育本来就是乌托邦事业，在教育问题上，没有精神追求和宗教情怀是万万不行的。每次教师大会，我都谈思想谈理想，为一次发言，我要准备好几天，我的决心很大，要让北郊学校脱胎换骨。

当时北郊学校最大的危机就是招不足学生，那时上海还没有严格执行就近入学的规定，学校与学校之间的竞争很激烈，围绕着生源展开的竞争是残酷的，却也为学校变革提供了外部推动力。我们变革的核心是：给家长和孩子们提供选择我们的理由。这些理由主要就是因为知名度、美誉度和信赖度而成为品牌学校，所以我带领大家做三件必不可少的事：一是传播，让更多的人知道我们学校；二是形象设计，使公众对学校形成良好的印象；三是以稳定的教育与服务质量获得家长和社会的信任和尊重。我给自己的校长角色定了位，我要学会做一个学校"经营者"，要为学校增值，尤其是要增品牌价值。

学校品牌是知名度、美誉度、信赖度三者合一，一个不能少的，而其中最重要的就是信赖度，也就是说品牌建设要从教育与服务的质量开始做起。那时我们将全面质量管理思想和原则大胆地引入学校，形成了我们的质量观：质量就是学校所提供的教育服务满足需求的程度，满足需求的程度越高，质量就越高。那么学校应该满足谁的需求呢？我们认为主要是学生和家长，为此我们了解学生和家长的需求，郑重地向家长作出十项质量承诺，向家长公开了举报投诉电话。

为履行质量承诺，我们制定出了两项制度保证：一是制定《北郊学校质量管理手册》，共15万字，主要是教育教学方面的规范性制度、程序性制度、评价性制度和奖惩性制度等。二是成立专门的质量管理部门，作为一个监督部门，他们的主要工作就是处理举报投诉，对来自家长和学生的每一项举报投诉进行调查、取证、处理，三天内给出答复。

成立质量部门引发了学校的"机构改革"，什么样的组织管理体系更适合九年一贯制学校，并确保提升其质量呢？我们的做法是：(1) 成立"质量监察室"；(2) 成立"信息室"，这个部门要考虑如何更好地满足家长和学生需求，其工作目标是提高满意度；(3) 改组教导处和政教处，重组而成"学术与课程办公室"；(4) 将九年的教育分为三个学段，每一段由一名主管负责，学校授权他们进行自主管理。

为配合机构改革，我们加强教师工作团队的自主管理。学校建立了校内人力资源市场，鼓励教师以团队方式参加岗位竞聘，这些竞聘团队事先都准备好了"竞标书"，竞聘上岗后，他们的工作便由对上司负责改为对自己的承诺负责，他们的自主性得以大大加强，而干部的工作也越来越由临场指挥转为指导和服务。

机构改革是一场永不止歇的革命，正如树的长成，岁岁枯荣，顺乎自然。唯此，学校方可充满活力，生生不息。不过，如果没有好的干部，再好的"组织设计"都不能发挥效用。于是我们实施了干部的"选聘制度"。这一制度主要包括：自由报名，党组织考察，群众选举，校长聘任，任期制，问责制。

我在好多方面都很固执，比如虽然我想通过制度而不是我个人的力量来治理学校，于是只顾着建章立制，只顾着发扬学校民主，哪怕成本很高、见效很慢也在所不惜。我们当校长的，时间一长，就容易专制起来，因为那样省事啊，效率高，一搞民主，什么事都要商量商量，往往花费太多的时间、精力，不值得。好多人批评我搞"花头"，什么是"花头"呀，不集中精力抓教学质量就是搞"花头"，可我固执地搞那些"花头"，立志要在北郊学校建立费时费力的民主管理制度，这条道我是下决心走到底了。

理想主义的最终结果就是专注，在教育领域内也是如此。那些非常专制的校长常常正是一个教育的理想主义者。为了实现自己听起来很正当的理由，校长需要用种种手段来控制，比如怀疑、干预、管束、听小报告、控制信息发布、收买人心等等。专制管理的学校几乎无法实现正义，因此总是消解人的工作积极性、主动性和创造性，因此专制管理下的学校都可能辉煌一时却不可持续。

我设想的民主型管理是这样的：北郊学校有完整的规章制度来代替了人的管理和干预，学校里每个人的各项权利都得到尊重和维护，教师和学生都有更大的空间去实现个人价值，校长是学校制度的设计者，然后通过授权依照制度进行管理，而不是直接的管理者。我迷恋民主管理，是看重民主管理的优点：北郊学校的教师个人价值和个性追求成为可能，教师原创力获得解放，学校持续创新，人际关系趋于简单和谐。因为固执地迷恋民主管理，在任职期间，我做了不少与教育教学无关的"傻事"，至少与升学率无关。

第一件事是让教师充分知情。不知校情怎么参与校务，哪来做主的可能？我们学校的校务会议是全程公开的，学校在制度设计中安排了质询会和听证会，让大家可以从被动地接受校情传递到主动地获取信息。

第二件事是确保程序公正。我将程序公正看成是学校民主管理的灵魂。校内选举也好、竞聘也好，最终所做的表决也许并不是"结果公正"的，可能谁都无法保证结果一定是公正的呢。但我们都要尊重结果，可是凭什么都要尊重结果呢？那是因为如果作出表决的程序每一步都是公正的，如果程序公正，我们可以认为表决是公正的。

怎么才能确保程序公正呢？万一某人制定的程序本身不公正怎么办？所以让大家讨论决定吧，大家一起讨论就叫民主。民主就是多数压倒少数吗？不对，否则可能是"集体暴政"，真正的民主又往往保护少数，要保证每个人说话的权利，哪怕他说的话大多数人不爱听，因此，民主的前提是言论自由。

第三件事也就是最重要的事是教代会自身建设。学校民主主要是靠教代会的成功运作来实现的，而目前学校教代会明显不能承担此任。

首先是要让教代会的产生具有广泛代表性，能真正代表教职工利益，并有能力有积极性"参政议政"。我们推行了教代会代表候选人自荐制度，然后由教师投票差额选举产生代表。进一步的改革是教代会常设机构——工会主席的公开选举制度，我们允许每个代表都有被选举权，然后竞选，如果教代会本身都不民主，我们如何还能期待教代会在学校民主管理中发挥作用？

其次是授予教代会更实在的权力，让教代会摆脱可有可无的尴尬境地，这个实权主要是选中层干部、评议所有干部的权力。教代会拥有了按一定程序选评行政干部的权力后，权威性才可能被建立起来，构成对学校行政力量的有效监督和制衡。

再次是要对教代会进行适当的"专业"分工。按照我们的教代会条例，教代会共分四个专业小组：行政监督小组、规章制度起草小组、学校文化小组、维权小组。我希望分成小组后，建立各小组的述职制度，促使教代会能正常地、自动地工作。民主不仅是一种意识，也是一种能力。教代会代表们理应具备这样的能力。

最后是要教代会学会开会。教代会组织规范运行的一个条件是有规范的会议程序制度，没有会议则没有教代会，我们确定了教代会各类会议的程序，要求教代会庄严地坚守每一道程序，一步不能少，促使教代会的效用真正发挥出来。对我来说，应付教代会中最紧张的就是质询与答辩，每当要通过一项重要文件我都如临大敌，振奋起全部的精神。印象最深的是2004年8月的教代会，那次是要讨论通过学校新三年发展规划，大家疑问较多，光即兴回答教代会提问就耗费了我两个半小时。

第四件事是要让行政权力从学术领域内逐渐退出来。学校存在着教育学术领域，这个领域应该是比较自由的和开放的，教师在这个领域内平等交流，才有教育创新。但是，往往在中小学，因为行政力量过于强大，这个领域也由学校行政权力提持，学校行政权力讲的是等级与服从，一旦侵入这个领域后，容易压抑学术领域的自由空气，最终使学校创造力窒息。所以民主管理改革的一个目标就是要使行政力量归位，修复学校学术空间，保障教师的教学与学术自主权。但是，行政力量从学术领域内退出后，万一学术力量培植不出的话，是不是会形成学校学术空虚呢？因此，行政权力的退出是渐退的，一边退一边要小心而耐心地培植学术力量。这可能是个漫长的过程，所以从机构设置开始，我们学校成立了由骨干教师组成的学术委员会，给予这个委员会的权力包括评议教师、组织教学研究活动、引进教师、评聘职称等等，通过授权来发展学术力量。

下面再来说说教师竞聘上岗，教师竞聘上岗并不是我首创的，但是目前看来快销声匿迹了，所以在这里保存一下历史。

在北郊学校的每一项改革举措，对教师来说都是在"折腾"和折磨，我很理解教师的痛楚，但我的本意并非为他们制造痛苦，而是让教师经受一场又一场洗礼。在教师大会上说，我这个校长就是要"折腾"大家的。而在所有的"折腾"中，竞聘是最折腾人的一项，几乎没有人可以是旁观者，竞聘到第四个年头的时候，北郊学校已"无人可逃"。

有人猜测我推行竞聘是一种谋略，因为我们学校人员富余较多，而且三校合并，校长要裁员拿谁开刀呢？所以用竞聘的方法最简单。我想如果这样揣摩我强力推进竞聘的意图的话，那未免也太小器了些。竞聘在我看来绝不是解决人员富余问题的权宜之计，事实上，竞聘应该成为制度，学校人力资源配置的一项核心制度，并且，随着这项制度在学校里逐渐扎下了根，必将重塑学校文化。不仅如此，竞聘还将之前几年中我所推行的几乎所有的改革成果整合了起来，并激活了一些形式化了的未必真正有实质成果的"假变革"。

竞聘上岗的实质是改变人力资源配置的方式，即由校长安排教师工作岗位变化为由"市场"手段来调节。教师是劳动力商品（这可不是歧视教师，我这个校长也是劳动力商品），劳动力商品和其他商品的共同之处就在于，之所以被购买，不仅取决于其本身的品质，还取决于需求，甚至主要取决于需求。当一件商品稀缺，可能需求就会增加，而需求增加，则价格上涨，价格上涨则供应就会增加，供给越是充分，价格则自然回落。市场就是一只看不见的手，在调整供求关系。我认为，引入市场机制来配置校内人力资源对于打造一支高水平的师资队伍是唯一有效的方法，我甚至认为，目前还没有比这种方式更好的方式。

竞聘的一个核心的词叫"竞"，也就是要用竞争的方式来换得被聘用的资格。有不少教师反对竞聘，或者是在迫不得已的情况下参加竞聘的。即使大家明白竞聘的好处，可是一旦真的要参与竞聘了，却往往不太情愿。所以第一次尝试是只选六年级年级组长，当时有五名教师报名，张勤老师当选，我们给了她每个月的特殊津贴。这是一次竞聘实验，一方面为之后持续展开的各类竞选和竞聘活动积累了经验，另一方面是告示了全校，竞争上岗已然开始。

第二年我们进行了九年级教师竞聘，当时我们采取"组阁制"。先是给九年级下工作指标，有升学率指标和满意度指标、高效绩团队星级指标等，然后由教师报名，年级组长在报名的教师中选出班主任，再由班主任在报名的教师中选出任课教师。

这两次实验的成功显然增强了我们的信心，于是，我们决定，在三个学段的起始年级开始全岗位竞聘，即一、五、八年级开展竞聘，聘上后，签订工作合同，期限分别为4、3、2年。其中八年级采用组阁制，一、五年级则是包班制。

首先是报名阶段。学校人力资源室公布待聘岗位和任职资格，教师填写竞聘意向书。然后由人事部门对报名对象进行资格审查，主要是学历、资格证书和师德、工作业绩等。审查完毕后公布"市场准入"名单。这个过程中，学校领导会为教师提供一些咨询服务，帮他们分析寻找最适合自己的工作岗位。但这种帮助是极有限度的，因为真正能发挥效用的"市场"，最忌讳行政干预。

名单公布以后，请教师们自由组合成教师团队来承包班级。教师们开始寻找自己的搭档，那些有共同价值追求、志趣相投的教师自动地组成了竞聘小组。也有找不到搭档的，我们几个行政领导再次为他们服务，但同样，我们不干预他们的选择。我们先将教师组成团队然后再进行竞争，可以避免因个人与个人之间的竞争而导致人际关系紧张，这种方式我姑且称之为"合争"。

接着，我们要求每个竞聘团队在规定时间内写出"竞标书"，竞标书有固定格式，主要是任职年内的规划，包括教育理念、目标、特色、课程、质量、服务、资源需求等。这是一个十分重要的环节，写竞标书就是一个学习的机会，是自主的创造性学习的机会，也是教师团队合作学习的机会。我相信在这个阶段里，教师们的收获会很大。在这时，学校领导的咨询服务也是重要的，但总的底线也是只服务、不干预、不强制。

同时要公布竞聘程序和推委会名单。因为这是竞聘公正的决定性的两个因素。首先要事先公布程序，校长室起草了相关文件，然后召开教代会听证会，公开听取意见；之后公布推委会名单，张榜在校务公开栏里，如无人提出反对，则正式确定。推委会成员主要三种对象：一是学校管教育教学工作的学校领导，占三分之一；二是学术委员和师德委员，也占三分之一；还有三分之一则是教师代表和家长代表。我们对推委会进行培训，要求每个成员独立投票，克服私念，公正立场，还宣布了若干条纪律，主要是不透露个人意见，即使是投票之后也不应向任何人说明自己的投票情况。我想这是非常重要的一个环节。第一次组成推委会时，有教师质疑，认为有个别成员本身的教育教学水平不足以评判他人，到第三年时，已没有这方面的议论了。

最激动人心的就是竞聘场面了，我想每一位亲历者都会受到震撼，都会难以忘怀的。首先是各主管部门公示他们中每个人的业绩，有质量的、学术的、受欢迎程度的、个人专业发展等方面的情况，接着是每个小组上台演说，然后是答复程序，推委会投票，接着是公开亮分。第一年，一年级有七个教师小组竞聘，共四个小组获选；五年级五个竞聘团队选了三个。竞争是残酷的，但是，人的各项潜能，他们的风采、智慧、情感也在那紧张的瞬间爆发出来，不仅激动了自己，也激动了在场的所有人。

竞聘完毕之后，由我当场和他们签订岗位意向书，人力资源室将竞聘实况以"校务通报"方式于第二天发至每一名教师手中。

教师竞聘逼迫学校行政管理转变职能和方式。因为每个教师团队都按竞聘时的承诺自主地开展工作，学校只能一年评估一次，而评估也只是由推委会投出信任票或不信任票。教师有了更多自主权之后，行政领导的工作将主要是为他们提供服务，可具体怎么服务呢？强调了服务之后，还要不要有统一集中的管理呢？教师竞聘后给学校管理干部们留下了一个更大的问题，教师真正学会自主的那一天，干部就不好当了。

让教师成为学校课程改革的主体，是我的一个梦想。随着全员竞聘的展开，教师蓬勃的创造力被释放了出来，来自"民间"的课程改革自发地开展起来。课程室会同教师、家长和支援人员一起对课程作出了学校课程规划，那是2004年，可能是上海最早的一份校本化的课程实施方案。没有教师的参与，课程改革必然落空。长期以来，教师有比较强烈的教材与教法的意识，但是缺乏课程意识，妨碍了学校教师对二期课改的正确理解和把握，更影响到了课程的持续改进与开发。而如果不向教师授权，教师的课程意识和课程能力是不可能提高的。

我理想中的教育始终以人道关怀为最高原则。身为校长，我主张要对教师体现人道关怀，在意教师对学校的满意度和职业满足感。我们一直要求教师要奉献于教育事业，奉献于学生未来发展，却不太注意为教师谋福利，似乎只要是教师，就不必受到符合人性的关怀。

我认为教师的职业满足感偏低，从学校内部来找原因的话，大致有以下一些：

首先是学校对教师追求幸福生活的权利并没有足够重视。幸福源于人自身对幸福的向往和追求，然而，长期以来，人们心底里追求个人幸福的冲动为教育、社会文化所抑制，人们耻于表露自己对幸福的理直气壮的渴望。教师长期被告知必须牺牲自己以帮助孩子们健康成长，而教师自己的身心健康和人性需求却被忽略。那些最优秀的最受表彰的教师往往就是最不近情理地放弃自己人生幸福的教师。虽然其中也不乏有崇高精神追求的教师，但对大部分普通教师而言，在工作中获得幸福的可能已几乎不复存在。

从教师本身的角度看，对幸福的狭隘理解，往往妨碍了教师真正幸福的实现。幸福本质上是主观的，教师对幸福的理解决定了其幸福实现的可能性和幸福的程度。人们往往认为，幸福存在于世俗生活之中，而没有认识到幸福同时存在于人的心灵与精神之中。如果教师不能拓展其对幸福范畴的理解，那么他所从事的教育工作并不能为他的世俗生活的幸福提供多少资源，相反，或许还会增加其职业痛苦。我觉得虽然教师都是成年人，但未必就有正确的幸福观。

目前看来，教师的工作压力较大，尤其是一方面对分数和升学率的追逐并未减缓，另一方面新的课程改革对教师工作提出了新的要求，此外，随着学校间竞争的加剧，教师的职业竞争也日趋白热化，教师职业已是一个"高压力"职业。但是，教师的不满意并不是完全由沉重压力所致。任何他人强制力下的压力，即使只有些许，也是导致痛苦的主因。反之，出于自愿的承担，即使可能沉重，也是一种充实而深刻的幸福。人们其实并不惧怕压力，而是厌倦那些不是出于本人意愿的工作压力。

此外，校内不良人际关系也可能导致教师的痛苦和焦虑。在学校里，主要存在着三种人际关系：干群关系，同事关系，师生关系。我感觉到这三种人际关系普遍都比较紧张。首先，"集权制"的学校，管理层习惯依赖行政力量自上而下地布置工作，教师只能服从，即使有一些民主，也是有限度的，教师的公民权利和教学自主权经常受到侵犯，而学校工会组织"寄生"于学校行政力量，不能充分发挥其维权功能，导致干群关系紧张。其次是同事关系紧张，这一方面源于"文人相轻"的历史文化传统，另一方面，"集权制"下的教师不良竞争关系是一种"体制问题"而不是人际沟通能力问题。第三是师生关系紧张，而这种关系的不正常，并不是如表面上所显示的师德或观念问题，而说到底也还是不良的学校管理制度和学校文化的反映。

还有就是由不公正感所引起的痛苦。一般而言，相当多的教师认为自己的劳动没有受到足够的重视和公正的评价，这一方面是与对教师评价无法真正做到精确有关，另一方面是因为学校往往用同一尺度去衡量教师的工作，并且事实上并未为教师个人价值实现提供足够多的可能性和机会。不公正感是学校"稳定与秩序"的重大隐患，不公正感不仅引起教师满意度下降，而且还滋生教师的"怨言"和"怨恨"，甚至由"怨言"与"怨恨"导致消极怠工或有意破坏学校规范。对这种不良行为的教育与处理，不但不能消除不公正感，反而容易引起教师的过激反应。

我们处在社会转型期，由价值观冲突引发的痛苦是无法靠个人力量消解的。人们原有的价值观受到质疑和挑战，但新的价值观并未建立起来，尤其是受"后现代"思潮影响，人们开始怀疑，到底还有没有可以共守的价值观，价值观的多元化导致人们"精神失重"，价值观冲突将在相当长的历史时期存在，这是每一个经历社会转型期的人们的共同苦难。在学校教育中，教师被要求转变观念，并被要求迅速地将新观念转化为"教育力"，而教师的教育意识却更深沉地根植于"教育现实"，因而，冲突便激烈地发生。尤其当学校的"现实"环境并未实现根本转型之前，要求教室的"现实"环境可以催生出新意识、新观念，是根本不可能的。强制教师转变观念，或者驱赶教师"走进新课程"，只可能导致教师人格的两面性，加剧教师的痛苦。

如何让教师更满意更幸福呢？

我想首先是要捍卫教师追求个人幸福的权利。真正的以人为本的学校管理表现在两方面，一是尊重人权，二是尊重人性。人权中最有价值的就是人有在不伤害或妨碍他人的情况下追求个人幸福的权利，教师有从工作中获得幸福感的权利，这种幸福感的权利不是一种施舍，而是一种保护；而对人性的尊重则始于对人类真实本性的了解，人是自利的，而人最大的自利就是追求幸福。也许幸福不是一个终点，真正的幸福只在对幸福的追求之中，那么捍卫教师追求幸福的权利从某种意义上说就是在帮助教师实现幸福生活本身。

事实上，每位教师对幸福的理解是不同的，这些独特的理解和感受都是值得尊重的，因为教师个人家庭背景、年龄、知识结构、教养水平、生活经历、现实的物质性条件、兴趣爱好，以及可以获取的资源都不尽相同，因而强制教师信守同一种即使被主流认为是"崇高"的幸福观那是不可能的，这种强制反而有可能成为幸福的"杀手"。因而，拓展教师的视域，帮助教师理解和体验各种在不同"世界"里的幸福的感受，成为唯一可能。我们创造了各种机会，比如教师社团活动、音乐欣赏会、读书节等等活动，帮助教师发现并享受存在于世俗世界之外的心灵世界和精神世界。

我不遗余力地推进"法治校"，以促进人际和谐。达致人际和谐的主要途径并不在助长"庸俗"人际关系，也不是主要依赖"情感"来作为管理手段，也不是所谓"依法治校"，将法（或校内规章）作为一种管理工具或手段，而是实现"法治校"，"法治校"是将"法（校内规章）"置于一切人之上，并以此重新安排和规范校内人际关系。

另外，我们鼓励教师自由表达，勇于面对价值冲突，并使之公开化。价值观冲突是一种客观存在，任何对这种局面的回避都不可能真正解决问题。我校鼓励求真，开拓可以让教师自由表达的空间与时间，使教师在价值冲突中澄清、调整或坚守某种价值观，从而有可能真正实现价值沟通与理解。这样的真实表达的时空包括教师论坛、咖啡时间、教育论坛、网站论坛、教代会听证会、教代会提案等。

做了这些事，虽然并不能完全解决教师职业满足感问题，但毕竟取得了一些进步。关怀教师的目的本来在于使教师关怀学生，改善学生的境遇，提高他们的生命质量。我们于2005年初成立了一个独立的民间机构——学生生命关怀与服务中心，吸纳教师志愿者参加中心工作。中心将成员分为九个小组：研究小组、信息调查小组、维权小组、家长与社区小组、心理辅导小组、安全与调节小组、学生活动小组、帮困小组、宣传与组织小组。各小组根据中心章程所确定的目标和任务独立并富创造性地制订计划和开展工作，无偿为学生服务，不收取任何费用。我希望教师能以各种方式关怀更多需要关怀的学生，而这种关怀一定不是出于强制，也不为功利目的。

2006年，我辞职离开北郊学校，原因很多，其中一条是我提交的"绩效工资方案"未获通过。按照"国际惯例"，当一个地方推出的一个重要改革方案，符合法律精神，经过充分的讨论后，依然被大多数人反对，结果未获得通过的，该地方的行政长官应被视为不被信任，那么，辞职是他的一种选择。我不得不考虑这种选择，尤其是在我认为这个方案代表正义时。一所学校不追求正义，那么，作为校长，在这里继续工作，是没有意义的。

于是，我在北郊学校的最后一项改革流产了，而我也离开了。2009年，全市乃至全国推行绩效工资制度的时候，我早已开始浪迹天涯，那一年我指导了至少20所学校成功地完成了绩效工资改革。